# TRATAMIENTO DEL TRAUMA Y LA DISOCIACIÓN EN LA INFANCIA

## Parte 1. En busca de la seguridad perdida.

SANDRA BAITA

Obra Completa 978-631-00-0757-1

Baita, Sandra
   En busca de la seguridad perdida / Sandra Baita ; ilustrado por Carlos Alfredo Cademartori ; prólogo de Anabel Gonzalez. - 1a ed. - Ciudad Autónoma de Buenos Aires : Sandra Baita, 2023.
   v. 1, 308 p. ; 26 x 18 cm.

   ISBN 978-631-00-0946-9

   1. Estrés Psicológico. 2. Estrés Traumático. 3. Desarrollo Emocional. I. Cademartori, Carlos Alfredo, il. II. Gonzalez, Anabel, prolog. III. Título.
   CDD 155.9042

# DEDICATORIA

Para los que ya no están:

Mi papá

Sandra Wieland

Suzie Farrelly

Por los caminos que abrieron

Y para los "expertos por experiencia propia",

mis pacientes de todas las edades.

Por sus sabias enseñanzas.

# Agradecimientos

Desde chica me gusta escribir. Hace poco descubrí que, si alguien me hubiera dicho que se podía hacer una carrera escribiendo, probablemente nunca hubiera estudiado psicología. Hace unos años tuve un sueño -o estaba despierta y fue una imaginación muy vívida- y me veía sentada ante una mesa de madera gigante, frente a un ventanal enorme que miraba al mar. En la mesa estaban mi computadora, mis cuadernos, mis lapiceras, y yo estaba sentada, lista para escribir. Sé bien qué playa surgió en esa imagen, que durante bastante tiempo se me hizo presente sin que la buscara.

Pero eso es parte de otra historia.

Este libro se terminó de gestar durante la pandemia y como todo libro, no se hace solo. Si bien escribirlo fue un acto en soledad, mientras lo escribía, detrás de cada letra, había un mundo.

En ese mundo hay otros seres humanos como yo; algunos no saben ni sabrán nunca que inspiraron partes de lo que escribí. Otros estuvieron allí, siendo testigos silenciosos de su creación, sosteniendo. Otros alentaron para que apareciera, y lo esperaron con ansias. Otros enseñaron desde distintos ángulos mucho de lo que habita sus páginas: algunos, expertos por experiencia propia, y algunos, expertos por el conocimiento adquirido a lo largo de décadas de estudiar, observar, acompañar y sostener el sufrimiento de otros seres humanos.

Esta profesión me dio el regalo inesperado de conocer gente alrededor del mundo que me nutrió en los más amplios sentidos. Algunas de esas personas ya existían en mi vida cuando escribí Rompecabezas, y ese libro fue, sin saberlo ni esperarlo, el responsable de haber traído a varias personas más a mi vida. Todas han estado presentes de maneras nutrientes, distintas, complementarias y valiosas, y a ellas va mi agradecimiento.

Esas personas son, en Argentina: Paula Moreno, por su amistad de años; Marta Villalba, por su sabiduría sin límites; Andrea Calleja, María Clara Caggiano, Mariela Nieto y Patricia Visir por la grandeza de compartir sus dudas conmigo en espacios de supervisión; y mi amiga desde la adolescencia, Adriana La Mantia, por creer en mí desde que tenemos 13 años. En Uruguay: Noel Lopez y Florencia Astori, por su amistad y su aliento permanente para cruzarme a la orilla de enfrente; Alejandra Saravia y Miriam Seoane, por su amorosa hospitalidad y los años de trabajo inclaudicable puestos al servicio de desparramar conocimiento entre colegas, Jueces y Fiscales. En Perú: Belén Romá (con su familia peruana - Ismael, Pablo, Alba- y con su familia española, en especial su mamá, Mary Nady, cuya risa y cuyo espíritu vital son felizmente contagiosos) por su amistad genuina, por hacerme siempre sentir en casa, y por permitirme entrar en el universo del Programa de Solidaridad y Voluntariado de EMDR Perú, del que aprendo qué es exactamente la solidaridad. En Costa Rica: Verónica Castro Camacho, por su amistad, su tesón y su manera amable de narrar lo impensable en sus cuentos para niños. En México: Lucina Artigas e Ignacio Jarero, por haberme dado la oportunidad y el privilegio de conocer de primera mano cómo hacen ellos su trabajo en situaciones de adversidad, y por confiar en mis aportes a sus entrenados en el modelo EMDR; Susana Uribe, mi Sus, por haberme alojado en su casa y regalarme la delicia de charlas nocturnas sin hora; y Amalia Osorio, por su hospitalidad poblana y su sonrisa que nunca la abandona, ni siquiera cuando su ciudad fue sacudida por un terremoto.

En Estados Unidos: Na´ama Yehuda, por su amistad y sus aportes desde su área de conocimiento; Fran Waters, por todo lo que aprendí de ella, y Joy Silberg, por permitirme compartir el enorme privilegio de seguir aprendiendo de ella, invitándome a supervisar juntas a otros colegas. En Canadá: Maggie Libedinsky, porque muchas de las cosas que me dijo a lo largo de los años, siguen resonando en mi mente como una luz en medio de la oscuridad.

En España: Cristina Cortes, José Luis Gonzalo Marrodan, Lucía Martinez y Begoña Velasco, por haber aportado momentos de humor y un halo de humanidad al encierro pandémico, reforzando los lazos que ya existían y creando una experiencia de conexión más que bienvenida cuando el mundo nadaba en aguas de incertidumbre; y por supuesto, mi querida Anabel Gonzalez, por ser el cerebro motor detrás de este libro y de los que le siguen, por sus valiosas observaciones que se mezclan entre estas páginas, por su prólogo y por su inmensa generosidad y amabilidad a la hora de compartir quién es y todo lo que sabe. En Italia: Paola Boldrini y Giovanni Tagliavini, por haber sido mi puerta de entrada a la tierra de mis raíces; Viola Galleano y Carolina Ochsenius, por su brillante traducción de Rompecabezas al italiano, mi verdadera lengua madre, que aprendí a los 4 años; y Alessia Tomba, por su capacidad de resonar y de "verme hacer lo que hago" mientras simplemente lo estoy narrando. En Holanda: mi querida amiga Leony Coppens, por haber facilitado mi llegada a su país para compartir lo que ambas aprendimos de una misma maestra. En el Reino Unido: Renée Marks, por su hospitalidad en Londres, por todo lo que aprendí de ella, y por su generosa invitación a formar parte de su libro.

Y, por último, en India: Adithy Nin, por haberme invitado a compartir conocimiento con sus colegas de Nepal e India, países a los que jamás hubiera soñado llegar.

Pero además están los tres pilares fundamentales sobre los que se asienta mi vida adulta. Son mi tribu, mi lugar para volver, mis lazos perdurables más allá de todos los tiempos: Carlos, con su amor increíble y su capacidad de ser el mejor compañero; Mora, con su permanente deseo de justicia, y Maia, con su mirada sensible y aguda de todas las cosas.

Ellos tres me nutren cada instante de cada día.

*Buenos Aires, Argentina, año 2023.*

# Prólogo

A veces leemos intervenciones y teorías sobre la intervención terapéutica que nos resulta luego difícil encajar con lo que se mueve en la terapia. Esto no pasa con este libro, que podría definir como un texto profundamente real, que va más allá de la técnica, y se adentra en los matices relacionales y en las complejidades del trabajo con niños y familias profundamente traumatizados.

Cuando Sandra me pidió que lo leyera y lo prologara, no me di cuenta de que todo era parte de una conspiración y que se iba a cerrar un círculo en mi modo de entender el trauma. Veréis, mis inicios en este terreno se asocian a la terapia EMDR, y en ella una de las intervenciones es la instalación del lugar seguro. La persona ha de buscar un lugar real o imaginario que se asocie a la sensación de seguridad. Parece fácil ¿verdad? Lo cierto es que no. Esto que se suponía era una intervención sencilla, ponía a muchos pacientes ante un desafío inalcanzable. Algunos se quedaban en bucle intentando encontrar algo, y eran totalmente incapaces: la palabra seguridad les era algo ajeno, desconocido, incluso atemorizante. Cuanto más graves eran los problemas de la persona, más probable era que se diera este escenario.

En otros casos, se producía otra paradoja. Los pacientes escogían lugares "seguros" claramente asociados a peligro: un mar plagado de tiburones, el borde de un precipicio, o la casa de su infancia en la que sabíamos habían pasado cosas terribles. Era como si la seguridad estuviese invertida, como si las personas estuviesen programadas para correr hacia las llamas cuando alguien decía "¡fuego!"

Todo esto, desde luego, aunque no tiene sentido, tenía muchísimo sentido. La seguridad no está en todas las historias, en todas las relaciones, en todas las infancias. Y cuando crecemos en la inseguridad o el peligro, nunca daremos por sentado que el suelo bajo nuestros pies es firme, ni que podamos agarrarnos a las manos que nos tienden. Nuestras predicciones sobre el mundo se establecerán desde la inseguridad.

Y entonces algunas de estas personas vienen a terapia, y a los psicoterapeutas nos dicen en nuestras formaciones que hemos de crear un contexto seguro en la terapia, a través de la relación terapéutica… Lógico, ciertamente, pero esto da lugar también a situaciones paradójicas. Cuando los vínculos han sido inseguros, cualquier relación activa de entrada mecanismos protectores, no confianza. Así que hemos de generar a través de un vehículo contradictorio e impredecible, algo que la persona ni siquiera sabe que existe.

¿Parece complicado? Probemos a trabajar con niños, con historias muy difíciles, criados por cuidadores que vienen a su vez de historias muy difíciles. No es solo nuestra relación la que hemos de manejar, sino los múltiples vínculos en los que el niño está inmerso. Hemos de ayudar a los adultos que acompañan a esos niños en el proceso de aprender a relacionarse con los demás y consigo mismos, a incorporar un lenguaje que les es ajeno, y generar con él melodías. Los terapeutas infantiles siempre me han parecido héroes. Esta parte del trabajo no se resuelve con técnicas.

Pero como digo, todo lo que he hecho en esta última época parece confluir misteriosamente. En resonancia con este libro, yo me había empeñado en entender de verdad el tema del apego, algo de lo que todos hablamos, pero que nunca he tenido claro que comprendamos realmente. Sigo en ello, pero algo voy entendiendo: la recuperación de la seguridad pasa por la coherencia y la reflexión. El terapeuta, por tanto, ha de ser coherente ante la incoherencia y reflexivo ante la falta de conciencia derivada de la traumatización compleja, darse cuenta ante el "no darse cuenta" del paciente. Sandra nos habla de ello cuando nos explica cómo encontrar conexión en la desconexión, cómo cultivar la curiosidad y la reflexión. Y esto no es solo relativo a los niños y sus familias, sino en gran medida también al terapeuta y sus propias reacciones ante los desafíos relacionales que supone la traumatización compleja.

Pero la conspiración sigue. Resulta que en medio de todo esto me proponen escribir algo sobre el miedo, y de nuevo, desde múltiples perspectivas, la ruta de salida del miedo, la verdaderamente sólida, pasa por el desarrollo de la seguridad. Cuando se activan -y no consiguen desactivarse- nuestros sistemas de alerta, la seguridad está ahí, pero no podemos verla. Todo se focaliza en el peligro, en detectarlo, en protegernos. Para muchos supervivientes de trauma complejo, esto se convierte en la historia de su vida y la historia de sus relaciones. ¿Cómo ayudarles a que pongan la lupa en esos momentos en los que hay seguridad a su alrededor? ¿Cómo promover y cultivar esos momentos no solo con el terapeuta, sino con las personas que los rodean? Sandra nos cuenta muchas situaciones, nos pone ejemplos, nos muestra rutas. Cada persona tendrá, claro está, la suya propia, única, que hemos de ir encontrando, en breves momentos de encuentro y de conexión, que hay que pescar al vuelo e intentar alargar, ampliar. Son momentos de resonancia en la longitud de onda de la seguridad. Es desde esa semilla desde la que puede crecer algo nuevo.

Para terminar, una paciente hace pocos días vino a explicarme el resto, justo para que yo terminara este prólogo al libro de Sandra. Hicimos una instalación de lugar seguro. Ella había pasado por una relación terrible, llena de amenaza y peligro. Había salido, aún no del todo, pero había empezado a salir. Empezamos a hablar de la seguridad, de los pocos momentos efímeros en los que la notaba, y al irse centrando en eso, le vino un momento, aparentemente insignificante. Iba en el coche, y al salir de un túnel, de pronto el cielo se abría y aparecía el paisaje delante de ella. Desde ahí se fue conectando con muchas cosas, y la sensación de seguridad se fue haciendo interna, fue creciendo en el cuerpo, la fue sintiendo cada vez más fuerte. La sensación estaba en un instante concreto de esa secuencia, ese en el que se daba cuenta de que había salido, de que el peligro había pasado, de que estaba a salvo.

En las personas que han conocido la seguridad, recuperarla es volver a sentirse sólidas por dentro, volver a confiar. Es confiar en la vida, en las personas, en uno mismo, aunque haya habido daño, aunque haya habido dolor. Sin embargo, para aquellos que nunca habitaron ese lugar, la seguridad es una conquista, algo que hemos de sembrar, que hemos de regar con paciencia, que hemos de calentar al sol, aunque no sea más que un rayito tenue. Sí, es difícil empezar por ahí, pero todo lo que hagamos, ha de ir hacia allí.

Y cuando trabajamos con grupos de personas ¿Cómo los conectamos a todos desde una seguridad que desconocen, que no saben ver, y en la que no saben quedarse? Bueno, no voy a contároslo todo. Tendréis que leer el libro.

Anabel Gonzalez.

# Introducción.

## En busca de la seguridad perdida.

*(…) cada cosa, desde lo más sublime*
*hasta lo más horrendo, tiene una razón de ser,*
*nada sucede por azar, nada es inútil (…)*

*Isabel Allende.*[1]

Emilio viene a la entrevista cargando un bolso con ropa de su hija mayor. Cuando la entrevista termine, él irá a reemplazar a su esposa en el cuidado de la hija, que ha quedado internada a raíz de una descompensación grave. Habla con congoja. Habla de su agotamiento y de su desazón.

Recuerda el momento en que lo llamaron para decirle que había un grupo de hermanitos para ser adoptados. Él y su esposa habían pensado en adoptar un solo hijo, y la economía parecía precaria para una familia tanto más grande. Sin embargo, recuerda haber sentido una seguridad tan grande adentro suyo como nunca había sentido en su vida: la respuesta no se hizo esperar, y el único hijo que esperaban adoptar se multiplicó por algunos más.

Emilio cuenta que en las noches en que estuvo cuidando a su hija desde el episodio que derivó en su internación, él se entretenía mirando en su teléfono videos de YouTube: "Entonces vi un video de un tipo que explicaba que todas las almas vienen al mundo con un plan, y que van viviendo para llevar adelante ese plan… Pensé que tal vez éste sea el plan con el que yo vine al mundo: hacerme cargo de estos chicos…"

Hace una pausa, y luego agrega:

"El único problema, es que el video no me explica qué tengo que hacer para llevar a cabo ese plan…"

*

---

[1] Allende, I. (2010). El plan infinito. Editorial Sudamericana, pg.7

Desde que nacemos los seres humanos venimos al mundo preparados para conectar con otros de nuestra especie. Pero esa conexión no se da de manera automática: es necesario ayudarla.

Los seres humanos también venimos al mundo preparados para seguir buscando esa conexión aun cuando lograrla duela y lastime. Mientras somos aun bebés indefensos, no sabemos que una conexión que lastima no es la más saludable: simplemente nos adaptamos a ella porque no tenemos más opción.

De tanto en tanto, aparece alguien que sabe que la conexión con otros semejantes no debería ni doler ni lastimar, y entonces se pone en marcha un circuito que busca darnos opciones para conectar con otros que nos den lo que necesitamos sin dañarnos. Aun somos pequeños, y seguimos necesitando desesperadamente de alguien que nos cuide bien. Pero incluso con alguien que nos cuida bien, algo persiste dentro nuestro: hemos aprendido que las conexiones humanas duelen y lastiman, y esperamos que cualquier nueva conexión que se dé en adelante, también duela y lastime.

Nos ponemos en guardia: no podemos confiar.

Nuestra manera de explicar lo que aprendimos y cómo nos sentimos es muy precaria: está hecha de desajustes, y el mundo adulto que nos rodea no ve con buenos ojos esos desajustes, ni entiende por qué razón, si ahora *estamos bien*, si ahora *estamos a salvo*, nos seguimos comportando como si se aproximara el fin del mundo. Esa dificultad de comprender y nuestra limitación para hacernos entender, profundizan lo opuesto a la conexión: nos desconectan.

Sin embargo, necesitamos desesperadamente sentirnos seguros en presencia de otro ser humano como nosotros, y por eso, una vez más, saldremos a buscar esa conexión. Es parte de lo que nos permitirá sobrevivir. Y así sea que sigamos haciéndolo mal, lo seguiremos intentando, aunque sin saberlo, terminemos mareados en una danza que nos acerca y nos aleja con exactamente la misma proporción de necesidad, desesperación y miedo.

*

Al igual que Emilio, los terapeutas que trabajamos con niños, niñas, adolescentes y adultos que vivieron situaciones de trauma interpersonal temprano a mano de sus cuidadores, también buscamos un instructivo, una guía para llevar adelante nuestro plan de ayudar a nuestros pacientes a sanar las heridas de su pasado.

En el mejor de los casos, tomamos cuanto curso nos recomiendan, pagamos horas de supervisión, y compramos libros que a veces ni siquiera podemos leer en su totalidad (porque el tiempo tiene esa pésima costumbre de no alcanzar). Y cada vez que aprendemos algo nuevo nos maravillamos, pero también nos lamentamos por no haberlo aprendido antes. Sabemos que somos varios los que estamos en lo mismo, y nos consuela encontrarnos en los ciberespacios y en los mensajes de WhatsApp cuando no podemos hacerlo en persona.

Aun así, cuando entramos a la consulta con nuestros pacientes, estamos completamente solos. Más de una vez corremos a chequear en qué página habíamos subrayado eso tan espectacular que habíamos leído. Y más de una vez, aunque tengamos una memoria prodigiosa o el último conocimiento adquirido esté fresco, sobreviene un instante de vacío en el que estamos solos con nuestros pacientes y nuestra intuición, esa a la que nos han enseñado académicamente a no prestarle ninguna atención.

Cuando empecé a pensar este libro, su formato era otro. Iba a escribir prolijamente una guía que se pudiera seguir de manera ordenada. En el recorrido de trabajo que llevo desde el año 1993 salieron infinidad de modelos, adaptaciones de modelos, modelos revisados, esquemas y lineamientos; todos, absolutamente todos, muy útiles. Tenía sentido tratar de guiar a mis colegas de habla hispana por las ideas más brillantes que cada modelo me había enseñado.

Y, sin embargo, un día me encontré escribiendo algo que se salía de la prolija guía que había pensado. Me dije que si escribía ese libro que había pensado originalmente, no sería yo misma. Entonces decidí seguir el rumbo que me fijaba mi intuición, y sentarme a escribir lo que mi propia soledad en la consulta me había enseñado a lo largo de todos estos años. Una videollamada con Anabel Gonzalez en el inicio de un nuevo año pandémico, terminó por transformar a ese libro que había decidido escribir… ¡en tres! Este es el primero de ellos.

Y empieza por lo que entiendo que es el principio de nuestra travesía terapéutica: ¿cómo logramos crear la seguridad que se necesita para restablecer la conexión que el trauma relacional alteró?

De manera interesante este libro une dos recorridos de mi carrera profesional: por un lado, mi formación en maltrato infantil de la mano de Irene Intebi y Diana Sanz, en el contexto del Programa de Asistencia del Maltrato

Infantil del Gobierno de la Ciudad de Buenos Aires. Allí aprendí que, mucho antes de hacer terapia con un niño víctima de malos tratos, uno tiene que cerciorarse de que están dadas las condiciones para ello, siendo la principal que el maltrato haya cesado. Por otro lado, mi formación como terapeuta EMDR de niños, de la mano de María Elena Aduriz, me enseñó a poner el foco en los vínculos de apego. Ambas formaciones tuvieron como eje central la seguridad de los niños con los cuales intervenía: la seguridad de que no volverían a ser maltratados, y la de ser acogidos en un vínculo estable, coherente y sensible.

Los terapeutas estamos ansiosos por aprender nuevos modelos de tratamiento que nos ayuden a ser cada vez más efectivos. Pero cuando nos encontramos con pacientes que parecen no encajar en eso que aprendimos, sobreviene un sentimiento mezcla de frustración, impotencia y desesperanza. Y nos empieza a rondar por la cabeza la idea de que *no estamos haciendo nada útil*.

Raramente nos paramos a pensar en el engranaje principal que motoriza nuestras acciones, cualquiera sea el modelo con el que trabajemos. En ese sentido, este libro es una invitación a revisar minuciosamente las bases fundamentales sobre las que se asienta el tratamiento del trauma relacional temprano y la disociación en niños, niñas y adolescentes. Es por ello que está dedicado a la **seguridad.**

Dado que niños, niñas y adolescentes están en una etapa de sus vidas en la que dependen concreta y legalmente de sus cuidadores, el **Capítulo 1** busca ayudar a los terapeutas a reconocer qué situaciones puntuales, son aquellas en las que la protección es prioritaria al inicio de cualquier tratamiento psicoterapéutico. En ese capítulo se explica por qué, cuando la exposición a los eventos traumáticos no ha finalizado, nuestra intervención debe supeditarse a la existencia de una seguridad real en el contexto en el cual nuestro pequeño paciente habita. Porque podemos haber estudiado los modelos de abordaje más sofisticados y validados del momento, pero ninguno tiene aún la capacidad de cambiar de manera concreta la realidad de maltrato que un niño vive. Para eso están los servicios de protección y el sistema judicial. Esa es su tarea.

El **Capítulo 2** nos abre las puertas a la seguridad relacional a partir de una pregunta para nosotros mismos: ¿cómo nos damos cuenta de que nos sentimos seguros? Desde nuestra propia auto exploración, pasamos a identificar las señales que nos advierten que los niños que atendemos, por tranquilos que parezcan en nuestra presencia, probablemente no se *sientan* seguros.

La seguridad relacional, para estos niños, es una experiencia en desarrollo y está constantemente puesta a prueba, no solo en su relación con sus cuidadores sino también con nosotros. Han aprendido que conectar con otro ser humano es peligroso, y nosotros debemos ayudarles a desandar ese camino. ¿Cuál es el protocolo que procesa esa falta de seguridad en las relaciones, y cuál el procedimiento que desbloquea la desconexión?, preguntarían probablemente mis colegas del modelo EMDR.

Ninguno. El componente principal de nuestras intervenciones será nuestra presencia y nuestra capacidad de conectar y sintonizar con ellos, con sus cuidadores y con nosotros mismos. Por eso en el **Capítulo 3** empezaremos por explorar algunas estrategias que nos permitan desarrollar, desde el comienzo de nuestro trabajo, una experiencia de seguridad para nuestros pequeños pacientes, experimentada en el vínculo terapéutico. Pero, así como toda relación está expuesta a rupturas y desconexiones, la relación terapéutica no queda exenta. Quienes ejercemos profesiones de ayuda estamos especialmente expuestos a caer en roles de rescate de nuestros pacientes, que poco tienen de terapéuticos. Por eso en el **Capítulo 4** exploraremos las dinámicas que se pueden establecer entre terapeutas, niños y cuidadores, y que interfieren en los objetivos terapéuticos. El triángulo dramático de Karpman nos servirá como punto de partida para conocer qué debemos evitar, y para reconocernos en los distintos roles que podemos inadvertidamente ocupar.

El trabajo con pacientes de todas las edades que han estado expuestos a situaciones de violencia interpersonal presenta múltiples desafíos. Uno de ellos es nuestra propia activación. En el **Capítulo 5** aprenderemos a utilizar nuestra auto observación como un recurso valioso durante la terapia. Así como les enseñamos a nuestros pacientes a regular su sistema nervioso, aprenderemos cómo nuestro propio sistema nervioso también puede activarse e interferir en la experiencia de seguridad relacional en el vínculo terapéutico. También exploraremos formas de usar la información que surge de nuestra activación, como un valioso recurso para nuestro trabajo con los niños que atendemos y con sus familias.

A partir del **Capítulo 6** nos adentraremos en la seguridad relacional más significativa para estos niños, niñas y adolescentes: la que deben desarrollar y fortalecer con sus propios cuidadores. En este capítulo veremos la diferencia que existe en el trabajo según el cuidador haya sido el causante del daño, haya estado expuesto al mismo daño que el niño o bien haya sido a su vez un niño dañado.

En el **Capítulo 7** tejeremos la trama relacional uniendo la figura de los cuidadores, el niño al que atendemos y nosotros mismos, y bucearemos en las relaciones actuales, pero también en las pasadas, aquellas que pueden haber quedado dormidas y "despertarse" inadvertidamente hoy, haciéndonos repetir guiones antiguos. Comenzaremos por explorar la relación entre el niño y su cuidador, siguiendo por la historia del cuidador como niño, para luego ubicarnos nuevamente como parte de la ecuación: ¿cómo es la relación del cuidador con nosotros, y qué nos aporta nuestra propia historia como hijos y nuestra propia parentalidad adulta?

El **Capítulo 8** navegará el mayor desafío para la seguridad relacional de estos niños: la adopción. Partiremos de la base de que la adopción es un proceso que se da en doble vía: no es solo el adulto quien adopta a un niño, sino que ese niño también debe adoptar a un adulto. Y pondremos el foco en lo que necesitan los padres adoptivos para poder convertirse en auténticas fuentes de seguridad relacional para estos niños. Veremos cómo proveerles de información para que puedan entender el funcionamiento de sus hijos. Y también aprenderemos cómo favorecer en ellos la mentalización y cómo ayudarles a sanar el impacto traumático asociado a la historia pre- adoptiva de sus hijos y al primer encuentro con ellos. Y por supuesto, cerraremos con los protagonistas de este libro para tratar de entender ¿qué significa para estos niños adoptar unos nuevos padres?

Y finalmente, el **Capítulo 9** cierra este libro recordándonos que la seguridad y la conexión pueden caber en una mirada. Una mirada que debe ser amorosa, contenedora, validante. Y nos recuerda que, aunque la mirada más importante para estos niños es y será la de sus cuidadores, cada uno de nosotros tiene la responsabilidad de desarrollar una mirada que fomente la conexión y no el rechazo.

Porque del rechazo nos ocuparemos en el libro que sigue al que hoy tiene usted entre sus manos. Mientras tanto, querido lector, le animo a que se sumerja de lleno en la seguridad relacional. Ésta es la piedra angular de todo tratamiento del trauma interpersonal, independientemente del modelo específico de abordaje que usted abrace, y de la edad de sus pacientes.

Es la que necesitan y merecen estos niños para seguir creciendo, y la que les permitirá en el futuro ser cuidadores en sintonía, capaces de reparar las interferencias que surgen en toda relación humana.

Y es esta seguridad la que les permitirá -a usted como terapeuta y a estos niños como sus pacientes- navegar las turbulentas aguas de la desconexión relacional más profunda.

Aunque ese, el de la desonexión, es el siguiente capítulo de esta historia.

# Capítulo 1

## Principio número uno del tratamiento: la seguridad.

*Me quedé dormida debajo de mi cama,*
*contra la pared; había sido capaz*
*de sobrevivir una noche más.*

*Olga Trujillo*[2]

Ana tiene 4 años. Un día, mientras volvía a su casa con su mamá, le contó en un tono casual acerca de un juego que jugaba con su papá, que debía mantener en secreto. Este "juego" dio lugar a que su mamá denunciara al padre por posible abuso sexual hacia la hija de ambos. Ni ella, ni mucho menos Ana, podrían imaginar el escenario que se les abriría delante a partir de esa denuncia. La situación más paradójica -que lamentablemente no es poco habitual en el manejo de casos de abuso sexual infantil – se dio cuando una Jueza de Familia decidió que Ana debía seguir teniendo visitas con su papá sin supervisión alguna, independientemente de la investigación penal que se estaba llevando a cabo. La mamá de Ana consideró que aceptar esa orden era lo mismo que exponer a su hija a la continuidad del abuso sexual, y buscó diversas maneras de evitar que esos encuentros se siguieran dando. La respuesta del papá no se dejó esperar: comenzó a irrumpir sorpresiva y violentamente en la puerta de la casa de la mamá de Ana y en la puerta del Jardín de Niños[3]. La mamá de Ana dice que está casi segura de que, cada vez que eso sucedió, su hija no había escuchado nada.

Sin embargo, Ana llega a cada una de sus sesiones tranquila, aunque solo en apariencia. Elige un rincón del consultorio, debajo de una mesa, que será su lugar privilegiado para trabajar conmigo. Pregunta una y otra vez si la puerta está cerrada con llave, y muestra una preocupación excesiva por la amplitud de las ventanas que dan a un balcón, al cual, según ella, *el monstruo* puede treparse sin ningún problema. Nada alcanza. *El monstruo* llama por teléfono para amenazarme y decirme lo fuerte que es. *El monstruo* insiste con sus llamadas telefónicas para

---

[2] Trujillo, O.R. (2019). La suma de mis partes. Testimonio de una sobreviviente de trastorno de identidad disociativo. Wisconsin, Tortuga Publishing. (pg. 17)
[3] También conocido como Jardín de Infantes, Kinder, Parvulario, dependiendo del país.

contarme todo aquello que es capaz de hacer. Y Ana lo confirma: "No importa lo que hagas Sandra, nadie puede con el monstruo."

¿De qué está hablando Ana? Ese *monstruo* ¿está solamente en su juego y en su fantasía? Sería tan tentador pensar que es así...

Pero Ana *sabe* que su seguridad real está en peligro. Y tiene razón. Porque lo está.


### 1.1. La seguridad ambiental.

En la historia del desarrollo del ser humano, los cuidadores no debieran ser una fuente de peligro. Pero resulta que a veces lo son. En esas situaciones se supone que, ya sea el sistema judicial o los servicios de protección infantil, deberían garantizar que el niño o niña afectado, pueda estar a salvo. Pero eso, lamentablemente, no siempre sucede.

Si un niño es maltratado físicamente en su casa de manera reiterada, ¿qué cantidad de episodios o de heridas marcaría el límite entre tomar la decisión de que siga permaneciendo al cuidado de quien le pega, o que sea separado de esa persona? La pregunta parece llamar al absurdo, porque lo cierto es que *no hay una cantidad límite de golpes que se debieran tolerar antes de intervenir, ¿no es verdad?*

Si una niña es abusada sexualmente por su papá, ¿cuál sería el criterio que se debería utilizar para determinar que, retomar el contacto de esa niña con su papá, es seguro para ella? Entendiendo por "seguro" que se pueda garantizar que el abuso no volverá a ocurrir, y que el papá no va a tomar represalias contra ella –emocionales o físicas– por haber "contado el secreto que los unía".

Hagamos un pequeño ejercicio con este último ejemplo. Escoja de la lista a continuación el criterio que usted considere más ajustado para responder la pregunta que lo acompaña:


*- Ya pasó mucho tiempo desde que ocurrió el abuso, y eso alcanza para que se vuelvan a ver.*

*- Es el padre que le tocó y hay que enseñarle a la niña a aceptarlo.*

*- Es una decisión judicial y se debe acatar, porque está emitida por alguien con autoridad.*

*- Cuando le ocurrió era pequeña, por lo tanto, con el tiempo seguramente va a olvidarlo, porque los niños son muy resilientes.*

*- No se puede condenar a una persona por algo que hizo una vez.*

*- Nadie tiene la bola mágica para predecir que este papá va a abusar de nuevo, por lo cual, ¿por qué no darle el beneficio de la duda? Probablemente después de esto haya aprendido y no lo vuelva a hacer.*

Si ninguno de estos criterios le parece válido para asegurar que una niña que fue abusada sexualmente por su papá, no corre ningún tipo de riesgo si vuelve a tener contacto con él, creo que entiende el lugar de vulnerabilidad en el que se encuentra una niña como Ana. Si eligió alguno, le invito a que piense qué argumentos científicos y académicos propondría para justificar su elección. Y antes de avanzar me gustaría hacer una aclaración: los criterios que propuse para este ejercicio no son producto de mi imaginación. Han sido extraídos de la vida real. En distintas situaciones en las que me tocó intervenir, algunos de esos criterios fueron esgrimidos por profesionales de la salud mental; otros, por Jueces.

La ausencia de seguridad real en el medio ambiente, es un límite a cualquier tratamiento psicoterapéutico que pretenda sanar las consecuencias de las experiencias que el niño vivió, precisamente en ese contexto de falta de seguridad real. ¿Parece un trabalenguas? Probemos con este ejemplo:

*Lucas, de 7 años, fue abusado sexualmente por su papá desde los 4; su mamá lo abandonó cuando tenía 3 años. Una hermana mayor de Lucas está al cuidado de una vecina porque su papá también abusó de ella cuando era más pequeña. Lucas fue momentáneamente separado de su papá y está en una Casa Hogar. Tiene miedos intensos y repentinos, en especial a cualquier persona del sexo masculino que se le acerca, sin importar la edad. Tiene pesadillas y se despierta de ellas bañado en sudor y preguntando "¿Va a venir mi papá?". Lo han encontrado tocando los genitales al perro que tienen en la casa como mascota, y un niño lo ha acusado de querer tocarlo a cambio de darle un juguete suyo. Lucas niega todo. Contó lo que le había hecho su papá solamente en las pruebas periciales, y luego no quiso volver a hablar de eso. Después de un tiempo comenzó a decirle al personal de la Casa Hogar que él había mentido, y que su papá era bueno. Sin embargo, los hallazgos médicos y psicológicos avalan la sospecha de abuso. Unos meses después de la desvinculación, un Juez autoriza que el padre visite a Lucas en la Casa Hogar, cosa que el señor comienza a hacer regularmente dos veces por semana. Las cuidadoras dejan asentado en sus reportes diarios, que cada vez que el padre lo visita, la sintomatología de Lucas recrudece, y que hay noches en que no puede dormir si no es en la falda de alguna de ellas, chupándose el dedo. Y aún en esas circunstancias, Lucas duerme con sobresaltos.*

Organicemos el tratamiento. ¿Cuál sería el primer objetivo de trabajo? Si seguimos los lineamientos generales que se proponen para el tratamiento del trauma complejo, podríamos pensar que el primer objetivo sería que Lucas pueda dormir bien y que sus conductas se estabilicen, es decir, trabajar en la regulación de un sistema nervioso desregulado por la exposición crónica al abuso sexual paterno y al abandono materno. Ahora bien, ¿cómo hacemos para trabajar en la regulación de un sistema nervioso expuesto a un evento traumático crónico, si no podemos garantizarle a ese sistema nervioso que ya no va a tener que estar expuesto a la repetición de dicho evento traumático? Pongámoslo con un ejemplo mucho más claro, aunque no tenga nada que ver con lo que estamos hablando hasta aquí: a usted le tienen que curar una quemadura del brazo mientras su brazo sigue expuesto al fuego que lo quemó. Ilógico ¿verdad? Primero deben apagar el fuego, o alejarlo a usted de él.

Estas situaciones también nos imponen un límite fuerte a los terapeutas. Pero ¿cómo? ¿No podemos hacer nada? A menos que un terapeuta tenga superpoderes que alejen al niño del peligro, los únicos que pueden hacerlo son aquellos que tienen la potestad de ejercer la protección que los cuidadores primarios no pueden. Y esa **no es potestad ni de los psicoterapeutas ni de la psicoterapia.** En esas situaciones nuestras intervenciones tienen un valor más paliativo que curativo.

A los terapeutas nos han enseñado que nuestro trabajo consiste básicamente y de manera resumida, en ayudar a aliviar el sufrimiento. Y cuando no lo podemos hacer, como en estos casos, sufrimos, nos enojamos, queremos rebelarnos. Sin embargo, aun cuando no podemos poner en marcha todo el bagaje de herramientas que hemos aprendido, todavía podemos hacer algo: avisar, informar. Poner en conocimiento de aquellos que sí tienen la potestad de proteger al niño, que está ocurriendo algo que lo deja desprotegido, y que es necesario que alguien con más poder que un terapeuta, tome cartas en el asunto.

¿Cuáles son las situaciones en las que debemos poner el ojo y que nos hablan de que está faltando la seguridad ambiental que el niño necesita?

Veamos:

a) Si sigue viviendo o está en contacto con quien ejerce el maltrato o abuso.

b) Si no está en contacto con quien ejerció el maltrato o abuso, por ejemplo, su papá, pero su mamá hace entrar al padre en la casa para que visite a los otros hermanitos, aunque haya una orden que lo prohíbe. Aquí no solo hay una situación de riesgo real por la presencia de quien maltrata, sino que además la persona que no ejercía maltrato, físico o sexual, no resulta ser suficientemente protectora, y en consecuencia, no se puede decir a ciencia cierta que pueda cuidar al niño o niña víctima evitando que el maltrato o abuso se repita. En estas situaciones entran también aquellos casos de abuso sexual en los que el denunciado es el padre o pareja de la madre, y esta última descree del relato de su hijo o hija, le acusa de mentir, o de ser responsable por la debacle económica en la que la familia entraría si el abusador fuera a la cárcel.

c) Si ha habido una separación transitoria del niño de quien le maltrata o abusa, pero hay riesgo de que vuelva a tomar contacto con esa persona, sin estar seguros de que ya no existe riesgo de que las conductas abusivas se repitan. En estas situaciones podemos incluir las revinculaciones que se suelen ordenar en muchos casos de abuso sexual intrafamiliar, que se da muchas veces por la presión que ejerce el abusador en el sistema de justicia para que se reanude el contacto. Otras veces sucede porque el mismo sistema judicial considera que ha pasado un tiempo "suficiente" de separación, aunque no mediara ninguna información clara y concreta que garantice que la situación ha cambiado y que el abuso no se repetiría. El caso de Ana sería un claro ejemplo.

d) La disponibilidad del cuidador primario es altamente limitada por diversas razones tales como, por ejemplo: abuso de drogas o alcohol que limitan sus capacidades parentales; enfermedad psiquiátrica sin tratamiento; ausencia de redes de apoyo social o de familia extensa en contextos socioeconómicos altamente vulnerables (por ejemplo, niños pequeños que quedan solos o al cuidado de hermanitos apenas un poco más grandes). En este tipo de circunstancias cobra un valor supremo la posibilidad de crear redes dentro de las mismas comunidades, de manera tal que se reduzcan los riesgos a los que el niño pueda quedar expuesto (por ejemplo, a través de actividades recreativas que se realicen en la misma comunidad, o talleres post escolares que permitan que el niño permanezca más tiempo fuera de la casa, si su permanencia en ella puede ser problemática o conflictiva, o si permanece demasiado tiempo solo y sin supervisión).

Dentro de las situaciones englobadas en el punto d) también deben incluirse aquellas otras en las que el niño puede quedar expuesto al riesgo de explotación sexual (por ejemplo, la madre ejerce la prostitución dentro de la casa en horarios en que los hijos están presentes, y hay una circulación permanente de "clientes"), o en las que sea directamente víctima de explotación sexual como parte de una estrategia de supervivencia económica, implementada por la familia para su subsistencia (por ejemplo, negociar el pago de la renta del lugar que habitan, "ofreciendo" a una hija para que tenga sexo con el dueño del espacio habitado). En estas últimas situaciones es importante subrayar que *todos los niños y niñas que habitan la casa independientemente de la edad* se encuentran en riesgo, y no solamente la niña que es "ofrecida" sexualmente. Esto es así porque no hay forma de anticipar que, en la dinámica de esa familia, esta forma de "trueque" no se vaya a repetir con los otros hijos e hijas.

*

La seguridad ambiental es concreta, tangible y evidente: si el niño está en una situación de peligro o en riesgo inminente de que ese peligro se concrete, eso significa que su seguridad ambiental es escasa o nula. Si las condiciones ambientales en las cuales vive no pueden garantizarle seguridad frente al peligro, los servicios de protección a la infancia y/o el sistema judicial son los únicos que pueden garantizar fehacientemente que esas condiciones cambien con la rapidez necesaria, tomando medidas para que el peligro inminente cese.

Si ocurre un terremoto y la casa en la que yo vivo queda en pie, pero severamente dañada, y las autoridades me obligan a dejarla, mi dolor por perder algo mío es genuino e indiscutible. Pero la necesidad de preservar mi vida es superior, y no hay discusión al respecto.

Muchos niños y niñas pueden sentir que, a pesar de lo tremendo que es el universo diario al que se enfrentan en sus casas, no quieren dejarlas, no quieren salir de ahí, no quieren separarse de quien les ha estado haciendo daño. ¿Saben por qué es así? Porque esos niños han crecido con esos padres, en ese contexto. No conocen otro, por lo cual debieron aprender tempranamente a adaptarse. Saben que les pegan y que a veces no lo hacen. Saben que los insultan y a veces los felicitan. Saben que abusan sexualmente de ellos y a veces los dejan dormir en paz. Aprenden a lidiar con el costado negativo de esas relaciones, aferrándose con uñas y dientes a los eventuales aspectos positivos que esas relaciones les aportan, en algunos casos incluso de manera muy escasa. Aun así, ellos aprendieron que un segundo de cariño en un año de malos tratos es mejor que nada.

Pero el costo de esta adaptación forzosa es muy alto. Porque se paga en salud mental, y muchas veces en salud física también, y se traslada invisible e intangible de generación en generación, como si las familias en las que la violencia es una forma de relacionarse, estuvieran condenadas a heredarles esa violencia a sus descendientes.

Muchas veces los sistemas que deben intervenir porque tienen la autoridad para detener ese maltrato, dudan a la hora de tomar las decisiones más drásticas. Muchas veces esas situaciones se conocen durante años, y las decisiones se van postergando también durante años. Hasta que llega un determinado momento en que la *crónica de una muerte anunciada*, parafraseando a García Marquez, se hace tan contundentemente evidente que deja mudos a todos. Porque sí, hay niños y niñas que mueren a causa de la violencia. Ellos son la evidencia más brutalmente concreta de lo que significa la **falta de seguridad ambiental real.**

Alguien podrá sentirse incómodo, o tal vez escandalizado al leer esto, y pensar *"Bueno, pero no todos los niños y niñas maltratados mueren…"* No, es verdad. ¿Cómo sabemos quiénes son los que no van a morir? Y si hay alguna forma de saberlo ¿hay algo distinto a lo que venimos haciendo para poder prevenir, en el más corto plazo posible, que siga habiendo muertes infantiles relacionadas con la violencia?

Si su incomodidad persiste estimado colega, recuerde siempre algo fundamental: usted sí puede hacer algo cuando sabe que un niño o una niña carece de seguridad ambiental real. Conviértase en su voz, informe lo que sabe, explique por qué razón quedarse en una casa herida de muerte por un terremoto no es seguro para la vida, por mucho amor que sintamos por ese hogar, y por mucho que salir de ahí solo nos traiga incertidumbre acerca de adónde vamos a ir cuando nos saquen de ese lugar.

Conquistar la seguridad ambiental es un requisito fundamental para el trabajo terapéutico. Pero ¿es el único? Lo veremos a continuación.

# Capítulo 2

## La seguridad relacional.
## ¿Cómo aprendemos a sentirnos seguros?



Me gustaría comenzar este capítulo con un ejercicio.

Le invito a indagar por unos minutos en usted y sus experiencias. En este momento de su vida ¿qué es aquello que le da una sensación *interna* de seguridad? ¿Estar solo o acompañado? ¿Acompañado por gente conocida, por alguien en especial, o simplemente estar en compañía de otros seres humanos, aunque sean desconocidos para usted?

¿Es estar al aire libre o dentro de un lugar en particular? En cualquiera de ambos casos ¿dónde elige estar específicamente para sentirse seguro? ¿En contacto con la naturaleza, o en algún rincón de su casa o habitación en particular? Esa sensación de seguridad ¿va acompañada de silencio o de ruidos, y en este último caso, de qué ruidos? ¿Música, la voz de alguien querido, voces y sonidos de la urbe o la comunidad en la que habita, tal vez su propia voz repitiendo un mantra o una plegaria?

¿Cómo **se da cuenta** de que se **siente** seguro? ¿Es una sensación física, un estado afectivo, un pensamiento que cruza su cabeza, un recuerdo, una melodía, un aroma? ¿Qué es lo primero que le viene al darse cuenta de que se siente seguro? ¿Puede recordar la primera vez que se sintió así, con esa sensación de seguridad interna? ¿Recuerda si era niño, si era adolescente, joven o ya adulto? Al finalizar este ejercicio vea si puede responder a esta pregunta: ¿cómo construyó usted *su propia sensación interna de seguridad*? Tome nota de lo que surge y continúe leyendo.

---

[4] Steele, K., Boon S., van der Hart, O. (2018). El tratamiento de la disociación relacionada con el trauma. Un enfoque integrador y práctico. Bilbao, Desclée de Brouwer (pg. 47)

*

Cuando somos adultos solemos asociar la idea de seguridad a factores externos: vivir en un lugar sin violencia de ninguna índole, tener los medios económicos para satisfacer nuestras necesidades, tener un trabajo, tener buena salud, tener una casa, poder planificar medianamente nuestro futuro. Sin embargo, pocas veces nos ponemos a pensar en si nos sentimos seguros *interiormente*. En ese plano la seguridad se hace más difícil de definir; sentimos que no está socialmente bien visto reconocer nuestras inseguridades o que éstas se noten, e incluso a veces las ocultamos o las disfrazamos no solo para el afuera, sino también para nosotros mismos.

De una manera parecida, cuando, como adultos, nos referimos a los niños, solemos anclar la idea de *su* seguridad a factores externos: tomarlos de la mano cuando empiezan a caminar, o protegerlos de eventuales peligros (por ejemplo, constatar que llevan puesto el cinturón de seguridad cuando viajan en un automóvil). Cualquier muestra de inseguridad en el niño puede generar ansiedad y preocupación en el adulto a su cargo. A veces puede generar incomodidad, y tal vez entonces el adulto busque cubrir la inseguridad del niño o negarla, haciendo de cuenta que no está, o tratando de cambiarla por la fuerza para que el niño no crezca "débil". Muchas veces asociamos la idea de "crecer y hacerse fuertes" con no tener miedo. Sentir miedo es visto como una debilidad, sin reparar en el hecho de que el miedo puede ser adaptativo. Al desconocer o desestimar esto, muchos adultos niegan, rechazan o confrontan el miedo de los niños y adolescentes, sin detenerse a entender de dónde viene ese miedo, o en qué contexto aparece. Cuando enseñamos a los niños a no tener miedo no solemos reparar en la manera imperativa en que les decimos "no **debes** tener miedo", incluso cuando nuestras intenciones son incuestionables y lo decimos con un tono amable. Los niños nos escuchan y toman lo que les decimos sin chistar. Pero eso no alcanza para que se les pase el miedo. El miedo queda, y queda además desprovisto de un modelo para aprender a regularlo y de las herramientas necesarias para hacerlo.

Difícilmente un niño pueda manifestar de manera explícita que no se siente seguro por dentro; no porque sienta vergüenza de reconocerlo, sino porque le faltan palabras para decirlo. Muchas veces, si los adultos no vemos claramente una amenaza externa a la seguridad, no entendemos por qué el niño llora, se aferra a la pierna de su mamá, quiere dormir con sus padres, no quiere ir a un lugar al que antes iba sin problemas, o no quiere hacer algo que a otros niños les resulta sumamente divertido.

Cuidar la seguridad física es, sin lugar a duda, fundamental: si un niño vive en un piso alto de un edificio y su balcón no tiene protección, salir allí a jugar constituye un potencial peligro. Algunos de esos factores externos que atentan contra la seguridad empiezan a perder entidad a medida que el niño va creciendo: un niño de 4 años no puede cruzar solo una calle con mucho tránsito, pero ese mismo niño, a los 14 años, está en mejores condiciones de hacerlo sin ayuda; para lograrlo no necesitó solo de su propia maduración, sino además de la guía responsable de un adulto. Es cierto: me dirán que muchos niños aprenden a cruzar la calle solos, sin que haya ningún adulto ahí para guiarlos ni para acompañarlos. Lo que no podemos aseverar es si ambos niños –el que aprendió con la guía de un cuidador y el que lo hizo solo– tienen idéntica sensación *interna* de seguridad.

Cuando hablamos de la exposición al trauma, decimos que una consecuencia posible es la pérdida de la seguridad. Esto es clarísimo en situaciones tales como ser víctima de una catástrofe, de un delito, o de un accidente: el mundo deja de ser tal como lo concebíamos y lo vivíamos hasta ese momento, y se convierte en un lugar en el cual la lluvia puede desatar una inundación, cruzarse con un ser humano desconocido en la calle puede dejarnos malheridos, y salir a una carretera puede llevarnos a la muerte. Sin lugar a duda, las experiencias externas forjan, modelan e impactan nuestra idea de la seguridad. Pero también forjan, modelan e impactan nuestra *sensación interna* de seguridad.

Un niño de 10 años ha sido víctima de un robo violento en la puerta de su casa, estando junto a una parte de su familia, al anochecer. Afortunadamente todos salieron ilesos, pero esto podría no haber sido así, ya que los ladrones llevaban armas de fuego. Cuando el niño llega a mi consultorio suspira aliviado: dice que le gusta mucho estar allí, y que se siente tranquilo, porque el consultorio está dentro de un edificio, y él debe tomar un ascensor para llegar hasta mí. Para él, ambos factores son suficientes para sentirse protegido de los ladrones. Lo cierto es que un ladrón también puede atacar a una familia que está tratando de entrar en el edificio en el que vive, pero este niño lee la realidad tal como la experiencia se la ha mostrado: una casa con una puerta a la calle es más insegura que una casa a la que se llega después de atravesar otra puerta, un pasillo y 7 pisos por ascensor.

Una niña de 6 años se encuentra alojada en una Casa Refugio junto a su mamá y un hermano. Han huido –literalmente– de la casa en la que vivían con el padre, un hombre extremadamente violento que amenazó de muerte a la madre con un cuchillo. La niña me acompaña de buen grado hasta el consultorio, que tiene una ventana que da al patio en el que está su mamá tomando aire fresco junto con otras madres alojadas allí. Pero cuando cierro la puerta, la niña, que se había sentado rápidamente en una silla, se levanta y abre la puerta; no la abre por completo, simplemente la deja entreabierta, y permanece de pie cerca de ella. Una puerta entreabierta es una vía de escape mucho más rápida que una puerta cerrada, aunque ésta no esté cerrada con llave, aunque su papá no esté en ese lugar y aunque yo no sea una amenaza real para ella: es decir, aunque no haya razones para escapar.

¿En qué se parecen y en qué se diferencian las experiencias de ambos niños? Se parecen en la necesidad de encontrar protección: para ambos sus situaciones "externas" de seguridad han sido alteradas, y ambos buscan una forma de volver a restituir la necesaria sensación de estar a salvo.

Sin embargo, el niño del robo nos dice que, para él, la seguridad externa se restablece por el solo hecho de estar en un lugar al que el peligro no puede acceder. Para él, estar en el consultorio con su terapeuta es sinónimo de estar seguro. No teme al lugar ni teme a la terapeuta. Para este niño, claramente, el peligro está *afuera*, y solamente allí.

La niña de la Casa Refugio, en cambio, nos dice que necesita vías físicas de escape para restituir su sentido de seguridad interna. En el momento en que la puerta se cerró, se borró en su interior cualquier diferencia entre el aquí-ahora (la Casa Refugio donde está resguardada junto con su mamá) y el allí-antes (la casa en la que vivía con su papá violento). La presencia de un adulto confiable, predecible y no maltratante, no le alcanza. Esta niña aprendió que el peligro está *adentro*. Porque ha sido dentro de su casa donde conoció el peligro, y ha sido su papá –y no un ladrón desconocido– quien atentó contra su seguridad real, la de su mamá y la de su hermano, y ese papá ha funcionado en ese lugar y de esa forma por mucho tiempo, incluso antes de que esta niña naciera. Para ella entonces, lo que debiera haberla protegido del peligro se convirtió en peligroso, y quien lo convirtió en peligroso fue otro ser humano, uno, además, muy cercano a ella. Entonces ¿por qué vivir en un refugio debiera darle seguridad, cuando viviendo en su casa no la tenía, y por qué debería sentirse segura con una adulta desconocida, cuando un adulto muy conocido la ponía en peligro a diario? ¿Cómo puede construir esta niña su sensación interna de seguridad, una sensación que le permita reconocer que el peligro ya pasó y que ella está efectivamente protegida en ese lugar?

Sentirse seguros es una **experiencia** mucho antes que un estado mental. Y esa experiencia comienza forjándose en una relación interpersonal: es un cuidador el encargado de modelar la experiencia de seguridad del bebé humano. Pero también puede ser quien termine por modelar la experiencia de *falta de seguridad*.

## 2.1. ¿Cómo nos damos cuenta de que un niño no se siente seguro?

El trauma interpersonal temprano interfiere fuertemente en el desarrollo de la experiencia relacional de seguridad. En palabras de Deb Dana: "El trauma compromete nuestra habilidad de involucrarnos con los otros reemplazando patrones de conexión por patrones de protección." (Dana, 2018, pg. XVIII).

¿Por qué? Porque la experiencia relacional del trauma interpersonal temprano dicta que, si mi mamá o mi papá son personas de las que debo cuidarme, entonces, cualquier otro ser humano, es alguien de quien tal vez, también deba cuidarme.

Los terapeutas también entramos en ese otro grupo de seres humanos, aunque pocas veces prestamos atención a ese detalle. Probablemente no lo hacemos porque damos por sentado que nosotros **somos seguros** para ese niño, pero así perdemos de vista la perspectiva de **su** experiencia. Si además nos encontramos con niños que se muestran complacientes con nosotros –a veces incluso demasiado complacientes– eso, sumado a nuestra convicción de que no vamos a dañar al niño, hace que demos por sentado que éste se siente efectivamente seguro con nosotros.

Volvamos a ver la relación entre algunos de los conceptos que estamos navegando en este capítulo.

La violencia es la patología de la desconexión. Es inherente a nuestra naturaleza humana alejarnos de cualquier situación de peligro real o potencial. Pero cuando el peligro proviene de aquellos a los que estamos inclinados a acercarnos en busca de proximidad, seguridad y confort –las figuras de apego– quedamos atrapados en un vaivén que sigue buscando la proximidad a la vez que la repele por amenazante o peligrosa. ¿Cómo conectamos con otros si no podemos saber a ciencia cierta qué tan inocuos o peligrosos son para nuestra supervivencia? Ante la duda lo mejor termina siendo replegarse, aislarse, o bien defenderse "por las dudas" de todo y de todos.

Para poder conectar con otros debemos sentirnos seguros, o ser capaces al menos de evocar alguna experiencia de seguridad que nos traiga una sensación de calma y de confianza en que todo va a estar bien. Para poder sentirnos seguros en el contacto con otros, tenemos que haber tenido la *experiencia* de la seguridad en las relaciones interpersonales. En contextos violentos o negligentes esa experiencia no ocurre; pero los niños que crecen en ellos desconocen que hay otros contextos en los que pueden vivir y crecer sin miedo y con sus necesidades atendidas. Y, aun cuando acercarse a sus cuidadores puede ser peligroso, sus cerebros leen que alejarse de ellos también lo es. Como dicen las abuelas "más vale malo conocido que bueno por conocer", entonces se adaptan a lo único que conocen. El costo de dicha adaptación lo pagan sus estados afectivos, sus conductas, su cuerpo, su atención y sus posibilidades futuras.

Muchos de estos niños aprenden a funcionar "como si" se sintieran seguros. ¿Qué quiere decir esto? Que no siempre vamos a *ver* en estos niños una reacción desmedida a un estímulo neutro o inocuo. Por lo tanto, es importante que –como terapeutas– partamos de la base de que para un niño que ha vivido estas experiencias puede ser difícil sentirse seguro, incluso en nuestra presencia.

Una niña que llega al primer encuentro con nosotros y se muestra sumamente afectuosa, alabando todo –nuestra ropa, nuestra oficina, nuestros libros y juguetes– manifestando que está muy a gusto y que no quiere irse, no nos dice con su actitud ni que se siente segura en ese lugar ni que se siente segura con nosotros. Por el contrario, está buscando neutralizar cualquier gesto, palabra o acción eventual que demuestre violencia de parte nuestra, como si internamente fuera guiada por la idea *"si te agrado no me vas a dañar, ¿no es verdad?"*. Pero posiblemente a medida que avancen los encuentros con ella y nosotros queramos indagar un poco más en su mundo, podremos ver cómo la niña se va parapetando detrás de una muralla imaginaria que la proteja (y a su mundo interior junto con ella) de ese daño que teme que ocurra: un daño que puede provenir tanto de su interior –a través del dolor que provoca un recuerdo– como del mundo exterior:

Magalí cuenta en un tono de voz desafectivizado varias de las experiencias atroces por las que pasó siendo pequeña. Quiere que le avise si me está asustando con lo que me cuenta porque no quiere hacerme sufrir.

~~

Santiago cuenta cosas que le sucedieron con su papá y de repente se interrumpe con una risa nerviosa que presagia un estallido de angustia. Cuando le pregunto qué lo pone tan nervioso me dice: "¿Me vas a creer o me vas a retar?"

Cuidar al otro para que no sufra, me garantiza que el otro va a estar ahí para cuidarme, pero también me garantiza que no se vaya a poner en mi contra de ninguna manera. Contar mi verdad puede tener como correlato que quien me escucha se enoje conmigo, o que no me crea, entonces tal vez no sea tan conveniente hablar. Estas son las experiencias que estos niños han vivido y con las que se han moldeado sus expectativas de las relaciones con el otro; en consecuencia, esas mismas expectativas moldearán sus relaciones con nosotros.

Veamos ahora algunas de las señales que estos niños nos dan de su experiencia de falta de seguridad interna:

- Señales visibles de nerviosismo o inquietud al cerrar la puerta del consultorio o al despedirse en sala de espera del adulto que los acompaña a la consulta.
- Chequeo permanente de la seguridad del lugar: si la puerta está cerrada, si la llave está echada, si alguien los puede ver por las ventanas o escuchar a través de las paredes.
- Evitar el contacto visual.
- Evitar la cercanía física.
- Reactividad aumentada ante ruidos: preguntan todo el tiempo *¿qué es ese ruido?* y les lleva un tiempo considerable adaptarse a la repetitividad de un determinado sonido.
- Reactividad aumentada ante los movimientos del terapeuta.
- Poca colaboración, escasez de iniciativa, aceptación tibia y sumisa de las consignas.
- Adormecimiento o dormirse por completo (cuando no hay razones para pensar que esto se deba a una necesidad de descanso).
- Accesos repentinos de angustia o llanto.
- Interacción escasa o nula con el terapeuta, que puede hacerse extensiva, en los casos más extremos, a los materiales del consultorio.
- Estrategias de evitación: desviar la atención, interrumpir para ir al baño o hacer una pregunta que no está relacionada con lo que estamos haciendo.
- Disculparse en exceso.
- Preguntar constantemente *¿lo estoy haciendo bien?* o *¿te gusta?*
- Falta de curiosidad.
- Dentro de la terapia EMDR, dificultades para conectar con un lugar seguro/calmo/tranquilo: exceso de elementos "de protección"; el lugar calmo se transforma virulentamente en un lugar donde *cosas malas pueden suceder;* en el dibujo del lugar calmo aparece también dibujado el peligro.


Siempre es importante recordar que, aunque ninguna de estas señales sea evidente en nuestros encuentros con el niño, esto no significa necesariamente que su sistema nervioso haya logrado un estado de calma. Un ejemplo contundente nos lo da Bruce Perry en su trabajo con los niños de la secta de los Davidianos en Waco, Texas, luego del asalto del FBI para liberar a quienes eran retenidos en ella bajo el liderazgo de David Koresh. En su libro "El chico a quien criaron como perro" (Perry & Szalavitz, 2016), el autor narra el ejemplo de una niña que dormía, cuyas pulsaciones por minuto eran de 160, cuando, para su edad, hubiera correspondido que fueran de entre 70 y 90: la carrera alocada de su corazón incluso estando dormida, era un fiel reflejo de la activación persistente de su sistema de alarma, una adaptación que su sistema nervioso había llevado a cabo en el contexto de exposición repetida a las situaciones vividas en la secta, y a posteriori, durante el asedio y asalto de las fuerzas federales.

Tucci y colaboradores (Tucci et al., 2018) proponen una serie de preguntas que se le pueden hacer a los adultos del ambiente en que el niño se mueve y relaciona, para ayudarnos a conocer cómo vive el niño experiencias asociadas a falta de seguridad interna. A continuación, hice una selección y adaptación de algunas de estas preguntas:

**a. ¿Cómo reacciona el niño a cambios en sus rutinas, su medio ambiente o las relaciones?**

Los niños que han vivido experiencias de trauma interpersonal temprano pueden tener reacciones negativas y desproporcionadas ante los cambios, desde los mínimos hasta los más importantes. Acostumbrados a tener que "controlar" las señales del medio ambiente en el que vivían para anticipar el peligro, todo aquello que escapa de su control es potencialmente peligroso. Algunos niños pueden mostrar un recrudecimiento de sus conductas y síntomas por el simple hecho de que su maestra abandonó por sorpresa el puesto, y fue reemplazada por otra. En el trabajo con estos patrones puede ser de mucha ayuda que el adulto anuncie las transiciones de manera anticipada y tranquila. A veces, es necesario hacerlo durante mucho tiempo antes de que el niño "aprenda" esas anticipaciones, y las incorpore por sí solo. El anuncio de esas transiciones en la casa incluye, entre otros, los ritmos de despertarse, dormir, comer, pasear, hacer tareas, ir a la escuela, las pausas que implican los fines de semana, e incluso los festejos, ya sea que tengan que ver con el niño o no. En la terapia es importante anunciar anticipadamente los períodos de ausencia del terapeuta, o eventuales cambios que se deban hacer, ya sea en el día y hora de la cita como en el lugar donde se lleva a cabo la terapia.

**b. ¿Qué cosas disparan en el niño conductas asociadas a estados de miedo o angustia?**

Muchas veces los adultos tienden a pasar por alto información que es significativa desde la perspectiva infantil, y nos transmiten que no saben por qué *de la nada* empezó a llorar con angustia. Estos niños se han acostumbrado a ampliar dramáticamente el abanico de estímulos que leen como anticipación de algo peligroso, y es habitual que ese abanico nos parezca tan extenso que desborde nuestra lógica. Por eso es importante alentar a los adultos que rodean al niño, cuidadores y maestros, a que puedan afinar la mirada y observar *todas* las circunstancias que rodean esos ataques de angustia aparentemente salidos de la nada, independientemente de si ellos como adultos les asignan un valor significativo o no. Muchas veces la conducta o el desborde del niño es tan intenso o preocupa tanto al adulto, que éste se focaliza mucho más en ese desborde, o en lo que debe hacer para calmarlo; sin embargo, la información más relevante la encontraremos en lo que sucedió *antes*: ¿qué disparó el desborde? Detalles mínimos e insignificantes a la mirada adulta, adquieren a veces una relevancia de primer orden para nuestros pequeños pacientes, porque son los estímulos que su sistema nervioso ha aprendido a asociar a las experiencias de falta de seguridad. Estos detalles deben incluir preferentemente, no solo lo que estaba pasando minutos antes, sino todo lo que pasó ese día, y si algo de ese día fue distinto de los anteriores. A veces, la clave se encuentra en algo que sucedió durante la semana, o que sucedió a un vecino, o a un compañero de escuela, y no necesariamente a ellos o a su entorno familiar inmediato.

Dentro del espacio acotado de la terapia debemos estar atentos a todo lo que estuvo sucediendo desde que el niño llegó a la consulta hasta que se disparara el estado de miedo o angustia. Tanto en los ambientes externos como en la consulta del terapeuta, no siempre será fácil identificar estos disparadores. Por ello debemos tomar esta tarea como la de un detective, que recoge una serie de evidencias y pistas, no porque todas vayan a serle útiles, sino porque las deducciones que vaya haciendo le permitirán saber cuáles de estas pistas descartar, y cuáles otras considerar como relevantes.

### c. ¿Recurre a alguien para calmarse? ¿Cuáles son las conductas que suele realizar para calmarse?

A veces, los ataques de angustia o el miedo extremo que el niño expresa, se ven desde afuera como si algo lo hubiera sacado transitoriamente de la dimensión en la que estaba con nosotros. Pueden tener su mirada perdida o fija en algún punto y reaccionar escasamente a cualquier forma de consuelo; incluso puede que parezcan no reconocer a personas familiares y que se pongan más reactivos ante el menor contacto físico. Cuanto más alterado se encuentra el niño, menos recomendable es tratar de calmarlo diciéndole que no pasa nada, porque en realidad para él *sí está pasando algo*, somos nosotros los que no sabemos qué es, y por ello esas palabras lejos de darle tranquilidad lo dejarán más confundido y atemorizado. Lo que sí puede resultar efectivo es que el adulto le hable con voz suave o incluso que le cante una nana. Palabras como *Estás aquí con mamá/papá, estás en tu casa, nosotros te vamos a cuidar*, pueden resultar mucho más eficaces que decirle simplemente que se calme o que no hay nada qué temer. Ese mismo tipo de mensaje también puede darlo el terapeuta si esos episodios se dan en nuestra presencia. Como forma general de exploración es útil que preguntemos directamente al niño de qué manera se calma cuando está nervioso, y explorar con él distintas alternativas que puedan ser practicadas en el contexto relacional con sus cuidadores.

**d. Si acepta que otra persona lo calme, ¿su actitud es defensiva, como si no pudiera terminar de relajarse en el contacto con quien lo está calmando?**

Los niños y niñas que vivieron situaciones de violencia en el seno de sus relaciones familiares tienen un aprendizaje distorsionado de lo que conlleva el contacto físico. Por eso, aunque a veces no rechacen el contacto físico de quien busca calmarlos, es claro y evidente que no se sienten cómodos con él, y que la calma tarda en llegar o lo hace de manera precaria. Una estrategia recomendable sería la de comenzar por usar la voz para reorientarlos al presente, dándoles mensajes como *Estás aquí, estás bien, estás con...*

El acercamiento físico debiera ser posterior a esto y darse de manera progresiva, preguntándole al niño si está bien que el adulto se acerque y aceptando llegar hasta donde el niño marque. Si el niño no se siente seguro de decirle al adulto "hasta aquí está bien", es importante que el adulto preste atención a cualquier mínima señal de incomodidad que el niño exprese, aunque no lo haga verbalmente. A los padres y cuidadores es importante explicarles que esto no es una señal de rechazo hacia ellos, ya que probablemente en esos momentos el niño está "conectado" con imágenes, sensaciones, afectos y recuerdos de su pasado, que son mucho más fuertes y potentes que la percepción de lo que está ocurriendo en su presente. Parte de que ese pasado deje de contaminar la experiencia presente, se basa justamente en que los adultos actuales puedan funcionar de manera completamente distinta a la forma en que funcionaron los adultos que dañaron al niño.

Incluso para ellos esto puede ser un aprendizaje que lleve tiempo, y posiblemente a veces logren responder adecuadamente y otras no. Pero si las veces que los adultos no logran responder adecuadamente pueden reconocerlo, pararse frente al niño y decirle *"Sé que tal vez te asustaste con la forma en la que te hablé... no era mi ntención y te pido disculpas..."*, esto constituye una forma de reparación relacional que estos niños no conocen, y en ese sentido es necesaria y terapéutica.

### e. ¿Cómo son sus acercamientos a personas que no son del entorno familiar?

Algunos niños y niñas que han vivido situaciones de violencia interpersonal temprana presentan patrones de acercamiento inmediato a personas extrañas, pudiendo incluso mostrar conductas de acercamiento físico que pueden sentirse como intrusivas o pegajosas, como si pasaran por alto la falta de familiaridad que tienen con el adulto al que se acercan. A la vez, la relación con sus cuidadores es superficial y no está marcada por una búsqueda de consuelo en momentos de tensión o malestar. Estas características están presentes en el Trastorno de Relación Social Desinhibida (TRSD). No se debe confundir este patrón de acercamiento indiscriminado con una habilidad para hacer relaciones, ya que las conductas englobadas en el TRSD pueden demostrar o bien una dificultad para establecer un apego selectivo a las figuras de cuidado, o bien una dificultad para inhibir el acercamiento a personas extrañas propio del desarrollo normal (Zeanah et al., 2015). Estas no son necesariamente relaciones nutrientes de las cuales el niño aprende a servirse; su cualidad es más bien superficial y puede incluso producir el efecto contrario a la búsqueda de la seguridad en la interacción y la conexión con otro, si el niño no logra identificar señales de peligro en la persona a la que se está acercando.

Algunos niños, sin llegar a desarrollar un TRSD pueden mostrar un patrón de aproximación indiscriminada con adultos no familiares, mostrándose hiper complacientes y afectuosos, pero profundizando poco en la interacción, buscando pasar límites socialmente aceptables y esperando que el adulto deje pasar sus transgresiones. Con un paciente de 9 años que se presentaba de esa forma, el abordaje del motivo por el cual su madre lo traía a la consulta se hizo imposible al principio de la terapia, ya que cada vez que yo trataba de llevarlo a ese terreno, él se acercaba a mí, me miraba con ojos "encandilados" y me decía: "Ay Sandra qué buena y linda que eres…tenía tantas ganas de venir a verte".

El espacio de la terapia puede ser un buen punto de inicio para practicar las distancias físicas adecuadas, que son aquellas en las que otro no invade mi espacio ni yo invado el del otro. Este aprendizaje es fundamental para que estos niños y niñas puedan aprender a evitar acercamientos con personas que podrían dañarlos. Una de mis maestras y referentes, Renée P. Marks, usa un aro de hula hula para practicar esto con los niños. Primero se lo coloca ella, y el niño tiene que tratar de embocar una pelota de trapo en el hueco que queda entre el cuerpo de Renée y el aro. Lo que Renée va haciendo es mostrar cómo ella se puede mover y mover el aro para evitar que la pelota entre en su espacio. Luego de un rato de estar jugando y practicando desde la observación, el juego cambia, y es el niño quien tiene el aro y debe moverse y mover el aro con el fin de evitar que la pelota de trapo entre a su espacio físico.

Al realizar este ejercicio es muy interesante ver los patrones de movimiento de estos niños. En algunos, la hipervigilancia es tal que entorpece su atención y planificación del movimiento, de modo tal que se mueven sin sentido para un lado y el otro, pero no necesariamente pueden evitar la "intrusión" de la pelota de trapo en su espacio. En otros, la constricción es tal que, aun cuando han comprendido la consigna, y han sabido llevarla adelante cuando eran ellos quienes sostenían la pelota de trapo, cuando les toca estar dentro del aro permanecen inmóviles antes de "captar" que ellos pueden moverse y defender su propio territorio.

*

Podría ser tentador pensar que un cambio en las condiciones ambientales, modificando el peligro real que amenaza la seguridad externa, sería suficiente para que no tengamos que estar preocupándonos por la seguridad interna. Sin embargo, esto no es así. Un cerebro que aprendió a sobrevivir sobre la base de experiencias que alteraron su respuesta a la alarma, no aprende que el peligro cesó solo porque le hayamos cambiado el escenario.

Pero, así como la psicoterapia no puede modificar las condiciones de falta de seguridad en el ambiente en el que el niño vive, *sí* puede trabajar al nivel de las experiencias de seguridad interna. Y esta es la principal razón por la cual consideramos a la seguridad relacional como algo muy serio, ya que sin devolverle al niño la posibilidad de sentirse seguro en la interacción con los otros, el resto de los objetivos terapéuticos se lograrán a medias.

Es fundamental entender que trabajar con la seguridad *es trabajar con el trauma*. Al construir y reforzar vínculos no maltratantes, no negligentes, sintonizados y amorosos, estamos curando una herida. En el modelo EMDR, por ejemplo, el lugar calmo/seguro es apenas un pequeño hilo conductor hacia esa nueva experiencia reparadora. Por ello no debemos quedarnos solo con su desarrollo: debemos ir más allá usando cada sesión y lo que ocurre en ella como una nueva oportunidad para coser esa herida.

En el siguiente capítulo exploraremos en más detalle cómo desarrollar esa seguridad en la relación terapéutica.

# Capítulo 3

## Seguridad relacional en el vínculo terapéutico y desregulación del sistema de exploración: ¿qué tan seguro es ser curiosos?

*Porque en casa yo aprendía
descubriendo cosas solo, y haciendo cosas solo,
claro que equivocándome, y acababa
siempre llevando unas palmadas.*

*Jose Mauro de Vasconcelos*[5]

Milagros tiene 8 años. Se dirige a la biblioteca del consultorio y escoge un libro. Pero el libro está en inglés, un idioma que ella no conoce. Se queda mirando su tapa, como si le costara decidir qué desea hacer. Entonces se me ocurre una idea:

T: Se me ocurrió un juego… Vamos a imaginarnos que este libro no tiene palabras, solo dibujos… lo abres y entonces, tu mente puede crear una historia, cualquier historia, solo mirando los dibujos.

M.: No sé cómo se hace eso (cierra el libro).

Decido modelar el juego para ella tomando el libro, abriéndolo e inventando una historia con las imágenes. Luego lo vuelvo a hacer otra vez, para mostrarle que se puede inventar otra historia más. Milagros insiste en que no sabe cómo se hace. Dejo el libro a un lado y le propongo un nuevo ejercicio *de imaginación*.

T: Veamos con esto. ¿Qué tal si tomas la lupa con la que a veces jugamos? (ante su inmovilidad para ir a buscarla, se la alcanzo; Milagros la toma). Ahora con la ayuda de la lupa y de tus ojos elige algo que veas y que te resulte bonito o interesante, algo que a tu mente le llame la atención, y entonces comienzas a inventar una historia… puede ser un juguete o la ventana, o algo que tenga yo….

M.: No sé cómo se hace.

---

[5] de Vasconcelos, J.M. (1988). Mi planta de naranja-lima. 19ª edición. Buenos Aires, Editorial "El Ateneo". (pg.3).

Hasta aquí, este relato podría hacer pensar que Milagros es una niña desafiante y oposicionista, o bien que tiene alguna dificultad que le impide comprender cabalmente las consignas que recibe. Sin embargo, no es así. Milagros es una niña que ha aprendido que es conveniente pasar desapercibida, no moverse demasiado, no hacer ruido, no llorar ni protestar. Ha vivido situaciones de miedo inducidas por diversas experiencias, como, por ejemplo, despertar absolutamente sola en medio de la noche, sin saber dónde está su mamá, orinarse del miedo, acostarse en el suelo para evitar la humedad de su cama, y esperar allí, en silencio, hasta que su mamá apareciera en algún momento. Y con su mamá, Milagros ha aprendido que las cosas pueden estar muy bien, o muy mal: su mamá puede ser amorosa, o violenta, o estar tirada en la cama el día entero sin siquiera interactuar con ella. Y todo esto no ha sucedido una sola vez, sino varias.

El ejercicio sigue.

Decido asumir un rol más activo, orientando a Milagros en cada secuencia de movimientos a seguir, ayudándola a llevar la lupa a su ojo, alentándola a levantarse, a moverse por el consultorio, a observar los objetos a través de la lente de la lupa, a examinarlos… En cuanto me separo de ella para ver si puede continuar sola el movimiento que logramos poner juntas en acción, Milagros vuelve rápidamente a sentarse en la silla en la que estaba, y me mira a través de la lupa. Tomo esto como una nueva oportunidad y le propongo que invente una historia a partir de algo que ve en mí, como mi ropa, mis lentes, o mis aros, pero apenas lo menciono, la niña deja la lupa sobre la mesa y se queda quieta.

Una vez más, decido no ceder, y modelo para ella, caminando con movimientos exageradamente lentos y suaves, cada etapa del ejercicio de búsqueda con la lupa en la mano. La idea de exagerar la lentitud de los movimientos apunta a llamar su atención, lo cual da resultado: Milagros me observa divertida y con atención. De repente se levanta de la silla y dice:

M: ¡Se me ocurrió una idea para una historia! ¿Puedo escribirla en la pizarra?

Entonces se acerca a la pizarra y comienza a escribir la historia que inventó:

"Un pequeño pajarito voló hasta un árbol donde había muchas madres embarazadas. Fin."

Eso es todo. Ante otras preguntas que le hago para ver si es posible ampliar la historia, Milagros responde contundente que la palabra "Fin" quiere decir que la historia se terminó, y que no hay nada más para contar. Esa historia es tan corta y escasa en detalles y acciones, como cualquiera de las secuencias de juego que ella desarrolla conmigo en las sesiones. Sus dibujos también son pobres, y la mayoría de las veces carece de iniciativa, y espera que yo le diga qué hacer.

*

Uno de los significados que la Real Academia Española asigna al adjetivo *curioso/curiosa*, es la cualidad de alguien inclinado a aprender lo que no conoce.[6]

La curiosidad es inherente al universo infantil. Pero no se desarrolla de manera natural y universal en todos los niños y niñas.

La curiosidad se desarrolla de la mano de la exploración, y la exploración solo es posible cuando nos percibimos a salvo de peligros y cuando percibimos que el mundo a explorar puede ser seguro. Como veníamos observando con anterioridad, construimos una sensación interna de seguridad en las experiencias relacionales tempranas.

Pero cuando se crece en situaciones de violencia y negligencia, esa experiencia se ve limitada y jaqueada, y desarrollar una sensación de seguridad se transforma en una tarea titánica.

Curiosidad, interés, expectativa, apertura a lo novedoso, rastreo, búsqueda e investigación, son acciones del sistema de exploración (Ogden et al. 2009) puestas al servicio del aprendizaje, y no solo del que ocurre en ámbitos académicos, sino de *todo el aprendizaje*.

El bebé y el niño pequeño aprenden los límites y alcances posibles de su exploración de la mano de un adulto seguro (Cassidy, 2016), que funciona como referente y guía, que modela, acompaña, alienta, corrige y refuerza la experiencia.

Veámoslo con un ejemplo:

- **Modela**: la mamá se acerca a acariciar un perro.
- **Acompaña**: la mamá acompaña al niño en la posibilidad de acariciar al perro, o lo busca para acercarlo a la experiencia.

---

[6] Diccionario de la Real Academia Española consultado en dle.rae.es

- **Alienta**: ante la duda infantil la mamá dice *"Yo estoy aquí, puedes acariciarlo, yo te voy a cuidar"*; ante la primera caricia del niño al perro la mamá le dice *"¡Muy bien! ¿Te gustaría seguir acariciándolo?"*
- **Corrige**: el niño tironea de la oreja al perro, la mamá le dice *"Nooo…. No hay que tirarle la oreja, al perro le duele y le molesta que hagan eso con él."*
- **Refuerza**: luego de lo cual vuelve a modelar para el niño la misma acción alentándolo a repetirla él mismo *"¿Ves? Hacemos así, suave, ¿probamos de nuevo?"*

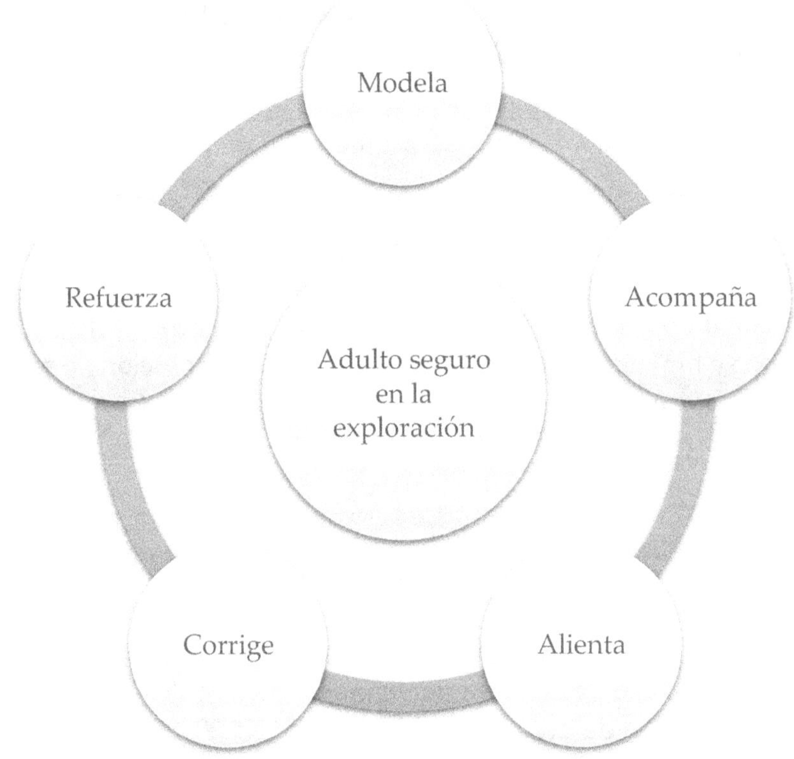


Esta exploración segura del mundo exterior también ayuda a la exploración segura de las experiencias internas, que es precisamente lo que hacemos en la psicoterapia. En la relación con un cuidador en sintonía, los dolores son escuchados, las penas son calmadas, las rabietas son contenidas sin violencia.

Pero esa no ha sido la experiencia de Milagros ni la de los niños que habitan este libro. Por el contrario, ellos han aprendido que preguntar puede ser tomado como una insolencia; pedir o tocar, como un exceso de mala educación; la expresión de los sentimientos puede ser un signo de debilidad (el llanto de tristeza), o una manifestación intolerable de desafío al adulto (el enojo a través de la rabieta). Los adultos a la vez tienen dificultades para interpretar adecuadamente las manifestaciones de sus hijos, a las que suelen leer con las lentes distorsionadas de sus propias experiencias traumáticas no resueltas, o de apegos inseguros con sus propios padres o figuras de cuidado.

La desregulación de la que hablamos cuando nos referimos a niños con trauma complejo y disociación, abarca también su sistema de exploración (Baita, 2014), un sistema que está vitalmente presente en el trabajo psicoterapéutico: ¿cómo hacemos para que el niño nos hable de lo que siente y de cómo lo siente, si no puede experimentar seguridad al estar con nosotros?

En el siguiente esquema vamos a ver cómo se manifiestan durante la consulta los desajustes del sistema de exploración en los niños que atendemos.

En el medio, vemos el patrón de lo que sería la exploración facilitada por una relación de apego seguro y de unas experiencias que han alentado, potenciado y amplificado las opciones disponibles para el niño.

Por encima de esa franja vemos cómo se manifiesta una desregulación de la exploración mediatizada por un estilo donde prima la hipervigilancia; mientras que por debajo de ella encontramos la expresión de esta desregulación, pero mediatizada por un estilo abúlico e hipoactivado, predominando en estos niños una suerte de "guardarse" o hacerse invisibles:

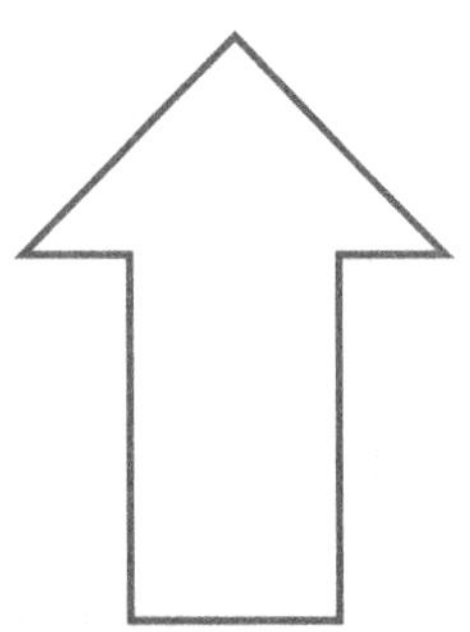

Niños hiperactivos y desorganizados que no pueden involucrarse y/o sostener una secuencia de juego; cambian de manera constante el tema del juego, haciéndolo caótico o incluso confuso; "pasamano" de objetos: los juguetes que manipulan pasan por sus manos sin que ellos puedan prestarles ninguna atención, al igual que con las páginas de libros; están pendientes del medio ambiente, se distraen con facilidad con ruidos que pueden parecer imperceptibles al oído del terapeuta.

Curiosidad → Exploración → Acepta experimentar → Experimenta placer en la actividad → Aprende de la experiencia

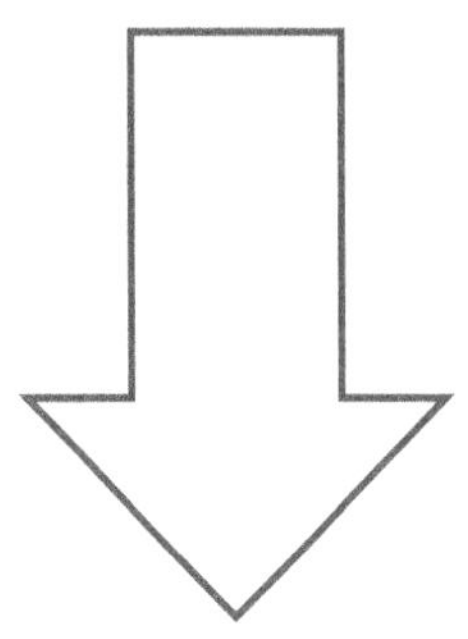

Niños replegados, constreñidos en sus movimientos (falta de movimiento o movimientos controlados); no manipulan los juguetes o lo hacen por poco tiempo y con extremo cuidado; juego poco desarrollado; pobre uso de símbolos; uso extendido de respuestas del estilo "no sé" cuando se les pide mayor desarrollo de historias, secuencias de juego o significado de dibujos, o cuando se les da la chance de elegir qué hacer. Falta de iniciativa.

Veamos a continuación por qué sería importante prestar atención al sistema de exploración y a la forma en que la curiosidad ha sido limitada por las experiencias de trauma interpersonal.

En primer lugar, la curiosidad es inherente al ser humano. La curiosidad nos mueve a explorar, a conocer, a intentar una y otra vez incluso después de errar. ¿Podríamos imaginarnos un mundo sin las mentes curiosas que nos trajeron descubrimientos e inventos sin los cuales hoy no concebiríamos nuestra existencia? Marie Curie, Galileo Galilei, Albert Einstein, entre otros, fueron mentes curiosas. ¿Cómo sería nuestra vida hoy sin lo que ellos y otros como ellos fueron descubriendo? Pero, además, la curiosidad es también motor de cambio. Si me equivoco en algo que estoy intentando, será a través de la curiosidad que me pondré a buscar otras opciones. La curiosidad y la exploración van de la mano con la seguridad: la seguridad de que, si me meto por un camino poco conocido, alguien va a estar ahí observando en caso de que sea necesario alejarme del peligro; la seguridad de que alguien va a estar orientando y alentando mi proceso de exploración; y finalmente, la seguridad de que, si me equivoco, no habrá castigos ni reproches, sino una mano tendida para ayudar a ponerme de pie y volver a comenzar.

Pero para muchos de estos niños ya hemos visto que lo que precisamente suele faltar, es la experiencia de seguridad. Para ellos la supervivencia es una necesidad que está por encima de cualquier otra.

En segundo lugar, la exploración es un componente fundamental de la psicoterapia. El simple hecho de preguntarle a un paciente -de la edad que sea- qué piensa, qué siente, qué recuerda, es una invitación a mirar hacia adentro, a buscar en su interior la respuesta a esas preguntas. Pero ¿cómo es ese proceso de búsqueda en los niños y niñas que habitan este libro? Los niños traumatizados suelen recibir la indicación de psicoterapia cuando algo de su comportamiento se ha hecho intolerable o extremadamente desajustado. Para cuando llegan a nosotros llevan un tiempo ya de haber aprendido en sus experiencias interpersonales, que hay algo inherentemente malo en ellos. Por lo cual ir a terapia se puede percibir como "ir a que me arreglen" (intención que muchas veces subyace el pedido de los adultos). Las preguntas que los terapeutas hacemos para conocer la experiencia de nuestros pequeños pacientes pueden sentirse como amenazantes: *si me conoce verá quién soy en verdad, y lo que verá es eso tan terrible que dicen que soy.*

Si lo vemos desde el punto de vista de nuestros pacientes, que parten de la creencia básica y aparentemente irrefutable de que hay algo malo en ellos, ¿cuánta voluntad y motivación van a tener en explorar con un extraño esa supuesta "defectuosidad intrínseca"? La respuesta es simple: ninguna. ¿Por qué? Porque hablar de su "defectuosidad" solo les hará recordar lo defectuosos que son, y a ningún ser humano sobre esta Tierra le gusta que alguien le ponga un espejo que refleje cuán deforme es; en segundo lugar, porque si hablan de esos defectos con nosotros, tal vez teman que los juzguemos, o que, como otros adultos han hecho, también nos enojemos con ellos y los castiguemos. *Después de todo*, piensan, *¿por qué tendría que confiar en esta desconocida que dice que está aquí para ayudarme?*

Veamos un ejemplo: un púber de 13 años siente que le late el corazón con furia al hablar conmigo de una situación en que mintió a sus padres acerca de algo que, según él, yo había dicho. Él sabe que compartir conmigo lo que siente no es lo mismo que expresarlo a sus padres, con quienes tiene una relación altamente conflictiva. A lo largo de nuestro trabajo ha podido ir aumentando su capacidad para reconocer su mundo emocional, así como su sensación de seguridad al conversarlo conmigo. Pero saber que en otras ocasiones ha podido compartir conmigo lo que siente, no le alcanza para sentirse seguro de que esta vez puede hacerlo, porque en su experiencia, ser confrontado con sus mentiras siempre le ha traído consecuencias nefastas, como retos y castigos. Al igual que a otros niños, a éste la experiencia le ha enseñado que, mientras no se demuestre lo contrario, el otro lo va a juzgar y puede resultar dañino, de modo que no hay chance de ponerse con ese otro a explorar nada de su mundo interno.

Tan convencidos están estos niños de que son malos, que creen poco y nada que haya esperanza de cambio para ellos. Tan acostumbrados están a que les digan que lo que hacen mal lo hacen porque quieren, o que no les interesa nada de lo que les dicen, o que no hacen nada para cambiar, que terminan por creer, como otra verdad irrefutable, que no hay nada que hacer con ellos, porque son un caso perdido. Muchas veces, esto se refuerza además por la necesidad de preservar internamente la figura de sus cuidadores: en la ecuación, si el niño no es "el malo", entonces "los malos" son quienes lo cuidan, y si esto es así ¿a quién se aferra? ¿Quién queda allí para él? El vacío que se abre ante esta perspectiva es tan grande que la alternativa de verse a sí mismo como defectuoso puede resultar emocionalmente más viable, más aún si ese niño sigue viviendo con estos cuidadores.

A continuación, veremos cómo podemos activar el sistema de exploración desde nuestro primer encuentro con los niños que vamos a atender.

### 3.1. Cómo ayudar a regular un sistema de exploración desregulado y empezar a construir la relación terapéutica.

Hemos visto hasta ahora que estos niños han aprendido que es mejor no ponerse a explorar qué hay adentro suyo. No hay muchos recuerdos bonitos, no conocen las sensaciones agradables en el cuerpo, y las emociones se parecen a un torbellino que amenaza con llevárselos por delante. Muchos han aprendido a desconfiar de las sensaciones agradables o de los momentos de tranquilidad, porque en su experiencia estos pueden ser el preludio de una tempestad o de una catástrofe que ya conocen y no saben cómo evitar.

Al comenzar un proceso de terapia, el primer lugar que estos niños deberán explorar será el espacio invisible en el que se darán los intercambios con nosotros, es decir que deberán explorar *una relación*. Y para que esa exploración se pueda dar en un ámbito de seguridad, nosotros deberemos ser tanto sus guías como sus garantes.

Mi primer encuentro con un niño de la edad que sea, suele ser lo que yo llamo *una visita para tomar el té*. Previamente he tenido entrevistas con los adultos consultantes, y aunque algunos terapeutas contemplan la posibilidad de que el niño esté presente en el primer encuentro que tienen con los adultos que consultan, yo prefiero no comenzar de esta manera, porque si el adulto está muy enojado con el niño, o ha perdido la paciencia, o la esperanza, o las dos cosas, ese niño me conocerá escuchando a los adultos hablar sobre él de manera negativa, se sentirá avergonzado en mi presencia (lo cual no colaborará para que se sienta confiado y seguro conmigo), y tenderá a asumir que yo voy a pensar de igual forma.

Cuando me encuentro con el niño por primera vez -después de las entrevistas que haya tenido con sus cuidadores- quiero que éstos lo acompañen, porque creer que yo soy una persona confiable que lo quiere ayudar no es una cuestión de fe: es una experiencia concreta que se construye sobre la base de varios encuentros (e incluso a lo largo de *toda* la terapia). Pero primero considero importante explicarles a los adultos cuál será el contexto de ese primer encuentro con el niño, para lo cual les pido explícitamente que no lo presionen para que hable de la razón por la que le traen a la consulta.

Es especialmente importante prestar mucha atención a los cuidadores que presentan un alto nivel de desregulación, y que pueden no medirse a la hora de hablar del niño y quejarse de él en ese primer encuentro. En ese caso, es preferible que el encuentro con el niño se haga a solas, permaneciendo el adulto en la sala de espera.

En nuestro primer encuentro, me interesa conversar con ese niño sobre cosas que no hacen al "problema" por el cual viene: ¿o acaso nos gusta que nos vean solo por nuestros defectos? Prefiero empezar a conocerlo por los aspectos que suelen quedar tapados por lo que preocupa a sus cuidadores, entonces, entre otras cosas, le pregunto ¿qué le gusta hacer? ¿Cuál es su juego favorito? ¿Cuál es la comida que menos le gusta? ¿Qué le gusta hacer en su tiempo libre?

Presto atención a lo que el niño hace mientras responde: ¿se esconde? ¿Desvía la mirada porque algo le atrae la atención o porque está tratando de evitar el contacto visual conmigo? ¿Mira demasiado al adulto que lo acompaña, como si buscara su aprobación? Y ese adulto ¿qué hace? ¿De qué forma lo mira? ¿Resopla cuando el niño dice algo que no le gusta? ¿Está serio, enojado, triste, ausente? ¿Y qué hace a su vez el niño con la actitud del adulto que lo acompaña?

Si el niño cuenta que hace algo para lo que se necesita una especial destreza, ya sea un deporte o una disciplina artística, y si cuenta que ha recibido premios o felicitaciones por eso, me gusta elogiar esa cualidad, así como sus logros. Y también observo cuál es la actitud del niño con mi elogio: ¿lo desestima o minimiza? ¿Cambia de tema? ¿Su postura corporal cambia, mostrándose más erguido y haciendo contacto visual conmigo? Y el adulto que lo acompaña ¿qué hace? ¿Cómo lo mira? Su mirada y sus comentarios ¿refuerzan una sensación de orgullo por las habilidades y los logros del niño, o, por el contrario, demuestran que eso le parece poco relevante, o que, aunque el niño sea capaz de ganar una competencia deportiva, sigue teniendo "defectos" que merecen mayor atención?

Luego de un rato de conversación pregunto al niño si sabe por qué le trajeron a verme. La mayoría de las veces es posible que responda que no, o que no se acuerda. Le cuento entonces que yo soy psicóloga y le pregunto si conoce a otras psicólogas: muchas veces estos niños han tenido otras intervenciones terapéuticas, por lo cual tienen una idea de lo que estamos hablando.

A los que nunca hicieron terapia les digo que una psicóloga es una persona que se encarga de ayudar a otras personas -niños, adolescentes y adultos- con cosas que les suceden y que no les hacen sentir bien, o con sentimientos muy fuertes con los que no saben qué hacer, o con cosas que tienen adentro suyo y les duelen o les molestan, o que les hacen comportarse de maneras que a veces los meten en problemas. Puedo mencionar un abanico de situaciones, sentimientos y motivos por los que la gente de todas las edades va al psicólogo, y entre ese abanico de cosas, incluir alguna de aquellas por las que me consultan por ese niño en particular, pero como si estuviera hablando de otro, no de él. A veces los niños responden rápidamente: *"lo mismo me pasa a mí"*, pero cuando esto no sucede, les pregunto yo si creen que hay algo que a ellos les suceda con lo que los pueda ayudar.

Otras veces, cuando les pregunto si saben por qué les trajeron a verme, algunos niños van directo al grano: *"Por mis problemas"*. Y se pueden dar diálogos como el siguiente:

T: ¿Y cuáles son tus problemas?

N: Miento y robo.

T: Ajá… ¿y tienes alguna idea de por qué mientes y robas?

N: Sí, porque soy malo.

T: Guau… ¿y cómo sabes que eres malo?

N: Porque me lo dicen.

T: Te voy a contar algo… yo conocí a otros niños y niñas que venían aquí por lo mismo, y ellos también creían que lo hacían porque eran malos… pero la verdad es que yo no creía que fueran malos. Entonces me puse a investigar con ellos por qué razón sería que mentían y robaban, y juntos descubrimos que adentro suyo había algo que los hacía hacer cosas que los metían en problemas.

N: ¿Qué cosas?

T: Algunos tenían recuerdos tristes, otros tenían sentimientos muy fuertes, otros tenían un enojo muy grande… podían ser distintas cosas. Por eso me gusta decirles a quienes vienen a verme, que este lugar es como un laboratorio, aunque no lo parezca. Aquí nos ponemos a investigar qué hay adentro nuestro que nos hace sentir y hacer cosas que a veces nos meten en problemas, porque yo estoy convencida de que debe haber una explicación para eso. No creo que seas malo.

N: ¿No?

T: No.


Puede parecer un simple cambio de palabras, pero lo cierto es que *tener un problema* o *ser un problema,* tiene un peso mucho más fuerte y estigmatizante que pensar que *hay algo adentro nuestro que nos hace hacer cosas que nos meten en problemas.* Desde esta perspectiva la idea del cambio como posible es más realista. Muchas veces, los mismos niños responden: *"Pero yo no sé qué es"*, a lo cual les contesto que eso nos da una excelente oportunidad para investigarlo y descubrirlo juntos.

En una oportunidad un niño me preguntó: *"¿Y qué pasaría si lo que encontramos a mí no me gusta?"*. Esa fue claramente una muy buena pregunta, una que me llevó un rato procesar, hasta que pude responderle que había "trucos" que nos permitían darnos cuenta de cuándo nos estábamos acercando a lugares peligrosos y así poder protegernos mejor. Cuando le dije que podíamos seguir investigando, usando escudos o trajes anti llamas, me respondió: *"O también podemos armar nuestra propia protección nosotros"*. Perfecto. Estábamos en buen camino.


Aquí vale una aclaración importante: no se trata de no meternos con nada que el niño sienta como peligroso, ya que muchas veces eso que el niño no quiere explorar es precisamente lo que sigue impidiendo que el pasado traumático se resuelva. Se trata de mostrarle que escuchamos y resonamos con su necesidad de no meterse con eso, y podemos incluso respetarla y acompañarlo en esa evitación, al menos en un principio. Pero, a medida que el tratamiento avance, le iremos mostrando cómo precisamente eso que no quiere ver, contiene la clave de lo que le sucede hoy, y así iremos preparando el terreno para adentrarnos juntos en una exploración progresiva y cuidada. Eso también contribuye a crear una experiencia de seguridad en la relación con nosotros.

*

Ahora bien ¿cómo empezamos a hablar de los "problemas" respetando esta premisa de buscar que el espacio terapéutico y la relación con nosotros sean sentidos progresivamente como seguros? Lo que sigue es un ejercicio que yo suelo hacer con mis pacientes.

Invito a los niños a dibujar **dos globos** en dos hojas diferentes, y les digo que en cada uno de ellos vamos a escribir las **preocupaciones** que tienen ellos y las que tienen sus papás (o quien sea que haya consultado). Les cuento que sus papás han venido a verme porque les preocupan algunas cosas, y que eso es normal, porque el trabajo de los adultos es preocuparnos porque los niños estén bien. Sin embargo, me gustaría saber qué les preocupa a ellos primero.

A veces, si el niño me dice que no le preocupa nada, pasamos a la exploración de las preocupaciones de los adultos que lo trajeron; luego le pregunto si tal vez le preocupa algo de todo lo que preocupa a sus papás o cuidadores; por esta vía muchas veces los niños pueden comenzar a escribir o relatar sus propias preocupaciones. Veamos un ejemplo:

Cecilia dice que no sabe por qué viene, que no hay nada que la preocupe. Pasamos entonces a las preocupaciones que tienen sus papás. Ella cuenta que a sus papás les preocupa que tenga pesadillas y se pase a la cama de ellos todas las noches. Le pregunto si tal vez alguna de estas preocupaciones está también en su cabeza, y me responde que sí: las pesadillas no le gustan.

Dependiendo mucho de cada caso, puedo decidir que el adulto esté presente en ese encuentro (si considero que el adulto puede mantener un modo de hablar sobre el niño que no suene ni culpabilizante, ni estigmatizante, ni mucho menos agresivo, y que puede funcionar regulado emocional y conductualmente), para que vaya aportando las cosas que le preocupan y por las cuales realizó la consulta. De lo contrario, yo me encargaré de llenar el globo de las preocupaciones del adulto estando a solas con el niño.

Si el niño no puede responder qué cosas preocupan a sus papás o cuidadores, yo puedo contarle qué es lo que ellos compartieron conmigo, como en el siguiente ejemplo:

En su primer encuentro conmigo Alan dice que no sabe por qué viene a verme y que cree que su mamá no tiene ninguna preocupación sobre él. Le digo entonces que ella me ha contado algo que le preocupa y es que, no sabe bien cómo sucedió, pero parece ser que él usó su tarjeta de crédito y compró muchas cosas por Internet.

A: Ah… sí… eso… Es que yo le dije que quería un juego para mi consola y ella no me lo quiso comprar…

T: Y entonces te compraste ese juego…

A: Sí…

T: ¿Y también compraste otras cosas?

A: Sí… pero esas no sé bien por qué…

T: Bien, ahí hay algo interesante para investigar, porque si uno compra cosas sin saber para qué las quiere, o si las compra sin darse cuenta de que lo hizo… eso quiere decir que hay algo adentro de uno que hace cosas que después… lo meten en problemas…

Este ejercicio nos permite dos cosas:

a) ver si hay coincidencia entre lo que el adulto plantea y lo que el niño trae,

b) conocer qué otras cosas preocupan a los niños que tal vez los adultos no sepan, o que hayan desestimado por poco importantes o menos relevantes que su propio motivo de consulta.

Cuando no hay coincidencia, no confronto al niño con la diferencia; por el contrario, vuelvo a plantear que tenemos por delante un nuevo misterio por resolver:

T: O sea que a tus papás les preocupa que no te quieras dormir sola de noche, pero esa no es una preocupación tuya.

N: No. Yo sí me puedo dormir sola.

T: ¿Y por qué será que ellos creen algo distinto?

N: No sé… tal vez porque una vez tuve pesadillas y me quería ir a la cama de ellos… pero eso fue una sola vez.

T: Ah… a lo mejor ellos te vieron muy asustada esa noche y pensaron que sería bueno que yo te ayudara a ver qué provocó esa pesadilla, y así estar seguros de que no la ibas a volver a tener.

N: No sé, puede ser…

T: Y me pregunto una cosa… ¿te gustaría que investiguemos juntas qué había adentro de tu cabeza que te hizo tener esa pesadilla?

N: No sé, porque … ¿y si después me acuerdo de la pesadilla y la vuelvo a tener?

T: Ah… muy buena pregunta… no te preocupes… yo conozco la forma para que eso no suceda…


¿Por qué puedo usar también en este ejercicio la palabra *preocupaciones*? Simple: un problema es algo que produce preocupación ¿no es verdad? Pero hablar de algo que *me preocupa* también cambia la perspectiva de la mirada sobre el problema, porque me coloca en el escenario, y me relaciona con eso de una manera diferente.

Veamos el siguiente extracto, parte del trabajo inicial con un niño al que encontraron tocando a su primita:


T: Bien, entonces aquí tenemos la lista de tus preocupaciones y la lista de las preocupaciones de tus papás. Veo que hay algo que a ellos les preocupa y que no pusimos en tu globo… ellos dicen que les preocupa lo que sucedió con tu primita…

N: Ah, sí, eso…

T:¿Crees que podemos ponerlo también en tu globo de preocupaciones?

N: (asiente en silencio).

T: (al finalizar de escribir) Me gustaría saber si hay algo en especial que te preocupe sobre esto que acabo de agregar a tu globo.

N: Sí… que mi tía dice que lo voy a hacer de nuevo…

T: ¿Crees que podríamos agregarlo?

N: (asiente)

*

Otra forma de trabajar, que puede agregarse a la de los globos, consiste en hacer un **camino de la vida**. Trazamos un camino en una o más hojas, dependiendo de la edad de nuestro paciente, y marcamos el momento en que este niño nació y el momento actual; luego podemos dividir el resto del camino entre los dos puntos, en tantos años como los que hayan transcurrido en su vida (por ejemplo, si tiene 10 años, marcamos 10 puntos y en cada uno ponemos una edad hasta llegar a 10). Luego les invitamos a colocar de un lado cosas agradables que les hayan sucedido (conectado con la edad en que sucedió), y del otro lado del camino, cosas que ellos recuerden o les hayan contado que sean tristes, o molestas, o que los enojen o que no les guste recordar (también conectado con la edad). El camino de la vida puede ser el primer acercamiento, tibio, lento, pero acercamiento al fin, a los eventos traumáticos sufridos por nuestros pequeños pacientes.

Muchos de esos eventos puede que hayan ocurrido cuando el niño no tenía edad suficiente para poder recordarlos (no al menos de manera explícita). Otra posibilidad es que la repetición persistente de situaciones de malos tratos o de abusos sexuales sea considerada por el niño algo habitual, por lo que no piensa que tenga que mencionarlo. También es posible que la disociación interfiera; si hay eventos importantes que el niño no menciona o que dice no recordar, pero que nosotros conocemos, podemos decidir agregarlos, usando siempre un criterio clínico acerca de la forma de anotarlo y la conveniencia o no de hacerlo en el momento particular del tratamiento en que nos encontremos.

Veamos un ejemplo:

En su camino de la vida Alina no pone nada previo a la edad en que fue adoptada. Al completarlo le pregunto:

T: Y desde que naciste y hasta los 5 años… ¿qué cosas pasaron en tu vida?

A: No sé… ninguna…

T: ¿Vivías con tus papás de ahora?

A: Ah, no, vivía en una Casa Hogar… y antes no sé, pero no me quiero acordar de eso…

T: ¿Te parece si ponemos esto mismo que me acabas de decir?

A: Sí… no sé…

T: Tal vez podemos escribir en el camino que viviste en una Casa Hogar, y pegar un papel sobre esa parte del camino que sea como un aviso donde diga "de esto no me quiero acordar".

A: ¡Sí! ¡Yo lo hago!

Esta solución permite una suerte de negociación entre los objetivos de la terapia y la necesidad de Alina de evitar ciertos recuerdos penosos. De esta manera dejamos en claro para la niña que nosotros no podemos hacer de cuenta que nada sucedió, pero al mismo tiempo damos el mensaje de que respetamos las posibilidades de Alina en el momento en que estamos completando esta línea de vida. El camino de la vida, al igual que el ejercicio de los globos, es dinámico: no significa que si no completamos todo al principio no podamos luego volver a él para agregar cosas que fueron apareciendo, todo lo contrario. Veámoslo con otro ejemplo:

Laura, de 9 años, no ve a su papá desde hace más de un año por una denuncia de abuso sexual que está siendo investigada. El abuso habría ocurrido hasta los 6 años, con fecha de inicio incierta. En su camino de la vida no coloca nada sobre el abuso ni sobre su papá ni sobre las diversas cosas que ha debido hacer desde la denuncia. La madre menciona que la niña dice no recordar lo que su papá le hacía.

T: Bien, llegamos hasta los 5 años y escribimos aquí varias cosas…

L: (Interrumpe)… Después no me acuerdo de nada más ¿eh?…

T: ¿Desde los 5 años en adelante?

L: Sí, no me acuerdo de nada de nada…

T: ¿Tampoco de algo que te haya pasado este año?

L: (Piensa)… Ah sí, me cambié de colegio, eso no me gustó…

T: ¿Algo más? (Laura dibuja en una hoja sin mirarme) … Tal vez alguna otra cosa que cambió en tu vida además de la escuela… como el lugar donde vives, las personas con las que vives, tus amigas.

L: Nada, no cambió nada. ¿Falta mucho para que me vaya?

T: No, no falta mucho. Pero no te preocupes por este camino que estamos haciendo aquí, por ahora podemos dejar en blanco estas partes y poner un cartel que diga que no te acuerdas de nada.

En el caso de Laura hay un componente que tiene incidencia en nuestras decisiones clínicas: una investigación judicial en curso sobre una denuncia de abuso sexual de su papá hacia ella. Teniendo en cuenta esto, podemos hipotetizar que las razones por las cuales Laura dice no recordar pueden ser variadas:

a) Estuvo sometida a mucho estrés alrededor de la denuncia y evita hablar de cualquier cosa que le recuerde tanto a la denuncia como al motivo de esta.
b) La disociación interfiere en su posibilidad de acceder a los recuerdos.
c) Va a psicólogos desde los 3 años sin interrupción y está cansada de eso.

Lo cierto es que si hay una investigación judicial en curso, nuestros pasos deben ser cautelosos para que, por ejemplo, no se considere a la terapia como el espacio donde la niña es "presionada" a recordar; en los casos de abuso sexual, a diferencia de las otras formas de malos tratos, la presunción por parte de la Justicia de que el abuso pudo no haber ocurrido y que la niña fue influenciada para relatar conductas que no sucedieron, suele anteponerse muchas veces –lamentablemente– a la posibilidad de que la niña haya sido efectivamente abusada por el padre.

*

Ahora bien, ya tenemos la lista de problemas/preocupaciones, al menos si no completa, probablemente en parte. ¿Qué sigue? ¿Nos metemos de lleno con ellos?

No. De la misma manera que la medicina detecta y diagnostica primero un problema para después decidir cuál es la intervención más adecuada, nosotros debemos hacer un diagnóstico que nos permita entender mejor el panorama en el cual estos problemas y preocupaciones se ubican: ¿qué les dio origen? ¿Cuándo comenzaron? ¿Cuál es el alcance en la vida cotidiana del niño, es decir en qué repercuten, qué afectan y cómo lo hacen?

Para los niños las razones por las cuales vienen a vernos están relacionadas con características negativas que ellos creen tener; difícilmente puedan establecer -al inicio de la terapia- una relación causa-efecto entre sus conductas y síntomas, y los eventos que les dieron origen.

Aquí empieza a cobrar forma la importancia de la psicoeducación, también llamada el arte de explicar que no son ellos los anormales, sino que anómalas fueron las experiencias que debieron vivir.

### 3.2. Otras formas de alentar la exploración y aumentar la seguridad relacional en el vínculo terapéutico.

No hay una única forma de alentar la exploración ni de crear una sensación de seguridad en la relación terapéutica. Muchos de los que leen esto habrán tenido la experiencia de haber aprendido algo muy bien, solo para darse cuenta de que con un determinado paciente nada de eso funciona, y que todas las estrategias aprendidas a través de cursos, congresos, supervisiones y libros desaparecen como por arte de magia un día, con un niño determinado, frente a una situación determinada.

¿Saben qué es lo que sí funciona?

- Aprender a *sintonizar* con estos niños.
- Aprender a *registrar* estados afectivos o cambios en estos a partir de señales mínimas.
- *Acompañarlos* cuando, tanto ellos como nosotros, no podemos anticipar con qué nos encontraremos (y esto pasará muchísimas veces, porque los laberintos en los cuales se conserva la información de estas experiencias parecen por momentos interminables).
- Observar con *curiosidad* y tal vez en *silencio* para que el ruido de nuestra voz no tape ese espacio invisible en que suceden las cosas, cuando a nuestra voz la guía el conocimiento académico en lugar de lo que notamos.

¿Cómo se aprende a sintonizar? Dudo que un libro pueda enseñarlo, porque más que conocimiento académico, para sintonizar con otro ser humano se necesita algo que se aprende en el contexto de las relaciones interpersonales, no en las bibliotecas.

La sintonía no se da de igual manera con todos los pacientes, y con cada uno de ellos no se da siempre de la misma manera.

Si un niño no me mira me pregunto ¿qué será necesario para que lo haga? Pero antes de eso debo preguntarme ¿puedo tener una idea de la razón por la cual no me mira? ¿Es por vergüenza, por temor, porque lo enoja que lo traigan a verme?

Si una niña decide no hablarme durante mitad de la sesión me pregunto ¿cómo y cuánto debo sostener ese silencio incómodo? Pero antes de eso debo preguntarme ¿puedo tener una idea de la razón por la cual no me habla? ¿Es porque me está desafiando, porque aprendió que no debe contar lo que le sucedió ya que sería peligroso hacerlo, o porque hay dentro de ella una parte que le dice que no me hable hasta conocernos mejor?

Si una niña se pegotea a mi cuerpo de manera indiscriminada me pregunto ¿qué tendré que hacer para enseñarle que los límites corporales no significan rechazo? Pero antes de eso debo preguntarme ¿puedo tener una idea de la razón por la cual se pegotea a mi cuerpo? ¿Ha vivido una negligencia inimaginable y busca indiscriminadamente el contacto humano que no tuvo, o ha aprendido a través de experiencias de abuso sexual que la forma de conseguir cariño es a través de ese pegoteo, aunque después venga algo peor?

Cada una de estas situaciones admite muchas más hipótesis posibles. ¿Deberíamos escribir una guía de instrucciones para cada una de ellas? Sería difícil e inútil por, al menos, dos razones: la primera de ellas es que tal vez, no podamos conocer todo lo que sucede en el mundo interno de estos niños en un plazo que nos resulte adecuado y tranquilizador para armar nuestras estrategias terapéuticas; confiar, para estos niños, no es una acción automática y mucho menos una cuestión de fe.

La segunda razón es que no hay nada más alejado de la búsqueda de sintonía con otro ser humano que seguir una guía de instrucciones, porque cuando nos focalizamos en seguirla, se pierden los infinitos matices que los seres humanos tenemos y que ninguna guía puede cubrir, y porque cuando tratamos de memorizar los pasos de la guía nos alejamos de sentir, de palpar, de registrar las sensaciones que reverberan dentro nuestro como consecuencia de aquello que está sucediendo en ese encuentro. A continuación, voy a presentar dos ejemplos que, a simple vista, pueden parecer muy similares, y sin embargo no lo son:

*Vamos a dormir…*

Hace ya varias sesiones que se repite la misma secuencia: esta pequeñuela llega con escasa energía, y no pasa demasiado tiempo antes de que empiece a estar somnolienta y a punto de quedarse dormida. Su abuela dice que siempre se duerme unos doscientos metros antes de llegar a mi consultorio, y que cuando la quiere bajar del automóvil es una piedra, como si hubiera estado sin dormir por semanas y de repente el cansancio la venciera para siempre. Parada delante de mi puerta, es un pequeño espectro con poca voluntad, pero me saluda, camina a mi lado y entra al lugar donde siempre trabajamos.

Es difícil trabajar con alguien en ese estado, y además es estéril. Trato de empezar con algo que le resulte atractivo entre las tantas cosas que me ha dicho que le gusta hacer, pero nada termina de entusiasmarla verdaderamente. Yo misma empiezo a sentir el cansancio en mi cuerpo, y se siente abrumador.

Chequeo: ¿almorcé, tomé café, dormí bien anoche? Raramente me agarra somnolencia a las 5 de la tarde… y menos, una de esa intensidad. Al final del día chequeo: con el paciente de las 4 no me sucedió. Con el de las 6 tampoco.

Una semana más tarde la dinámica se repite nuevamente: ella, entre la vigilia y el sueño, y yo, otro tanto. Decido entonces hacer un movimiento distinto. En lugar de buscar despertarla, esa vez le digo: "Creo que en este momento necesitas dormir ¿no es verdad? Cerrar tus ojitos y descansar de todo por un ratito…" Asiente en silencio. "Ya sé lo que vamos a hacer entonces, vamos a descansar un poco, y cuando estemos descansadas seguimos con lo nuestro ¿qué te parece?" Inmediatamente arma una pequeña cama en el suelo con unos almohadones. Se preocupa por dejarme los más grandes a mí. Ella se recuesta. Yo hago otro tanto. Y hago un esfuerzo inmenso por no dormirme y notar, mientras tanto, qué va sucediendo en ese pequeño espacio en el que las dos estamos descansando en silencio.

No sé si el tiempo que pasa es mucho o poco, solo sé que en un momento escucho su voz preguntándome si estoy despierta. Cuando le respondo que sí, la veo sentarse en un estado bastante más cercano a la vigilia. "Listo entonces", dice, "ahora podemos seguir con lo nuestro".

*

*Y ahora vamos a despertarnos…*

P: Sandra…me voy… me estoy yendo Sandra…

S: No te vas, estás aquí conmigo, estás a salvo… ¿Podrías abrir tus ojos y ver que yo estoy aquí?

P: No puedo Sandra, quiero, pero no puedo…

S: Voy a tomar tus manos con las mías y voy a ir haciendo presión en una y en la otra para que sientas que estoy aquí…

Está sentado delante de mí, tiene 13 años, su espalda se recuesta contra la pared. Es usualmente vivaz y alegre, acepta trabajar en lo que le propongo, pero esa tarde lo vence el sueño, aunque él no quiere dejarse vencer. Sentada delante de él, con mi espalda bien derecha, le tomo las manos y voy haciendo presión suave en una y en otra mientras le repito que está conmigo, que abrir los ojos en ese momento es seguro porque me va a ver a mí. Es como estar sujetando a alguien que se está cayendo –aunque esté sentado– y uno tiene que hacer mucha fuerza para seguir sosteniendo y que el otro no se caiga, hasta que pueda poner de nuevo un pie de apoyo en la seguridad y volver del abismo.

*

Veamos entonces. Dos pacientes se adormecen ¿y con uno me duermo yo también, mientras que al otro lucho por despertarlo? Entonces ¿qué hay que hacer cuando un paciente se duerme?

Elegí retratar estas dos situaciones precisamente porque, aunque se parecen, no son iguales.

Una parte fundamental de estas intervenciones fue guiada por las historias de estos dos niños: la primera estaba literalmente escapando todo el tiempo con su mamá de un papá abusivo al que la Justicia no le ponía límites. El segundo era muy pequeño cuando perdió a su madre en un accidente automovilístico, del cual él se salvó.

Los dos conocieron la experiencia de haber perdido la seguridad: la niña perdió la seguridad ambiental real, el niño perdió la seguridad que representaba para él la presencia de su mamá. Cuando cada uno de ellos estaba conmigo, nuestro trabajo consistía en sanar heridas; pero esas heridas los llevaban inevitablemente a recordar su falta de seguridad, porque las heridas habían entrado de lleno allí: un padre que abusaba, una mamá que había muerto.

Eso era lo que había que sanar, pero hacerlo implicaba atravesar precisamente el sendero que nos llevaba hacia la seguridad, y ver cómo había quedado dañada.

No hay una hoja de ruta para saber qué hacer con cada uno de estos niños, porque la forma en la que cada terapeuta puede sintonizar con el niño que tiene delante en cada momento determinado, es única. La sintonía interpersonal es sentida, no se explica: se palpa, se registra, se nota. La pregunta entonces es ¿qué resuena con cada uno de nosotros en ese momento? ¿Qué me dice esto que estoy sintiendo? Esta última pregunta no se responde desde la teoría: cuando para responderla usamos más de dos o tres palabras, ya nos alejamos del camino del sentir, para meternos en el más cómodo y conocido camino del pensar y de la interpretación.

Con la niña de la primera viñeta había intentado sin éxito durante algunas sesiones "despertarla" de la somnolencia que la invadía a ella tanto como a mí. ¿Podría haber hecho algo distinto a sugerirle una pausa de descanso? Seguramente. ¿Hubiera logrado el cometido de despertarla? No lo sé. Tal vez sí, tal vez no. Lo cierto es que mi intervención con ella fue guiada más por lo visceral que por el pensamiento: su agotamiento de tener que escapar constantemente de un papá abusivo, era tan penetrante como contagioso, casi como si quisiera llamarme la atención: "¡Hey! ¿Es posible que te des cuenta de lo cansada que me siento de esta situación? ¿Puedes darte cuenta de que quisiera sentir que no necesito luchar contra algo que es más poderoso que yo, y que alguien va a estar ahí para mí, sin dañarme?"

Liotti y Farina (2011) plantean que los estados de somnolencia inusuales pueden ser indicadores de un estado alterado de conciencia en el terapeuta, producido por el esfuerzo de sintonizar con la experiencia subjetiva fragmentada del paciente.

Probablemente el entorno de la terapia o lo que estábamos trabajando, pudiera estar activando en esta niña memorias ligadas al abuso, o a una estrategia de sumisión que seguía pareciendo necesaria por la situación de poca protección que estaba recibiendo de parte del sistema judicial. Pero difícilmente se pueda lograr una lectura de este tipo si sentimos con tanta intensidad un cansancio que nos vence.

Claramente yo no tenía chance alguna de cambiar la situación real de esta niña, pero al menos había algo que sí podía hacer: podía resonar con su cansancio, y eso es lo que mi cuerpo estaba haciendo al adormecerme. Me estaba recordando que esa niña estaba agotada de lidiar con algo más fuerte que ella, su madre y yo misma, y que su agotamiento era legítimo. Descansar juntas en el reconocimiento de ese agotamiento en un espacio seguro fue provechoso: después pudimos seguir "con lo nuestro", con nuestro trabajo habitual de sanar el dolor. Después de todo, ese es el propósito de las estrategias de sumisión: reducir el consumo de energía y conservar lo necesario para curar las heridas cuando el peligro haya pasado. El sistema nervioso de esta niña no estaba trabajando en contra de ella, sino a favor: me estaba avisando que el peligro externo no había desaparecido del todo, y, reconociendo en el espacio terapéutico un lugar de descanso, me pedía que fuéramos más despacio.

Resonar con el niño en su sufrimiento es una manera de darle seguridad: es decirle que entendemos por lo que está pasando, es estar con él en su sufrimiento desde nuestra presencia, sin buscar –aunque más no sea por un minuto, o apenas un poco más– aplicar el paso cuatro del procedimiento "x", o el inciso b) de la excepción número 12) del instructivo que aprendimos. Dar seguridad relacional es estar genuinamente con otro y para otro, desde todo lo que cada uno de nosotros como terapeuta es, y no solo, afortunadamente, desde nuestra corteza prefrontal.

Cuando el niñito de la segunda viñeta despertó en su pequeña sillita a la realidad del accidente automovilístico que había sufrido con su familia, su mundo se quebró: su mamá estaba muerta. Ya no la iba a poder ver nunca más. Años más tarde, al tratar de recorrer los laberintos de ese recuerdo, se reactiva de plano el dolor de su pérdida. ¿Se duerme porque se quiere desconectar del dolor de revivir ese recuerdo, o se duerme porque en el accidente estaba adormecido cuando el automóvil fue embestido y el dormirse delante de mí en esa sesión es entonces una reexperimentación? Cualquiera de las dos hipótesis es razonable, y con cualquiera de ellas tiene sentido ayudarle a no cerrar los ojos. Porque desconectarse del dolor no lo hará desaparecer, y porque, si cerrar los ojos *en el presente* es la repetición de lo que estaba sucediendo en aquel momento *del pasado*, ese recuerdo se está haciendo tan real que corremos el riesgo de que todo él quede capturado por ese pasado.

Que pueda abrir los ojos y verme delante suyo, le permitirá conectar con alguien que está para él y junto a él en ese viaje al interior de sus recuerdos, pero también le permitirá navegar por ese pasado sin desprenderse de la seguridad del presente: él ya no está en ese auto, está *recordando* el dolor para poder procesarlo, y para ello no es necesario que lo reviva tal cual lo sintió.

*

A veces los escenarios que se nos presentan no son tan dramáticos. Podríamos decir incluso que hasta nos resultan más conocidos en nuestro quehacer habitual. Y aun así, en esos otros escenarios, tampoco hay un manual de instrucciones. Porque también en ellos se trata de ver cómo resuena en nosotros eso que estamos viendo, sintiendo, escuchando, y cómo desde esa resonancia, podemos acercarnos al niño y acompañarle.

Paradojalmente, a veces no se necesitan muchos encuentros para iniciar ese camino. Sí se pueden necesitar muchos −o a veces la terapia entera− para construirlo y hacerlo sólido. Lo cierto es que desde el primer encuentro un terapeuta puede resonar y sintonizar con ese niño al que no conoce sino a través de lo que le han contado de él:

En la sala de espera de un centro de salud aguardan una mamá y sus dos hijas a ser recibidas para una sesión familiar. El equipo tratante –en el contexto de una supervisión– me ha solicitado estar presente en esta sesión para poder observar la dinámica, y pensar entre todas, nuevas estrategias para abordar una situación de una enorme complejidad. Una de las niñas, en el momento de entrar al consultorio, se da vuelta y sale corriendo de manera intempestiva: "¡Yo no voy! ¡Ahí no voy!". Llega hasta un consultorio contiguo que está vacío, se tira al suelo y se acurruca debajo de una mesa, en posición fetal, mirando hacia la pared. Desde ahí sigue gritando que no va a entrar al consultorio con su madre y su hermana. Tiene 9 años, pero parece que tuviera 5. Su terapeuta me invita a acercarme a la niña junto con ella; aunque estos arranques son habituales en esta niña, la sugerencia de la terapeuta tiene un sentido lógico: si yo, que soy una desconocida, voy a estar participando como invitada en un espacio con ella y su familia, y la niña se niega tan fervientemente a entrar al consultorio donde la están esperando, entonces es preferible tratar de que conozca a esta desconocida desde antes de entrar a la sesión familiar. Eso sería menos disruptivo que tratar de convencerla de entrar a un espacio conocido, para encontrarse allí con algo que no encaja con aquello que está habituada a ver. Su terapeuta está cuidando la seguridad relacional y la seguridad del espacio terapéutico para esa niña.

Cuando nos acercamos a la mesa y nos sentamos en el suelo, la niña sigue de espaldas, aunque de tanto en tanto mira por encima de su hombro y nos espía. Su terapeuta le habla con voz suave, una voz que ella ya conoce; le cuenta quién soy, cómo me llamo, le dice que yo las voy a acompañar ese día. La niña nos sigue espiando en silencio.

Entonces, siguiendo el tono de voz suave de su terapeuta, aunque con un timbre que para ella es nuevo, me presento, le repito mi nombre, y le digo que me va a gustar mucho poder conocerla, pero ella termina por dar vuelta su cara cerrando los ojos. Le vuelvo a hablar: "Ah… entiendo… estás cansada… tal vez podríamos encontrar un lugar más cómodo para que descanses (hace que no con su cabeza) … bueno… entonces te voy a cantar una canción para que puedas dormir bien… Esta es una canción que me enseñaron a mí cuando tenía 5 años, y después, cuando mis hijas nacieron, se las cantaba a ellas a la hora de dormir… a ver si te gusta…" Así empiezo a cantarle con voz suave la canción de Don Sapo sentado en el jardín… de a poco se va dando vuelta para mirarme, me sonríe, su terapeuta sigue conmigo, estamos las tres juntas, la representante de la seguridad relacional que ya conoce, y la invitada tratando de crear una pequeña cuota más de seguridad relacional, transitoria, pero no menos importante.

Soy desconocida, pero igual puedo –debo– tratar de sintonizar con ella, aunque esa sea la única vez que nos veamos y nunca más sepa yo de ella ni ella de mí. Al terminar la canción, su terapeuta le pregunta si podemos ir donde su mamá y su hermana nos esperan… se levanta de su escondite bajo la mesa y con absoluta tranquilidad va hacia el consultorio donde tendremos la sesión familiar.

*

Las disrupciones en la comunicación existen, son posibles, y cuando se dan, decimos que suceden momentos de *asincronía*. Esos momentos suceden en la terapia cuando perdemos de vista que nuestro ritmo y el del niño no están acompasados, o cuando anteponemos la efectividad de lo que estamos haciendo a la posibilidad de que nuestro pequeño paciente lo reciba adecuadamente.

Cabe entonces preguntarse: ¿qué tan amplio o estrecho es el espacio por el cual el otro puede recibir aquello que le estoy dando? ¿Y qué selecciono yo dar cuando ese espacio es muy estrecho? Para poder responder ambas preguntas es absolutamente necesario estar en sintonía con el otro, porque la ventana de receptividad[7] – entendida como ese espacio invisible en el que se juegan la capacidad y la posibilidad de estar receptivos a lo que sucede momento a momento en un vínculo - es antes que nada recíproca, relacional: lo que el niño pueda recibir estará dado no solo por su estado de ese momento en particular, sino por mi capacidad de ajustar mi amplitud a su estrechez, y mi necesidad a su posibilidad.

A veces, los terapeutas no sabemos aprovechar estas ventanas de receptividad del paciente, les damos lo que creemos que necesitan, pero lo hacemos de un modo que está desconectado de su experiencia, o lo hacemos sin tener en cuenta qué tan posible les es recibir lo que les ofrecemos en ese momento específico. Y de la misma manera que la reparación es una cualidad esencial del apego seguro y por tanto de las relaciones interpersonales, la reparación de las disrupciones también es posible en las relaciones terapéuticas:

Hace ya un tiempo que trabajamos juntos y a él le gusta mucho venir a verme. Tanto, que un día en que no pudo llegar por un problema con el automóvil de su mamá, le pidió que me llamara por teléfono para poder hablar conmigo. Sin embargo, esa tarde, sentados como siempre frente a la mesita roja, no quiere mirarme, y su actitud parece atemorizada y esquiva. Como tantas otras veces hago con él y con otros niños, le pregunto si prefiere que hablemos escribiéndonos en

---

[7] Este término fue acuñado por mi maestra Sandra Wieland.

una hoja. Pero se niega. Le pregunto si quiere que juguemos a que me lo cuenta con títeres. Tampoco. A crear una historia dibujada. No.

Le digo entonces que le voy a dar un momento para que él pueda pensar si se le ocurre alguna otra forma en que me pueda contar qué le está pasando ahora (esto está sucediendo en mitad de la sesión, antes había llegado de buen humor y dispuesto a trabajar juntos). Resopla, mira hacia otro lado y finalmente se cruza de brazos sobre la mesa y apoya su cabeza. Desde ahí me mira de reojo y me dice con una voz apenas audible: "No quiero que me mires, me asustan tus ojos."

Son los mismos ojos de siempre, no ha cambiado nada de lo habitual. Pero en un instante fugaz logro pensar que yo gesticulo mucho con mis manos y mi cara, y que hay algo de mi mirada ese día, en ese momento, que lo está incomodando; antes de saber qué es, necesito llevarle algo de calma. Le digo entonces que ese día no es necesario que nos miremos para hablar y que si él quiere nos podemos sentar de manera que él no me tenga que mirar a la cara. Acepta.

A la sesión siguiente le cuento que encontré la solución para cuando él no quiere que lo mire: he comprado unos anteojos en una casa que vende cotillón para fiestas. Son grandes y ridículos, y están puestos sobre nuestra mesa de trabajo para cuando él sienta que debo cubrir mis ojos; acordamos que con una señal suya yo me pondré esos anteojos, y yo acato el trato a rajatabla. Con el correr de algunas sesiones más, los anteojos ya no serán necesarios. Será después de que logre contarme que, a veces, cuando su mamá le grita, abre los ojos muy grandes, igual que yo, y que eso lo asusta. "Ahora entiendo", le digo, "bien, entonces, vamos a inventar una señal para que, si yo hago algo que te asusta o te molesta, me puedas avisar ¿sí? Así yo puedo corregir lo que estoy haciendo y no asustarte ni molestarte". Me mira serio y pregunta: "Pero ¿no te vas a enojar conmigo si te lo digo?"

Lo tranquilizo: no, no me voy a enojar. Eso y mostrarle que soy coherente con lo que digo, será lo que le permita aprender a confiar en que yo voy a escucharle y a corregir cualquier error que haya provocado sin intención en nuestra relación.

*

La seguridad relacional es **predecible**. Los niños que desarrollaron un apego seguro a sus cuidadores crecen internalizando esta predictibilidad, aprenden a desarrollar una confianza en la disponibilidad del otro, y una paciencia y tolerancia hacia los tiempos que los demás tardan en responder a sus necesidades. Aprenden a mentalizar al otro, logrando leer como posibilidad que, si el otro no respondió en tiempo y forma, una alternativa es que no haya podido hacerlo, y no solo que no haya *querido* hacerlo. Pueden ver al otro, a sus conductas y a sus intenciones como separados e independientes de ellos mismos.

Los niños que vivieron situaciones de violencia y negligencia interpersonal temprana no llegan a nosotros con esa capacidad, y puede costarles bastante desarrollarla si los adultos a cargo de su cuidado no pueden hacer lo mismo. Para estos niños lo predecible en su relación con los adultos es ser abandonados, maltratados, humillados, descalificados, culpabilizados, abandonados. Y si esas experiencias tempranas se dieron con las personas que debieran haberlos cuidado adecuadamente y lejos de la violencia, la expectativa es que los demás adultos se comporten de manera semejante. Nosotros incluidos.

Por eso, cuando nuestros encuentros con el niño suceden en marcos conocidos, en estructuras que se repiten, en las que nos ocupamos de mantener determinadas variables constantes, *vamos creando la experiencia de la predictibilidad en su relación con nosotros*. En tanto y en cuanto somos predecibles, se va haciendo más seguro descansar en la relación con nosotros.

Ellos son susceptibles a los cambios mucho más que niños que no vivieron ese tipo de situaciones, y no necesitan que un cambio sea una gran cosa: alcanza con cosas tan simples como que una silla que estaba habitualmente en nuestro consultorio ya no esté más.

En algunos lugares puede ser que la precariedad del lugar en el que nos toca trabajar conspire contra la posibilidad de mantener una estructura más o menos estable. Por ejemplo, si trabajamos en hospitales o en instituciones donde no tenemos asignado un consultorio fijo, y debemos pasar de uno a otro, puede ser importante que, si lo sabemos de antemano, le anticipemos al niño que algunas veces vamos a trabajar en un lugar y otras veces lo haremos en otro. En esos casos puede ser importante que un objeto, además de nuestra persona, se transforme en la constante que se repita, independientemente de si cambia el lugar físico donde deberemos trabajar. Por ejemplo, que la caja de lápices sea siempre la misma, o que, si hay un ritual de comienzo y fin de la sesión, sea siempre el mismo.

De la misma forma es importante *anticiparles nuestras ausencias*, las cortas tanto como las más prolongadas, y es preferible no avisarles en los últimos cinco minutos de la sesión, porque eso no les da tiempo a procesar todo lo que significa saber que "la semana que viene" no vendrán a vernos. Algunos niños me han preguntado si un día festivo yo no podía igualmente atenderlos, aunque fuera únicamente a ellos y a nadie más.

Los niños que se encuentran en hogares de acogida o en instituciones donde muchos niños comparten a varios cuidadores que van turnándose a lo largo de la semana, pueden resentirse ante el hecho de saber que nosotros nos tomemos vacaciones con nuestra familia, y pedirnos si no los podríamos llevar con nosotros; o pueden querer conocer a nuestros hijos, parejas y mascotas.

Cuando nuestra separación se da por vacaciones, yo suelo trabajar la última sesión previa a las mismas haciendo juntos tarjetas Navideñas o de deseos para el año que sigue (considerando que donde vivo las Fiestas de Fin de año coinciden con el fin de clases y el inicio de las vacaciones de verano). Yo hago una tarjeta para ellos y ellos una para mí. Allí los aliento a que podamos transmitirnos un mensaje: qué me quisieran decir ellos y qué les quiero decir yo.

Si debo viajar por trabajo, es habitual que muchos niños pierdan alguna sesión cuando yo estoy fuera. En ese caso, la última sesión antes de mi viaje yo hago con ellos un calendario en el cual señalamos los días en que nos vemos habitualmente, y marcamos los días que deberíamos vernos, pero no nos veremos, y si es necesario hacemos dibujos marcando por qué me voy, a dónde y de qué forma. Ellos se llevan ese calendario a sus casas y la idea es que vayan tachando los días que van pasando hasta el día en el que nos volveremos a ver. Estas situaciones en particular han dado como resultado intercambios de lo más variados. Por ejemplo, un adolescente al que veía dos veces en la semana me preguntó una vez por qué viajaba tanto:

S: A veces voy a tomar clases para aprender más, y otras a dar clases para enseñarles a otras personas cómo trabajar con situaciones como las que te trajeron a verme.

P: ¿Y ellos por qué no lo saben?

S: Porque a veces, muchas de las cosas que hacemos nosotros aquí no se enseñan en la universidad.

P: Ah… qué raro… pero… ¿también vas a atender a otros chicos como yo?

S: No…

P: Ah… porque eso no me gustaría.

Una niña de 6 años demostró de una manera muy pasional su deseo de que no dejáramos de vernos:

P: Esos dibujos que están ahí son de otros que vienen aquí ¿no?

S: Sí…

P: Bueno, te digo que yo los voy a romper uno por uno y no va a quedar nada de ellos, solo vas a tener mis dibujos, y le voy a decir a mi mamá que me traiga ropa y las cosas de la escuela y me voy a quedar aquí hasta que vuelvas.

S: Pero aquí no hay una cama para que puedas dormir y además estás muy lejos de tu escuela.

P: No me importa, yo me voy a quedar igual, así estoy segura de que vas a volver.

S: Tranquila, voy a volver.

P: No me importa, me quedo igual así no te olvidas de mí. (Mientras decía todo esto, rayaba violentamente el dibujo que estaba haciendo sin siquiera mirarme a la cara).

Un niño de 9 años decía esto:

P: ¿Y qué pasa si me porto mal mientras no estás? ¿Quién me va a ayudar a que me porte bien?

Algunos niños y adolescentes probablemente no hagan acuse de recibo de esta anticipación de la ausencia del terapeuta, pero probablemente tengan algo para decir a su regreso, como esta jovencita de 13 años en nuestro primer encuentro tras el regreso de mis vacaciones de verano:

P: (con tono indiferente señalando la carpeta roja que tengo sobre mi falda) ¿Qué es eso?

S: ¿Esto? Es la carpeta donde guardo todas las cosas que trabajamos juntas, es la misma de siempre ¿ves? (la abro y le muestro el contenido de dibujos que ella ha estado haciendo conmigo).

P: (continúa el tono indiferente) Ah… ¿qué? ¿La guardabas?

S: ¡Por supuesto que la guardaba!

P: Yo pensé que seguramente la habías tirado (y no modifica el tono indiferente…)

S: ¿Y por qué la iba a tirar?

P: No sé… a lo mejor pensabas que no era importante conservarla… (y no… para decir esto tampoco modificó su tono indiferente…).

S: Es imposible que piense algo así. Todo lo que hago aquí con los niños y niñas que vienen a verme es importante, y conservo muchas carpetas como ésta de otros niños que ya crecieron, porque si a lo mejor una vez vuelven siendo más grandes, sé que me van a pedir ver lo que hacíamos cuando ellos venían siendo más pequeños.

P: ¿Y qué? ¿La mía hasta cuándo vas a conservarla?

S: Todo el tiempo que sea necesario. Aunque yo sea ya muy viejita y se me hayan caído los dientes.

Me mira, y automáticamente cambia de tema. Ya no suena más indiferente.

*

La seguridad relacional **acompasa** las necesidades del niño, haciéndose eco de aquello que éste requiere para sentirse tranquilo en el espacio en el que estamos trabajando. Hace muchos años atrás, cuando empezaba a dar mis primeros pasos en el campo del maltrato infantil, mi primer lugar de trabajo en un organismo público de la ciudad de Buenos Aires, era lisa y llanamente irrespetuoso hacia los seres humanos, tanto los que trabajábamos como los que debían ser atendidos. Era un lugar cuya limpieza dependía exclusivamente de quienes trabajábamos allí, con pésima iluminación y ningún tipo de calefacción, al punto tal que en invierno nadie se sacaba el abrigo con el cual llegaba de la calle. Pero lo más lastimoso eran los "consultorios" en los que las profesionales de dos equipos distintos debíamos atender tanto a mujeres víctimas de violencia como a niños maltratados.

El consultorio "principal" de nuestro Servicio no tenía ni paredes ni puertas. Más bien, alrededor de una mesa y dos sillas se habían ordenado diversos muebles que hacían las veces de lo que no había: así, armarios y muebles de diversas alturas eran las "paredes", y la "puerta" era un biombo de mimbre. Los consultorios secundarios contaban al menos con una pared: la pared medianera del edificio que nos albergaba. Las "paredes" que los separaban entre sí también eran biombos de mimbre (iguales al que hacía las veces de puerta en el consultorio principal), y las "puertas" eran cortinas de tela que después del primer lavado se habían encogido y no cubrían toda la apertura.

En esos espacios hostiles carentes de toda privacidad, vimos a muchos niños y niñas asegurarse de que estando allí con nosotras nadie más los fuera a escuchar. Un niño que yo atendí, por ejemplo, en pleno invierno se sacó su abrigo y lo usó para tapar las aberturas del biombo que estaban al ras del suelo, entre las patas de este, y cuando terminó de hacerlo me miró y me dijo "Ahora sí, no nos va a escuchar nadie…"

Afortunadamente, con el tiempo, las condiciones del lugar cambiaron, pero después de esa experiencia me prometí que el espacio físico donde yo fuera a atender a mis pacientes niños y adolescentes, sería un espacio contenedor, humano, cálido, respetuoso y privado. No obstante, aquella experiencia que me llenaba de rabia hacia quienes eran indiferentes al sufrimiento humano, me enseñó que incluso en un lugar despojado y ubicado en el medio de la nada misma, un terapeuta puede proveer de seguridad relacional.

A ese niño que se quitó su abrigo probablemente lo escucharan, porque los límites que marcaban la privacidad de nuestro espacio eran demasiado precarios. Pero fue mi actitud frente a su ilusión de que él estaba pudiendo hacer algo para proteger su intimidad, aquello que lo sostuvo a lo largo de ese encuentro, porque cada vez que él chequeaba si su abrigo estaba bien puesto para cubrir el agujero por el cual sentía que nos podían escuchar, yo le decía que se quedara tranquilo, que yo iba a vigilar que su abrigo siguiera tapando el hueco.

Desde aquel entonces mucha agua ha pasado bajo el puente: he trabajado con la puerta abierta, con la puerta cerrada, con las persianas bajas y todas las luces encendidas, aunque el sol pleno entrara por las ventanas; he trabajado debajo de mesas, así como en pasillos y rincones de mi consultorio. He armado cuevas, casas y cercos protectores, todo personalizado a las necesidades de cada niño que lo necesitara.

Las *casas*, por ejemplo, se arman con grandes pliegues de papel kraft[8] que van a hacer las veces de paredes y puerta de entrada, colgadas de una mesa que funcionará como techo. El papel es decorado por dentro y por fuera con todo aquello que el niño o la niña necesite para poder sentirse seguro, cómodo y confortable. Por fuera puede haber cercos de pinches, mirillas para ver desde adentro quién está tocando el timbre, trabas para las puertas y ventanas, ventanas que se pueden abrir y cerrar solo desde adentro de la casa (o sea, el lado desde el cual el niño se ubica), un buzón para recibir el correo y decidir si se contesta o no, una chimenea, por si se quieren meter por ahí, para que caigan al caldero como el

---

[8] También llamado papel madera o papel de estraza.

lobo del cuento Los Tres Cerditos, y etcétera, etcétera, etcétera. Por dentro se decora a gusto: hemos puesto corazones, arcoíris, dibujos, pegatinas[9], almohadones, peluches, disfraces o instrumentos ruidosos para despistar, piedras en caso de que sea necesario defenderse desde adentro, hojas y colores que pueden servir para responder el correo que llega (o para evitar hablar y expresarse por escrito o con dibujos).

Cada casa es personalizada y se arma y se desarma con el niño o la niña durante su sesión, siempre que esto sea posible para el terapeuta en el lugar en el que trabaja.

Pañuelos, sábanas en desuso, y mantas también pueden hacer las veces de protección. Siempre es importante que el lugar que elijamos para "cubrirnos" con lo que sea que tengamos a mano, tenga algo que para el niño represente la sensación de sentirse protegido: puede ser un muñeco o puede ser algo que él mismo haya dibujado o creado.

Los *cercos de protección* tienen funciones similares y se arman utilizando lo que uno tiene a mano que no sea rompible: un niño armó una vez su cerco de protección con todos los peluches, todos los muñecos y todos los playmobiles que había en el consultorio, él se ubicaba adentro de ese cerco y desde allí trabajaba conmigo.

Eso sí: no se trata de ser un símil de arquitecto. Usted puede construir la Basílica de la Sagrada Familia en miniatura, pero si no entiende la necesidad del niño para la cual tuvo que construirla, su obra será muy bella pero poco útil.

*

Finalmente, la seguridad relacional que provee el terapeuta es *–debe ser–* **honesta**. Los niños y adolescentes van a expresarnos necesidades legítimas, y carencias que no debieran tener, y van a compartir con nosotros unos dolores que, por momentos, tal vez se nos hagan intolerables.

Pero nuestra función no es cubrir *todas* sus necesidades. Porque nosotros no podemos ser terapeutas y cuidadores al mismo tiempo.

Una adolescente inmersa en el mayor de los abandonos por una familia expulsiva y negligente, me dijo una vez llorando desgarradoramente "Yo quiero que usted me quiera como una mamá". Esto pasó hace muchos años, pero lo

---

[9] Stickers

escribo y vuelvo a sentir la misma puntada en el centro del pecho que sentí aquella tarde que la escuché pedir algo a lo que tenía un derecho indiscutible: poder ser amada incondicionalmente. Pero yo no podía responder a su necesidad. Yo podía quererla, y de hecho era muy querible, podía escucharla, y podía validar su dolor y su enojo, pero para ayudarla a sanar sus heridas era absolutamente necesario que pudiera funcionar desde un lugar de *terapeuta*. Porque yo *no era* su mamá ni podía funcionar como un sustituto.

Esa misma adolescente poco tiempo después se fugaría de la Casa Hogar en la que yo trabajaba. Un par de días antes de hacerlo, en una asamblea que se había realizado con todas las habitantes de la Casa Hogar y el personal que trabajaba allí, ella nos increpó a las adultas de esta manera: "Ustedes igualmente siempre se van a sus casas, siempre vuelven con sus familias, nosotras no somos nadie para ustedes, ustedes solo vienen aquí porque les pagan para hacerlo, pero la verdad es que nosotras no les importamos, porque si les importáramos vivirían aquí."

Un sábado en la tarde, yo estaba en mi casa envolviendo regalos para mis hijas, ya que al día siguiente se celebraría el Día del Niño. Una llamada telefónica me sacó rápidamente de ello: una de las adolescentes de la Casa Hogar había atacado a otra; le había hecho una herida superficial, y las operadoras que cuidaban de las chicas ese día en ese turno, habían logrado separarlas y tranquilizarlas. Llamaron a todo el personal profesional y a la directora para ver quién se podía acercar a contener al resto de las chicas. Yo era la que vivía más cerca, así que en menos de media hora ya estaba allí. Luego de un rato llegaron la directora y detrás de ella otra psicóloga del equipo.

Mi colega y yo nos sentamos con las chicas que no habían participado de esta situación para poder hablar con ellas y chequear cómo se sentían frente a lo que había sucedido. En esta reunión se dio un intercambio interesante entre dos de las residentes, una de las cuales era precisamente la adolescente que me había reclamado que la quisiera como si fuera su mamá. Entre ella, a quien llamaré Vera, y Rosa, que también era paciente mía, se dio este cruce:

Vera:  El fin de semana que viene yo hago lo mismo, me corto yo o lastimo a alguien y entonces así sí, ustedes van a venir a ver cómo estamos todas ¿no?

Rosa:  Ellas tienen sus casas, sus familias…

Vera:  Y nosotras no tenemos a nadie…

Rosa: No es verdad, nosotras tenemos familia, pero algunas familias no nos aceptan, o no nos saben cuidar o no pueden hacerlo como necesitamos… y las tenemos a ellas también (señalando a las terapeutas) … porque cada vez que las necesitamos ellas están.

Vera: ¿Y qué pasa si una las necesita todo el tiempo?

Rosa:  Pero ¿qué te pasa Vera? Ni siquiera un bebé necesita a su mamá toooodo el tiempo; cuando está durmiendo, duerme y su mamá no tiene que estar sentada al lado para ver si respira.

Vera: ¿Ah no? ¿Y si llora?

Rosa: Y si llora, llora y su mamá viene… y si su mamá está trabajando viene alguien, porque lo que el bebé necesita es que haya alguien que lo cuide, si está su mamá es mejor, pero si no con que haya alguien está bien.

Vera: (mirándola con resentimiento) Si no hubieras venido a este Hogar ella no sería tu psicóloga. Pero aquí tengo que aguantar hasta que me quiten eso y compartir a mi psicóloga.


Para Vera, una presencia de cuidado es alguien que esté todo el tiempo con ella, aun cuando eso sea un imposible. Y ahí es donde está la trampa del asunto: algo adentro suyo sabe que es imposible que alguien esté cuidando de otra persona *todo* el tiempo, y es en esa pausa de no ser vista que ella no puede confiar en que, quien no la mira por un minuto, puede igualmente seguir mirándola más tarde. Lo que Vera pide es imposible. Porque lo es incluso en una relación de apego seguro. Vera pide que le den algo que siempre va a ser incompleto, insuficiente, ineficaz.

Rosa plantea que a ella le alcanza con saber que alguien puede estar para ella. Con su argumento, Rosa le explica a Vera, un elemento fundamental de la seguridad relacional: la predictibilidad. Si el bebé llora y la mamá no va a estar, va a ir alguien, y aunque no sea quien el bebé quiere en ese momento, es alguien que va a ayudarle a calmarse.  Si trasladáramos ese ejemplo a la relación terapéutica sería algo así como "Si yo me siento mal me gustaría que mi mamá estuviera aquí para consolarme, pero no sucede porque estoy lejos de ella, pero igualmente hay gente a la que le importa que yo esté bien, entonces, aunque no sean mi mamá, aunque no sean todo lo que yo necesito, en algo me ayudan y para mí eso en este momento está bien."

Las vivencias tempranas en las que los vínculos dañan por acción y/o por omisión, tienen el poder de generar en estos niños y adolescentes una lógica binaria de pensamiento, en la que no suele haber matices intermedios: o me quieren, o me odian. O me van a dañar o me van a cuidar. O son buenos o son malos. Los que trabajamos con ellos desde el ámbito terapéutico, debemos muchas veces transitar un equilibrio frágil entre estos dos universos polarizados, porque lo más fácil es caer en alguno de ellos.

Muchas veces, si no estamos atentos, tendemos a creer que podemos, a través de nuestras acciones presuntamente terapéuticas, darles a estos niños y adolescentes todo eso que les faltó, incondicionalmente, masivamente. Pero ¿es dar o es estar lo que se requiere de nosotros como terapeutas?

Cuando de necesidades se trata, así como Vera sentía que alguien debía estar para ella todo el tiempo, hay otros niños que se han acostumbrado a no expresar ninguna, a veces porque no saben que las tienen y deben aprender a reconocerlas en ellos mismos; otras, porque han aprendido que no es conveniente expresarlas, ya sea porque nadie las va a satisfacer, ya sea porque expresarlas les ha traído consecuencias negativas. Con ellos los terapeutas a veces nos anticipamos a sus necesidades, y eso es positivo y necesario cuando debemos ayudarles a reconocerlas, a aceptarlas, a aprender cómo se satisfacen o cómo pedir ayuda para que otro lo haga. Pueden ser cosas tan básicas como tener sed o hambre, y aún allí podemos encontrar diferencias en las formas de responder a estas necesidades.

Lo importante es recordar que la honestidad de la seguridad relacional que proveemos como terapeutas, se basa en poder entender por qué estamos respondiendo a esa necesidad, de esa manera, en ese momento y con ese paciente en particular. Veamos un ejemplo:

Una niña de 6 años que estaba en una escuela hogar porque su mamá no podía hacerse cargo de ella durante la semana, y los fines de semana solo podía hacerlo supervisada por otras personas, salía de su escuela apenas finalizaba el día de clases, para llegar a su sesión conmigo. Literalmente "despegaba" de su escuela para "aterrizar" en mi consulta. Era un ritual establecido que apenas llegaba iba al baño y se lavaba las manos; una vez en que tardaba en salir de baño, me acerqué a la puerta a preguntarle si se sentía bien: me contestó que le dolía la barriga y casi enseguida salió del baño. Le dije que si le dolía la barriga y necesitaba quedarse un poco más en el baño podía hacerlo, que tal vez yo podía sentarme del otro lado de la puerta y leerle un cuento para que se entretuviera un poco. La niña me miró perpleja durante un instante y luego, bajando la cabeza, me dijo en una voz apenas audible: "Es que me duele porque tengo hambre".

Instantáneamente caí en la cuenta: por la hora de la tarde que era, era el momento de la merienda. Le pregunté si tenía ganas de comer algo. Esta puede parecer una pregunta tonta, pero el sentido de hacerla apunta precisamente a trabajar con el niño alrededor de sus necesidades: si me contesta que no, pero tiene hambre ¿qué significa eso? ¿Que le enseñaron a no molestar, por ejemplo? Entonces le enseñamos que no es molestia hacer lo que el cuerpo necesita, porque algunas cosas son muy importantes para crecer bien, sano y fuerte, como dormir, alimentarse, ir al baño, jugar y hacer actividades.

Su respuesta a mi pregunta fue bien informativa: "¿Puedo?" Le respondí que si ella tenía hambre podíamos ir a mi cocina por unas galletas, y que eso nos iba a ayudar de dos maneras: la iba a ayudar a que se le fuera el dolor de barriga por el hambre, y le iba a permitir a su cerebro seguir sacando cosas que le molestaban, porque si su cuerpo no se alimentaba, su cerebro iba a seguir ocupado mandándole señales para que le diera algo a su pancita.

 Y así nos fuimos a la cocina de mi consultorio, donde había galletas, té, agua y jugo. Le propuse que eligiéramos algo para comer y para tomar, y que lo lleváramos con nosotras a nuestro lugar de trabajo para merendar juntas. Eso nos dio la oportunidad de conversar sobre su necesidad de comer cuando tenía hambre; le pregunté qué había almorzado ese día y me respondió lo siguiente:

N: Había pastel de carne, pero a mí no me gusta y la monja se sentó al lado mío y me dijo que no se iba a ir de ahí si no comía, entonces comí un poquito, y se conformó, pero de postre había compota de manzana que tampoco me gusta…

S: Eso quiere decir entonces que no comiste mucho…

N: Igual no tenía hambre ¿eh? Yo me acostumbré… [Nota: antes de quedar como pupila en un hogar escuela, esta niña pasaba a veces días enteros sola en su casa desde muy pequeña, saltándose comidas y comiendo solo lo que estaba al alcance de su mano]

S: A veces nos acostumbramos a comer poco o a no comer, pero eso no quiere decir que no hay que darle al cuerpo lo que necesita…

N: Pero si le decía a la monja que tenía hambre me iba a retar…

¿Cuántos otros días que esta niña venía a verme habría sucedido algo similar? No hacía muchos meses que habían comenzado las clases y esta niña había debido cambiar un estilo de vida sin ritmos ni hábitos, por otro en que los ritmos y hábitos estaban bien marcados, y una compañía ausente pero significativa como la de su mamá, por otras compañías presentes pero extrañas para ella.

Tomé la decisión de pedirle a la persona que la traía cada vez, que le trajera siempre una colación para que la niña pudiera merendar conmigo. Me respondió que cuando volvía a la escuela hogar merendaba con el resto de las niñas, a lo cual le dije que una pequeña colación no iba a modificar demasiado todo el asunto. Así entonces la niña comenzó a venir a la consulta con cereales y un jugo; las monjas expresaron su preocupación de que la niña se acostumbrara a no querer almorzar si había algo que no le gustaba, sabiendo que luego tenía una colación previa a la merienda. Les respondí que cambiar eso una sola vez a la semana no iba a alterar mucho su alimentación y que tenía como propósito que, si la niña tenía hambre, pudiera trabajar con el estómago lleno, y no vacío. Además, le pedí a su mamá que dejara en la escuela hogar una provisión de cereales y jugo para que le dieran a su hija cada vez que venía a verme; esto en un principio costó, porque la madre tenía recelos con las monjas que dirigían la escuela hogar donde estaba su hija, entonces había dispuesto que se lo daría a la niña cuando la veía el fin de semana, pero a veces se olvidaba, y otras, la niña lo dejaba olvidado.

Para mí hubiera sido mucho más fácil prescindir de tantas negociaciones y prepararle una merienda cada vez que ella llegaba. Después de todo no era tanto alboroto. Pero eran los adultos que estaban a cargo de ella los que tenían que estar atentos a esa necesidad, y no yo, ¿por qué? Porque el tratamiento conmigo no iba a durar el resto de su crecimiento hasta convertirse en una mujer autónoma, pero el contacto con sus cuidadores sí. Entonces, si yo le preparaba la merienda cada vez que venía a verme ¿qué iba a pasar con esa necesidad *cuando ya no viniera a verme*?

*

El terapeuta no puede ni debe reemplazar a las figuras de cuidado, pero sí puede ayudarles a adquirir o a reforzar las habilidades que se requieren para ejercer ese cuidado de una manera más satisfactoria para las necesidades del niño o niña que atiende. Por eso siempre digo que cada vez que satisfacemos las necesidades de un niño o de una niña en el espacio de la terapia debemos pensar en cuál es el sentido profundo de lo que estamos haciendo, en cómo encaja esto en nuestro plan de tratamiento, y, por sobre todas las cosas debemos poder respondernos esta pregunta: *¿A qué necesidades estoy respondiendo exactamente: a las del niño, o a necesidades mías que no estoy pudiendo concientizar?*

En el trabajo con población infantil que ha vivido situaciones de malos tratos y negligencia, es muy fácil, y muy humano conmovernos con las carencias de todo tipo que estos niños han vivido y viven, y desde ese lugar es muy fácil también sentir que *debemos* cubrir esas carencias de alguna manera.

El límite a veces es muy delgado y difuso, pero otras veces no. He escuchado en distintas supervisiones situaciones clarísimas en las que el o la terapeuta explicaba científicamente algo que se sostenía poco y nada desde ese lugar: acompañamientos a citas médicas en lugar de la madre, llevar al niño a la propia casa a pasar un fin de semana porque sus referentes afectivos habían avisado que no irían a buscarlo, comprarle los libros escolares para que no tuviera que pedirlos prestados. La lista sigue.

¿Se trata entonces de asistir inmutables a ver cómo las necesidades de estos niños siguen sin ser satisfechas? Por supuesto que no, porque podemos ser parte de una red, y contactar con personas que puedan llenar esos vacíos que estos niños tienen, en lugar de salir disparados a ser nosotros mismos quienes los llenamos, como si algo adentro nuestro gritara que, si no somos nosotros, no será nadie.

Los seres humanos crecemos en comunidad, entonces, ¿verdaderamente creemos los terapeutas que cuando las figuras de cuidado fallan en atender adecuadamente las necesidades de los niños que tienen a cargo, los únicos que podemos cubrirlas somos nosotros? A veces son nuestros propios pacientes quienes nos dan la respuesta:

Una vez estaba iniciando el tratamiento de una adolescente que había tenido previamente otras terapias. Como suelo hacer, le pegunté qué cosas había aprendido de esas terapias y qué era lo que más recordaba de bueno y de malo de cada espacio y de cada relación terapéutica. Luego de pensarlo por un rato, me respondió lo siguiente, haciendo referencia a la última terapeuta que la había atendido antes de conocerme: "Era buena, y simpática, pero a veces no me gustaba porque se enojaba mucho con mi mamá. Y la criticaba también, delante mío. Yo sé que mi mamá no hace todo bien, y que muchas veces hace las cosas mal y al revés de lo que le dicen, pero a veces me parecía que la psicóloga quería reemplazarla, como si quisiera mostrar que ella me podía cuidar mejor que mi mamá. Y a lo mejor tenía razón, pero mi mamá es mi mamá. No ella".

Los límites son inherentes a la seguridad relacional, porque los límites marcan también un espacio de contención. Cuando un papá o una mamá toman en brazos a un bebé recién nacido y lo hacen de una determinada manera, sus brazos contienen al cuerpito que todavía no sabe bien cómo se flota en el aire tal como lo hacía en el útero de su mamá. Esos brazos, esa contención, son un límite: limitan movimientos todavía poco coordinados que, si fueran dejados en completa libertad de acción, dejarían al bebé sumido en el caos y en el peligro.

Cuando nosotros no podemos o no sabemos limitarnos, o no podemos o no sabemos ponerle límites claros al niño con el que trabajamos, o a los padres de ese niño, la primera pregunta que nos tenemos que hacer es ¿por qué no podemos, y qué le estamos transmitiendo a ese niño acerca de lo que es sentirse seguro y contenido en el contexto de una relación con otro?


### 3.3. La seguridad en el vínculo terapéutico: ¿apego seguro o relación colaborativa?

Daniel Siegel plantea que, "en general, la psicoterapia es una forma de relación de apego en la que el paciente busca la proximidad del terapeuta, (…) es calmado cuando se siente mal, y logra un modelo operativo interno de seguridad basado en los patrones de comunicación entre terapeuta y paciente." (Siegel, 2003, pg.44)

Ahora bien, que la psicoterapia constituya *una forma* de relación de apego, no implica que el terapeuta *se convierta* en una figura de apego. Y muchas veces, los terapeutas podemos caer inadvertidamente en el error de creer que nuestro trabajo es ser "sustitutos de", o "modelos de" figuras de apego. Esto puede ser aún más marcado cuando trabajamos con niños, niñas y adolescentes cuyas figuras de cuidado percibimos como deficitarias o carentes de cualidades esenciales para la parentalidad.

Pero aquí, además, es necesario detenernos un instante en la particularidad de las situaciones que trabajaremos con los niños que habitan este libro. Una de las características centrales de las experiencias que nuestros pequeños pacientes han vivido, es que han sido dañados y/o descuidados en el contexto de los vínculos de apego. La paradoja del "miedo sin solución" descripta por Main y Hesse (1990), es la consecuencia de la activación simultánea del sistema de apego -que pone en marcha la tendencia a la búsqueda de calma y seguridad en el cuidador- y del sistema de defensa -que pone en marcha la lucha, la huida, el congelamiento o la sumisión en respuesta al peligro, que en estos casos proviene del mismo cuidador.

De esta manera el niño necesita defenderse de alguien a quien -al mismo tiempo-necesita acercarse.

Este patrón sería el que da origen a lo que van der Hart, Steele y Nijenhuis (2008) describieron como fobia al apego y a la pérdida del apego en la relación terapéutica con pacientes adultos que sufrieron trauma del desarrollo y disociación.

Los escritos sobre el tratamiento de pacientes adultos con estas historias, hacen hincapié en la necesidad de establecer una relación terapéutica basada en la activación del sistema motivacional de cooperación (Liotti & Farina, op.cit): en esta relación, terapeuta y paciente *colaboran* juntos en el trabajo terapéutico, y el terapeuta debe ser cauteloso de no ocupar un rol que pudiera activar en el paciente el sistema de apego (por ejemplo, asumiendo un rol protector para evitar a toda costa que el paciente se sienta atacado, superando sus propias posibilidades humanas con tal de estar todo lo disponible que considera que sus pacientes necesitan, o colocando mayor peso en cuidar del paciente que en enseñarle a cuidar de sí mismo, o a utilizar redes de apoyo externas a la terapia).

Si al inicio del trabajo terapéutico se activara el sistema de apego de estos pacientes, se correría el riesgo de arrastrarlos a la activación simultánea del sistema de defensa, tal como ya han experimentado tempranamente en sus relaciones de cuidado, y probablemente el trabajo terapéutico se vería limitado y obstaculizado. Paradojalmente, con estos pacientes, la seguridad relacional en la terapia se construye siguiendo el modelo de las relaciones de cooperación o colaborativas y no el de las relaciones de apego, como veíamos en el párrafo inicial de Siegel.

Ahora bien ¿qué sucede en el trabajo con niños, niñas y adolescentes? ¿Es este mismo modelo de relación colaborativa el que deberíamos utilizar?

Cuando trabajamos con niños, niñas y adolescentes no trabajamos solamente con ellos. La gran mayoría de las veces debemos trabajar también con sus cuidadores, sean estos padres biológicos, otros miembros de la familia extensa, padres acogedores, adoptivos o cuidadores de una Casa Hogar. Esa trama relacional es parte activa de la vida de nuestros pacientes en el momento en que nos vienen a ver, y en muchos casos lo era ya desde antes y lo seguirá siendo mucho después. Esas son las personas que pasan más tiempo con el niño, y quienes deben practicar y modelar para él el reconocimiento de sus emociones, la regulación, la validación, la contención, la reparación, la mentalización y mucho más.

El terapeuta deberá estar atento a los vaivenes relacionales no solo con sus pequeños pacientes, sino también y especialmente con sus cuidadores. Algunos cuidadores tendrán más recursos propios para acompañar el proceso terapéutico; otros buscarán en la terapia el "arreglo" para un problema, con la expectativa de participar lo menos posible del proceso. Otros, finalmente, buscarán reforzar su lugar parental "compitiendo" con el terapeuta, temerosos de verse juzgados o de perder autoridad.

El enfoque terapéutico de **"trabajo en equipo"** involucra a todos los protagonistas de esta historia: el niño, como protagonista principal, los cuidadores como protagonistas secundarios pero necesarios, y el terapeuta como invitado especial. El trabajo en equipo es colaborativo: cada miembro de este "equipo" tiene un rol y una función claramente definidos, y todos se comprometen con ello.

Los elementos de esta relación colaborativa incluyen:

- Un **encuadre predecible** con un día, un horario, una frecuencia, un espacio y una duración establecidos. Esta predictibilidad debe ser igual tanto para los cuidadores como para el niño.

- Una **negociación** acerca de los objetivos prioritarios en la terapia, que permita respetar las necesidades y posibilidades del niño, así como una orientación a los cuidadores respecto de cómo acompañar esos objetivos. Por ejemplo, si los cuidadores están preocupados por los estallidos de rabia de la niña que nos traen a consulta, probablemente esperen resultados rápidos, sobre todo si esto viene ocurriendo desde hace mucho tiempo.

Sin embargo, si los estallidos ocurren solo en la casa y mayoritariamente con uno de los cuidadores, deberemos primero comprender la naturaleza de los mismos, las situaciones que los disparan, la reacción de los cuidadores frente a estas situaciones, las estrategias que se implementaron hasta el momento. A partir de allí deberemos diseñar un plan de acción que los adultos deberán comprometerse a poner en práctica, poniendo más énfasis en observar el proceso (por ejemplo, registrando qué tan fácil o difícil les resulta llevar adelante ese plan de acción, por qué, cómo se sienten cuando logran hacerlo, qué notan en la niña cuando ellos pueden actuar de una manera distinta a lo habitual, etc.), que en esperar los resultados que necesitan (si la niña se enojó más, menos o lo mismo que siempre). Esto les permitirá verse como participantes activos de ese cambio que esperan, y le dará a la niña, la perspectiva de unos cuidadores consistentes y no volátiles como sus propios cambios afectivos.

- La **flexibilidad** también es un componente fundamental de esta relación colaborativa, e implica poder adaptar objetivos y/o formas de trabajo de manera consensuada. Por ejemplo: una niña utiliza los últimos minutos de la sesión para jugar un juego que la deja visiblemente alterada. El objetivo de esos últimos minutos es terminar la sesión conectada a una actividad de disfrute, que no esté vinculada al trabajo que estuvimos haciendo, y sirve como una suerte de transición entre el espacio movilizador de la terapia, y sus actividades posteriores a la misma. El juego que elige no está cumpliendo el objetivo, ya que luego de la sesión ella sigue irritada por bastante tiempo. El primer paso es observar con ella que esto es lo que está sucediendo, y volver a recordar juntas la finalidad de ese espacio de juego libre. El siguiente paso es consensuar junto con ella y sus papás una actividad que también le resulte placentera, pero que sea más tranquila, que no la altere. Acordamos que durante un tiempo probaremos dibujar y pintar y veremos entre todos cómo resulta. Pasado ese "tiempo de prueba" decidiremos si podemos seguir de esa manera o si tal vez sea necesario hacer otro cambio, y lo volveremos a discutir y a consensuar.

- La **curiosidad compartida** implica que el terapeuta, si hace muchas preguntas, es porque no es el dueño de todas las respuestas. Preguntarles a los cuidadores por qué creen que el niño que nos traen a la consulta siente lo que siente o hace lo que hace, implica invitarlos a poder compartir con nosotros la mirada que tienen de ese niño. Las hipótesis de los cuidadores son tan importantes como las nuestras, porque, entre otras cosas, nos dan información sobre el alcance de la capacidad mentalizadora de los adultos que están a cargo de ese niño.

De la misma manera, cuando invitamos al niño o al adolescente a tratar de descubrir juntos qué será lo que hay adentro de ellos que los hace sentirse como se sienten, comportarse como se comportan o reaccionar como reaccionan, le estamos diciendo que, aunque tengamos una idea de lo que podría ser, el que más y mejor información tiene es él. Como "líder (aunque transitorio) del equipo" (Steele, Boon & Van der Hart, op.cit.), el terapeuta usa su conocimiento para guiar al niño y a sus cuidadores en un viaje de exploración que va más allá de lo observable. Steele y colaboradores plantean que, en el modelo colaborativo, el paciente es visto como el agente activo del cambio, con la ayuda del terapeuta. Si traspasáramos esta imagen al trabajo con niños, adolescentes y sus familias, podríamos decir que nuestro paciente y sus cuidadores son los agentes activos del cambio, y nosotros, los terapeutas, quienes los ayudamos y acompañamos en ese proceso.

Finalmente, y siguiendo a los mismos autores, en el modelo de relación terapéutica colaborativa, tanto el paciente como el terapeuta se sienten competentes y colaboradores.

El **sentido de competencia** ha sido fuertemente dañado en las historias de traumatización temprana. Si una relación terapéutica facilita en estos niños la incorporación de un sentido de competencia, de capacidad, eso de por sí será sanador, independientemente del modelo de trabajo que utilicemos. Y si facilita, promueve y potencia en los cuidadores, el desarrollo o la ampliación de ese mismo sentido de competencia, estará colaborando para que esos niños puedan seguir creciendo en un contexto en el que la seguridad relacional, sea un componente sólido de sus vínculos con sus cuidadores.

### 3.4. La mirada de sí mismo a futuro. Un ejercicio para fomentar la cooperación y la seguridad relacional en el vínculo terapéutico.

Imagine por un instante que usted es alguien sin ningún tipo de poder. Alguien que depende de otros que tienen más poder que usted, y a la vez está inmerso en un sistema social en el que muchas personas tienen más poder, aunque usted no dependa de ellas. Ahora imagine que, entre todas esas personas, usted ya ha perdido la cuenta de cuántas veces escuchó conceptos negativos sobre sí, sobre sus conductas, sobre sus hábitos. Hablan de que a usted *nada le importa*, vaticinan futuros oscuros para cuando finalmente logre su independencia, pronósticos basados en su falta de voluntad, en su incapacidad, y, peor aún, en su defectuosidad o maldad intrínseca. Si usted hace algo bien, probablemente le hagan notar que con eso solo no alcanza, o que si sabe hacer eso bien ¿por qué no pone voluntad en hacer bien el resto de las cosas?, o que tal vez eso que hizo bien fue porque tuvo la habilidad de manipular a otro y hacerle creer que usted *era alguien capaz*. Si usted hace algo bien, imagine que existe incluso la posibilidad de que nadie le diga nada, como si su logro no valiera la pena, como si fuera insignificante, o como si usted solo fuera visible en lo que hace mal, para luego desaparecer.

Esa es la experiencia de muchos de los niños, niñas y adolescentes que habitan este libro (y la de muchos de los adultos en los que se convertirán si nadie ve antes su sufrimiento).

Pero, además, para cuando llegan a nosotros, muchos otros adultos se han encargado de reforzar sus características negativas (probablemente sin cuestionarse de dónde salieron esas características, qué les dio origen, por qué están ahí) y han valorado tibiamente sus aspectos positivos.

No sería extraño que en ese grupo de adultos haya habido incluso algún terapeuta, como la que le preguntó a una niña de 9 años *si no le daba vergüenza seguir haciéndose encima a esa edad*, o el terapeuta que pasó un año tratando de convencer a su paciente de 11, de que robar era algo socialmente mal visto, y si él entendía o no que si seguía por ese camino podía ir a la cárcel cuando fuera mayor de edad. El resultado de tales intervenciones -que reforzaban además mucho de lo que estos niños escuchaban sobre sí mismos en sus familias, en sus escuelas y en sus ámbitos sociales- fue que a la niña de 9 años le llevó más de un año aceptar en su nuevo espacio terapéutico que se hacía encima, que eso era algo que no le gustaba y que no sabía bien cómo cambiarlo. Y le llevó todo ese tiempo *porque le daba una vergüenza feroz siquiera mencionarlo.* Con el jovencito de 11 el resultado fue que él aprendió a repetir de manera cordial, educada y bien articulada que *robar estaba mal y que él podía ir a la cárcel por eso.* Pero robar, siguió robando igual, aunque supiera repetir que eso no se debía hacer.

A mí me gusta siempre repetir, en caso de que algún desprevenido no lo sepa, que los niños son niños, pero no tienen un pelo de tontos. Saben mejor que nadie qué deben hacer para adaptarse. Pero a veces, el costo de esas adaptaciones es tan alto que se manifiesta en el polo opuesto a través de conductas desadaptativas. Lo que queda en evidencia es lo que hacen, y no *por qué lo hacen.*

Entonces, lo que yo espero, es que lleguen a mí preparados para desarrollar el libreto que han aprendido en su relación con los adultos, porque para ellos, yo soy alguien más que va a ver sus aspectos negativos, que les va a reprochar sus conductas, que les va a decir lo que están haciendo mal y les va a señalar lo que deberían hacer bien, con el dedo admonitorio levantado y señalando al centro de su mirada.

Muchos de ellos, en especial púberes y adolescentes, me enseñaron que mi trabajo puede ser completamente estéril si yo me comporto como ellos esperan, o si no hago nada para mostrarles que los adultos podemos funcionar de distintas maneras, y que parte de mi trabajo es entender por qué les sucede lo que les sucede, para poder así explicarlo a otros adultos que están cerca de ellos, y ver si es posible que esos adultos cambien de a poco la manera en que los ven.

Pero en esta travesía debemos prestar mucha atención. A veces nuestros pequeños pacientes reclaman a viva voz ser vistos de una manera diferente, y sin embargo, esto no significa que vaya a ser fácil para ellos abandonar las creencias negativas que se fueron forjando con las experiencias que vivieron, y que siguen creciendo al ritmo de los comentarios negativos que escuchan sobre sí mismos, o de la ausencia de refuerzo positivo. Pero ¿por qué?

Pues porque esas definiciones negativas sobre sí mismos han sido lo único predecible en el caótico mundo en el que crecieron: si interiorizo que soy malo, si aprendo a creerlo, al menos tiene sentido que me peguen y me griten de la manera que lo hacen. Porque si no fuera así ¿cuál sería el sentido de lo que me hacen?

Para estos niños las afirmaciones negativas que otros han hecho sobre ellos son "coherentes", porque se repiten siempre, de modo sistemático. Paradójicamente, si abandonaran esas creencias ¿a qué podrían aferrarse en medio del caos? Es devastador, pero tiene sentido, ya que la alternativa sería un agujero negro sin fondo.

Entonces, trabajar la mirada que tienen sobre sí mismos no puede sino ir de la mano con trabajar la mirada que sus cuidadores tienen de ellos. Ser vistos solo por nosotros se asemejará apenas a un espejismo. En cambio, ser vistos por sus figuras de cuidado tendrá efectos perdurables.

*

**El ejercicio de la mirada de sí mismo a futuro** nació en el contexto del tratamiento de un adolescente, como una forma de empezar a sentar con él las bases de lo que sería nuestro trabajo conjunto en la terapia. El objetivo era que pudiéramos explorar juntos: ¿qué quería lograr él con la terapia? ¿Qué obstáculos creía que se lo podían impedir? Y, no menos importante ¿qué creía él que necesitaba para alcanzar aquello que deseaba lograr con la terapia?

Este ejercicio está pensado como una línea de tiempo que empieza en el hoy, el momento en que el niño o adolescente llega a la terapia conmigo, y se proyecta al futuro, un futuro que ellos pueden decidir cuándo será: ¿cuando termine la terapia conmigo? ¿Cuando crezcan? ¿Cuando tengan la edad de sus padres y tengan hijos o un trabajo? Lo que ellos decidan.

El primer paso es entonces preguntarles *cómo se ven hoy a ellos mismos.*

Previo a llegar a este punto, es necesario que algo de lo que les sucede y de la razón por la cual son traídos a la terapia haya sido puesto de manifiesto. Si tomamos el ejemplo que ofrecí más arriba de la niña de 9 y el varón de 11, el segundo estuvo en mejores condiciones de realizar este ejercicio en los inicios del tratamiento, porque cuando llegó, lo primero que dijo fue que venía porque *hacía cosas malas.* En el caso de la niña de 9 años, llevó más tiempo, porque ella venía en una postura "a mí no me sucede nada, los que tienen problemas son mis papás porque no me entienden", con lo cual primero fue necesario realizar todo un ejercicio de aproximación cautelosa, antes de que ella pudiera empezar por reconocer al menos, que algunas de las preocupaciones que sus papás tenían sobre ella, eran también *sus* preocupaciones.

Si nuestros pacientes han manifestado ya en los inicios de la terapia algo relacionado con los motivos por los que vienen, pero a esta primera pregunta responden desde un lugar donde solo está puesto lo positivo, o que resulta en una autoimagen idealizada, nos podemos mover con mucha cautela y preguntarles, por ejemplo: "Y en los momentos en que suceden esas cosas que me contaste (aquí se pueden nombrar las conductas concretamente), en esos momentos ¿cómo te ves? ¿Podríamos agregar esto que me estás diciendo? Por ejemplo, escribir que te ves como alguien bueno, sensible y compañero, pero que cuando robas o agredes te ves como si fueras un monstruo sin solución, ¿qué te parece?" Si notamos cierta resistencia o malestar por agregar eso, les podemos ofrecer escribirlo en un papel y ponerlo del otro lado de la hoja, o pegar ese papel boca abajo para que no se vea a simple vista este otro autoconcepto.

El segundo paso es preguntarles *cómo les gustaría verse en el futuro.*

Aquí suelen responder muchas veces *qué desearían poder hacer*, más que *qué desearían poder cambiar*; nosotros aceptamos el tipo de respuesta que nos den, siempre y cuando se trate de algo realista. Si un adolescente que hoy roba y agrede físicamente, me plantea que en el futuro desearía ser dueño de un yate, yo debo prestar atención a si ese deseo es funcional a la conducta desajustada que está teniendo hoy. Entonces puedo empezar por preguntar por qué desearía tener un yate, y luego indagar acerca de si él sabe qué tendría que hacer para tener un yate, cómo piensa que podría lograrlo, qué estaría dispuesto a hacer, y qué sucedería si no lo lograra.

Si veo que todas las respuestas a estas preguntas, parecen reforzar la motivación para su conducta actual, entonces será necesario hacer una valoración exhaustiva de la historia del comportamiento, los tratamientos que se hayan realizado anteriormente, su éxito o fracaso, el tiempo que lleva en su vida este comportamiento, la coexistencia de otras conductas desajustadas, el tipo y seriedad de las mismas, y en función de ello valorar también el riesgo socio ambiental en el cual este joven se encuentra. Me pregunto: ¿hay cuidadores presentes? ¿Cuál es su actitud frente a las conductas? ¿Hay algo en el funcionamiento familiar que colabore en retroalimentarlas?

También es posible que nuestro paciente quiera para sí mismo a futuro, algo demasiado fantasioso o difícil de realizar, por ejemplo, si nos dice que quiere viajar a la Luna. En ese caso debemos trabajar para ver si es posible buscar un objetivo más asequible. Por ejemplo, ¿qué necesitaría para poder ir a la Luna? Ser astronauta. ¿Y qué necesitaría para ser astronauta? Ir a la NASA. ¿Y qué necesitaría para ir a la NASA? Estudiar de manera aplicada. Bien, ahí encontramos un objetivo más asequible: lograr estudiar de manera más aplicada. Si dejamos que el objetivo a futuro sea fantasioso o poco realizable, la frustración no tardará en llegar, y con ella se instalará la idea de que el espacio terapéutico no es muy útil.

Supongamos que la respuesta es realista en cuanto a que, lograr lo que el niño o adolescente desea, resulta factible a futuro (por ejemplo, dice que quiere ir a la Universidad, o que quiere tener un trabajo para mantenerse económicamente por sí mismo).

En ese caso entonces viene la siguiente pregunta: *¿qué cree que necesita para lograrlo?*

Aquí también buscamos una respuesta realista (de ahí también la importancia de incorporar una mirada realista prácticamente desde el principio). Si nos responden que, para lograrlo, por ejemplo, necesitan un milagro, les podemos preguntar si creen que hay algo que ellos podrían hacer para colaborar con ese milagro. Una vez, frente a esta pregunta, un niño de 10 años, me dijo que él no sabía que podía hacer algo para colaborar con el milagro que esperaba para lograr lo que quería en su futuro (que era terminar la escuela sin que lo echaran por mal comportamiento), y se dio este pequeño diálogo entre nosotros:

N: ¿No es que a los milagros los produce Dios? Y si Dios es Todopoderoso ¿qué puedo hacer yo?

T.: Tal vez ayudaría un poco tener fe.

N: ¿Y qué es la fe?

T.: Es creer que eso puede suceder porque puedes hacer el intento de portarte bien.

Esta pregunta se complementa con una última que es *¿qué creen ellos que les impide/les complica la posibilidad de lograr eso que desean para su futuro?*

Aquí es donde comenzamos a vislumbrar la mirada negativa que estos niños, niñas y adolescentes tienen sobre sí mismos, o hasta qué punto han incorporado como un rasgo indiscutible, algo negativo que otros adultos dicen o han dicho sobre ellos. Entre sus respuestas, una de las más habituales suele ser que les falta confianza en sí mismos. Pero muchas otras veces responden cosas como: *es que no me esfuerzo lo suficiente, tengo poca voluntad, no estudio, me porto mal,* y otras respuestas de ese estilo que generalmente reflejan lo que escuchan que otros adultos –familia, escuela– les dicen. Cuando nos dan respuestas de ese tipo es importante preguntarles si eso es algo que creen ellos, o si es algo que han escuchado de otras personas, y en ese caso cuánto lo creen.

Una manera interesante de trabajar este ejercicio es trazar una línea en una hoja, a la manera de un camino, e ir ordenando las distintas preguntas y respuestas. Cuando llegamos a esta última pregunta yo suelo usar una piedra y colocarla en el lugar donde vamos a escribir sus respuestas, de modo tal que la piedra representa el gran obstáculo que ellos sienten que tienen por delante para lograr lo que desean. En el siguiente gráfico se ven las preguntas ubicadas a lo largo de una línea y el orden en que se hacen:

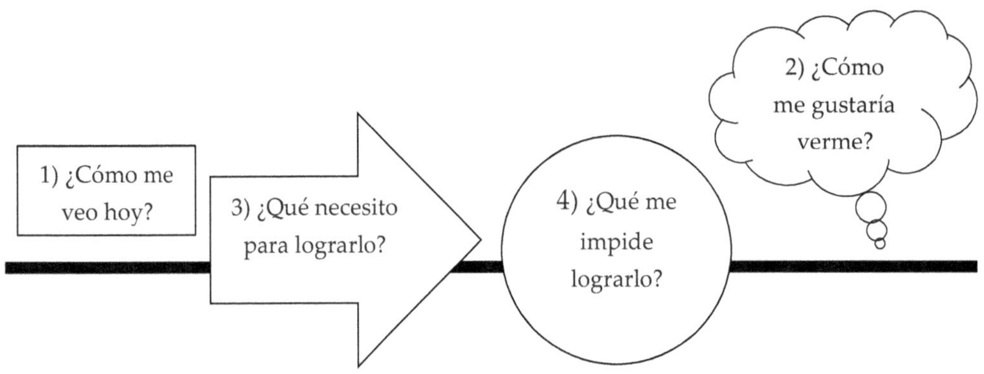


Con niños más pequeños puede ayudar además hacer dibujos o usar muñecos que representen sus respuestas y ordenarlos a lo largo de esa línea.

¿De qué forma este ejercicio colabora en el desarrollo del vínculo terapéutico? Yo lo veo como abrir la puerta a una esperanza. Hace unos años, Na´ama Yehuda, una querida colega que trabajó muchos años en escuelas de distritos vulnerables de Nueva York, presentaba este intercambio que tuvo con un alumno acerca de la esperanza (Yehuda, 2016, pg.112):

Na´ama: ¿Es la esperanza algo bueno o algo malo?

Niño: Malo porque… es como que…todo está bastante mal, así que cuando crezca va a estar peor.

En su revisión de este libro Anabel Gonzalez (2021, comunicación personal) me acercaba una reflexión interesante que voy a reproducir aquí con sus exactas palabras: "la esperanza duele, la resignación anula la angustia, la desesperación, la frustración por no lograr algo que aún se intenta conseguir. La resignación es ecológica en medio de la devastación. Los adultos que rodean a estos niños muchas veces también han optado, generalmente de modo inconsciente, por la resignación. La esperanza es un lujo emocional que no se pueden permitir, y por tanto tampoco pueden transmitir."

Cuando estos niños, niñas y adolescentes han pasado además por tratamientos previos que han tenido escaso éxito, esto no hace más que contribuir a la resignación -tanto de los pacientes como de sus cuidadores- a la vez que refuerza la idea del niño o adolescente de que eso tan negativo que cree ser, es inmodificable.

Entonces ¿cómo motivamos a alguien a moverse de ese lugar tan oscuro en el cual el futuro no depara nada bueno? Esta es muchas veces la visión que los niños, niñas y adolescentes tienen de lo que el destino les depara cuando miran hacia adelante, y si los llevan a un terapeuta a que "los arregle", ¿por qué deberían creer que el terapeuta va a ser alguien diferente de todos aquellos que sentencian que en su futuro las cosas van a estar peor que ahora?

Este ejercicio pone en perspectiva a la piedra (el problema) y empieza a marcar algunas cuestiones puntuales: un deseo a futuro asequible, un presente con obstáculos y un objetivo, que es –en principio– lograr adquirir o reforzar aquello que se necesita para superar el obstáculo. Es lo que en el modelo de tratamiento EMDR se suele denominar desarrollo e instalación de recursos. Solo que, desde esta perspectiva, ese ejercicio se asienta en una relación en la que el adulto se presenta de una manera distinta a la esperada por el niño: no reprende, no castiga, no reprocha. Alienta y demuestra una curiosidad honesta y respetuosa (Silberg, 2022) para tratar de entender de qué manera puede ayudar a este niño en su sufrimiento.

Y en el andar de este camino se interesa genuinamente por tratar de entender de dónde sale tanto dolor, tanta rabia manifestada de maneras explosivas, qué fuerza oculta impulsa desde adentro a conductas que solo traen más sufrimiento.

No acusa ni justifica. Escucha. Y acompaña.

*

Este ejercicio se realiza también con los cuidadores. La formulación de las preguntas sería como sigue:

En primer lugar, les preguntamos *¿Cómo ven/describirían al niño/a hoy?*

Aquí nos importa ver si el cuidador puede ir más allá de la conducta o problema por el que trae al niño a la terapia. ¿Solo nos puede hacer una descripción basada en lo negativo? Si es así ¿esa descripción se centra en el problema motivo de la consulta o aparecen más características negativas? El tono con el que el adulto hace esta descripción ¿qué le sugiere a usted como terapeuta? ¿Le resuena como cansancio, desesperanza, desilusión, desesperación, rechazo, distancia, indiferencia? Si la relación con los cuidadores lo permite, podemos preguntarles a ellos ¿qué emoción acompaña esta mirada que tienen hoy del niño?

Luego avanzamos hacia la segunda pregunta: *¿Qué les gustaría que este niño/a pudiera lograr en su futuro? ¿Cómo les gustaría verlo?*

Esta pregunta está muy relacionada con la anterior porque también nos aporta una visión del adulto sobre el niño, pero proyectada a futuro. Nos habla de la esperanza o desesperanza del adulto, de su confianza o resignación, o incluso su idea de que el cambio solo podría darse por un milagro.

Aquí podemos también vislumbrar cuánto el adulto parece estar dispuesto o no a acompañar el proceso. Un adulto que siente que ya no hay nada para hacer, tendrá menos motivación para participar activamente del proceso terapéutico. Por lo tanto, será necesario que hagamos un trabajo con este adulto también – ya sea nosotros mismos o algún colega que pueda trabajar directamente con él- para que su actitud no se termine convirtiendo en una piedra en el camino de nuestro trabajo con el niño.

Los niños y adolescentes que atendemos se ven beneficiados de nuestra confianza en que un cambio de lo que sucede es posible. Pero al final del día no necesitan tanto que seamos nosotros quienes confíen en ellos, sino sus cuidadores.

La siguiente pregunta que les hacemos a los adultos es *¿Qué creen que el niño/a necesita para lograr aquello que imaginan para su futuro?* Esta pregunta y la que le sigue -*¿Qué creen que se lo impide?*– son cruciales a la hora de conocer las creencias que estos adultos tienen sobre esos niños.

Muchas veces nos encontraremos con cuidadores que nos dirán cosas como *"Sí, ya sé que tuvo una historia difícil… ¿pero hasta cuándo sirve la excusa de la historia?"* Cuando las creencias de los adultos están direccionadas a ver al niño/a como responsable absoluto de lo que hace o de cómo lo hace, cuando no pueden encontrar más explicación alternativa que la intencionalidad, la falta de voluntad o el desinterés, esto nos señala las dificultades importantes de mentalización que tienen los cuidadores.

Estas son las dificultades que será necesario trabajar si deseamos tener un adulto que acompañe el proceso terapéutico, y que, más allá de su duración, sea capaz de seguir acompañando el proceso de crecimiento y desarrollo de este niño. Un cuidador que puede hacer uso de las habilidades parentales necesarias para no seguir repitiendo circuitos relacionales similares a los que el niño vivenció en sus experiencias pasadas, se convierte en un proveedor de seguridad relacional de primer orden.

A continuación, vamos a ilustrar este ejercicio con dos ejemplos:

Joaquín tiene 9 años. A la pregunta *¿Cómo me veo hoy?* responde dibujándose como un niño pequeño, y a su lado coloca una pegatina de un oso de peluche que casi lo cubre en el dibujo. La pegatina es más grande que el dibujo de sí mismo, y éste a su vez es muy tenue y sin color. Dice *"Me veo pequeñito"*. Le pregunto si se le ocurre qué tan pequeñito, y me contesta que no sabe. A la pregunta *¿Cómo me gustaría verme?* responde dibujándose en otra hoja como un niño más grande, sonriente y vestido con la ropa del equipo de fútbol favorito de su papá (a Joaquín no le gusta el fútbol y su papá se siente frustrado de que no le guste hacer deportes "de niños"). Agrega: *"Me va bien en la escuela, tengo muchos amigos y juego al fútbol"* (en la escuela le va mal, suele pelearse con los compañeros y no le gustan los deportes). Este dibujo es más definido y está lleno de colores.

A la pregunta *¿Qué necesito para lograrlo?* responde que necesita crecer y ser fuerte. Le pregunto qué necesita para crecer y me dice que necesita comer comida sana y dormir bien. Lo primero lo hace, con lo segundo tiene problemas. Le pregunto si cree que para ser fuerte le alcanza con comer comida sana y dormir bien, o si tal vez necesita algo más. Responde: *"Ser valiente"*. Esta respuesta nos lleva de manera directa a la última pregunta *¿Qué me impide lograrlo?*: Joaquín habla de sus miedos nocturnos que le impiden dormir una noche entera y lo llevan a comportamientos regresivos que él luego niega tener.

Sin embargo, a medida que comienza a hablar de su miedo, empieza a minimizarlo hasta transformar por completo el problema: *"Bueno, ya no me pasa tanto… en realidad ya no me pasa… me pasaba cuando era chiquito… no me acuerdo… a lo mejor cuando era un bebé".* Esta respuesta pone en evidencia para mí algo que Joaquín no puede verbalizar sino de la manera en que lo hace. Los obstáculos para lograr lo que quiere son dos: el miedo es uno, la barrera que interpone para no conectar con él, es el otro obstáculo; esa barrera funciona para él como una protección, pero no sabemos aún de qué ¿de sentir el miedo? ¿De recordar lo que lo provocó? ¿De sentirse avergonzado por tener miedo?

Cuando esto se nos presenta, lo prudente es tomar nota para seguir indagando en sucesivos encuentros. Si Joaquín me muestra que hay una barrera que lo protege de entrar en contacto con su miedo, aquello que le dará una cuota de seguridad en la relación conmigo será que yo respete la existencia de esa barrera, en lugar de buscar derribarla de golpe. Deberé entonces acercarme a ella con mucha cautela y curiosidad.

Veamos qué respondieron sus papás a este ejercicio:

A la primera pregunta *¿Cómo ven/describirían a Joaquín hoy?* dicen que lo ven como un niño con mucha sensibilidad, pero que por momentos les parece que tiene temor de crecer. Observan comportamientos muy aniñados que, cuando se los marcan, provocan en Joaquín enojos muy grandes con ellos, acusándolos de tratarlo como si fuera un bebé.

A la segunda pregunta *¿Qué les gustaría que Joaquín pudiera lograr en su futuro? ¿Cómo les gustaría verlo?* ambos padres dicen que les gustaría verlo crecer sintiéndose seguro de sí mismo, ya que sienten que no tiene confianza en que puede hacer las cosas bien. El padre dice que le gustaría verlo crecer más fuerte, porque teme que su sensibilidad lo haga objeto de malos tratos y que Joaquín no sepa defenderse. La mamá agrega que ella cree que Joaquín puede lograr lo que se proponga en su vida, porque lo ve capaz *"Aunque esa capacidad a veces parece tapada".*

A la pregunta *¿Qué creen que necesita Joaquín para lograr esto en su futuro?* la mamá responde con decisión: *"Necesita aprender a creer en él mismo, y en que nosotros vamos a estar para apoyarlo en lo que quiera."* Debido a esta respuesta de la mamá, decido reformular la última pregunta (*¿Qué cree que le impide lograrlo?*) de esta forma:

S: ¿Ustedes piensan o sienten que él no solo no cree en sí mismo, sino que además no cree en que ustedes vayan a estar ahí para apoyarlo?

M: Sí… porque una vez me dijo que él no quería ser adoptado, que hubiera preferido ser hijo "de verdad" … nosotros le dijimos que era nuestro hijo de verdad, aunque no hubiera crecido adentro mío… pero parece que un compañerito de la escuela dijo que a los adoptados los querían menos, y entonces desde esa vez, si nosotros lo retamos por algo, se pone a llorar y dice que lo vamos a abandonar porque no lo queremos…

S: ¿De qué manera se les ocurre que podrían ayudarlo a que él crea que ustedes no lo van a abandonar y que lo van a apoyar en lo que desee lograr?

P: Siempre le decimos cuánto lo queremos, y que no lo vamos a abandonar, pero una vez me partió el alma al medio, porque me dijo que su mamá lo había abandonado, y entonces ¿cómo podía yo estar seguro de que nosotros no lo íbamos a abandonar? Ahí no supe qué responderle…

En este ejemplo vemos que hay bastante coincidencia entre la manera en la que Joaquín se ve a sí mismo y la manera en la que los padres lo ven. Sus papás se muestran además preocupados porque su hijo pueda confiar en ellos como una presencia de apoyo; se nota una intención de querer sintonizar con el hijo, aunque no sepan del todo bien cómo hacerlo, o cómo responder a los temores de Joaquín. Estos papás muestran desde el vamos un interés en comprender a su hijo y buscan ayuda para hacerlo de la mejor manera posible.

Veamos ahora un ejemplo diferente:

Fernando tiene 13 años. A la pregunta *¿Cómo me veo hoy?* responde: *"Perdido, confundido… no sé por qué hago lo que hago…"*

A la pregunta *¿Cómo me gustaría verme en el futuro?* dice que le gustaría estudiar y formar una familia.

Luego, a la pregunta *¿Qué necesito para lograrlo?* responde *"No sé… no creo que pueda lograrlo…"*

A la pregunta *¿Qué le impide lograrlo?* responde: *"Nadie cree en mí, y yo tampoco…"*

A continuación, veamos las respuestas de su guardadora, con quien vive desde que tiene 6 años:

S: Me gustaría que me cuente ¿cómo ve o cómo describiría a Fernando hoy?

G: Es un caso perdido, así lo veo... nunca hace caso a lo que le digo, dice que sí, pero después hace lo que se le da la gana, no le importa nada...

S: Y ¿cómo le gustaría verlo en el futuro? ¿Qué cosas le gustaría que pudiera lograr?

G: No creo que vaya a poder lograr mucho honestamente... y no se trata de lo que quiero yo... es que ni él sabe lo que quiere...

S: Tal vez en algún momento usted pensó en algo para el futuro de Fernando...

G: Bueno sí, al principio, cuando lo llevaba a deportes y a él le encantaba, yo pensé que podía ser profesor de educación física o tal vez jugar al fútbol... pero después... todo se fue al demonio... yo creía que, si él seguía por ese camino, seguro que se iba a alejar del camino de la droga, pero no lo veo... ahora sí que no lo veo...

S: ¿Qué cree usted que necesitaría hoy Fernando para -en el futuro- seguir vinculado de alguna manera al deporte?

G: No mentirme por ejemplo... yo lo saqué de fútbol porque él decía que iba y no iba...

S: Y usted ¿qué cree que le impide a Fernando hacer cosas que le hagan bien?

G: Ya le expliqué que yo no puedo estarle atrás... él ya es grande y tiene que hacerse responsable, entonces si no se hace responsable no va a lograr nada en la vida.


En este caso la idea de Fernando de que no podrá lograr sus objetivos porque nadie cree en él, parece bastante acertada. Aquí nos encontramos con una cuidadora que, si alguna vez estuvo involucrada con este jovencito, demuestra claramente con sus respuestas que ya no lo está. La idea de que Fernando, con 13 años y una historia de múltiples eventos traumáticos en su infancia, tanto en su familia de origen como en las instituciones que lo albergaron, puede "hacerse responsable" de sí mismo, no es viable. En este caso puntual la guardadora expresó su "cansancio" con Fernando y este cansancio le sirvió de justificación para ir alejándose paulatinamente del proceso terapéutico del púber que tenía a su cargo.

Cuando el adulto no se involucra y prácticamente deja al niño o adolescente solo con el terapeuta, es necesario considerar la posibilidad de dar aviso a los servicios de protección, si entendemos que el adulto que debiera hacerse responsable de este niño o adolescente no está cumpliendo adecuadamente su rol. Esta es una situación en la que la seguridad ambiental está en riesgo, y desde esta perspectiva, la psicoterapia tiene un campo acotado de acción y debe buscar el apoyo de los organismos que sí tienen la potestad de proteger efectivamente a estos niños y adolescentes.

*

El ejercicio de la psicoterapia no nos inmuniza de sentirnos afectados por el universo herido de nuestros pacientes. Parafraseando a Mark Dworkin (2005), trabajar con pacientes severamente traumatizados es un poco como entrar en un campo minado, porque estamos trabajando con seres humanos que fueron dañados en el contexto de las relaciones con otros seres humanos. ¿Por qué deberían confiar en nosotros, y por qué esa confianza debería lograrse con facilidad? Lo que los niños hacen, dicen, o cómo lo hacen, lo que sus cuidadores hacen o no hacen, dicen o no dicen, y la manera en la que lo hacen y dicen, puede disparar en nosotros emociones perturbadoras, tanto como nuestras propias memorias no elaboradas de asincronías relacionales, de situaciones que vivenciamos como injustas y nunca fueron reparadas, de experiencias propias en las que el abandono, el descuido, el no ser vistos, el no ser escuchados, también estuvieron presentes.

La propia psicoterapia y la supervisión con alguien que no sea solo un compendio de conocimientos académicos, sino que sea además capaz de sintonizar con el ser humano que habita el terapeuta que somos, son componentes importantes de nuestro rol. Porque en la psicoterapia de niños y adolescentes con historias de trauma interpersonal temprano, nuestras viejas alarmas se pueden activar por distintos flancos, y por más de uno al mismo tiempo: no trabajamos solo con el recuerdo o con la representación mental que nuestros pacientes tienen de sus padres. Trabajamos además *con* sus padres: ellos hacen la primera consulta, ellos pagan nuestros honorarios, ellos se encargan de traer a sus hijos a la terapia o de facilitar que estos lleguen a nuestra consulta, ellos acceden o se niegan a participar del espacio, y ellos tienen el poder de decidir que nosotros sigamos siendo o no el clínico que su hijo o su hija necesitan.

Este campo minado es más complejo. Y nuestra capacidad de observarnos en cada paso del proceso puede marcar la diferencia entre hacer estallar una mina, esquivarla haciendo de cuenta que no está para evitar el peligro, o cavar cuidadosamente el suelo para desactivarla.

He ahí una razón más para sentarnos a pensar en los avatares de la construcción del vínculo terapéutico con nuestros pequeños pacientes y con sus cuidadores. En el siguiente capítulo ahondaremos un poco más en las dificultades que podemos enfrentar en el desarrollo de esta relación, tanto con los niños, como con sus cuidadores, y veremos cómo lidiar con ellas.

# Capítulo 4

# Desafíos para la relación terapéutica en el tratamiento del trauma complejo y la disociación infantil.

*El valor de alguien que tiene la voluntad*
*de ir con nosotros al epicentro de nuestro dolor, [y ser]*
*un testigo de nuestro horror no debiera ser subestimado.*

*Louis Cozolino*[10]

Tanya tiene 11 años. De ellos, 8 los pasó en contacto directo con múltiples experiencias de trauma interpersonal. Parte de esos 8 años, vivió además la negligencia del sistema que debiera haberla protegido. En un tono normal, como si fuera a contar una simple anécdota del día, dice: "Mi historia es muy trágica…. No quiero que te pongas mal ¿sí?... me vas a mirar con una cara..." Esta es su introducción cada vez que quiere compartir parte de su historia. Y cada vez, recibe la misma respuesta de mi parte: "No te preocupes por mí, yo puedo escuchar tu historia. Lo importante es que no cuentes lo que no quieras contar, o que te detengas cuando sientas que es mucho para ti".

Luego de varios intercambios de este tipo a lo largo de meses, un día Tanya me dice que no es a mí a quien está cuidando en realidad. "Yo ya sé que lo puedes soportar. Ya sé que no te vas a poner mal, es que tengo miedo de que te rías". Ante mi sorpresa Tanya cuenta que antes de conocerme a mí, tenía una psicóloga que la escuchaba en silencio, con una sonrisa en la cara, y que solo le decía "Ajá".

"No sé de qué se reía -dice Tanya- pero me hacía sentir que lo que le contaba era una estupidez, o tal vez no me creía…"

*

En nuestro primer encuentro, Thiago, de 7 años, me dice al finalizar la sesión: "Me gusta venir, me gusta aquí… porque eres buena." Cuando le pregunto

---

[10] Cozolino, L. (2017). The Neuroscience of Psychotherapy. Healing the Social Brain. New York, W.W. Norton & Co. (pg. 425)

cómo es para él una persona buena, Thiago responde: "Así, buena…" Thiago llega por problemas de conducta en su escuela que han llevado a las autoridades a reducir su tiempo de permanencia en la misma. Sus padres adoptivos lo describen como un niño con muy poca tolerancia a la frustración, que estalla fácilmente ante cualquier observación que se le haga por mínima que sea, tras lo cual llora sin consuelo y se llena de auto reproches. En la consulta Thiago es obediente, ordenado, cuidadoso, respetuoso de toda consigna que se le proponga. A poco de comenzar el tratamiento queda claro que, en mi presencia, Thiago se controla.

*

"Cuando tengo esos ataques mi mamá me dice que quiere que vuelva yo, que no quiere a esa Ana, que esa Ana es mala, que nos hace mal a ella y a mí. Pero yo no sé cómo deshacerme de ella." Ana es una adolescente de 17 años con un trastorno de identidad disociativo.

*

La Hermana Superiora de una Casa Hogar de Adolescentes víctimas de explotación sexual, relata su desconcierto ante la fuga de una de las jóvenes que alberga el Hogar: "Cuando llegó estaba todo bien. Se adaptó súper rápido, casi demasiado tal vez… Se despertaba antes que las otras, estaba siempre buscando ayudar, me abrazaba y me decía ʹAquí estoy bien, tranquila, no me quiero ir nunca de aquí, ¿me puedo quedar para siempre, monja? ʹ. Hasta que un día llamó su hermana mayor, la que parece que colaboró para que ella entrara a la red [de explotación sexual]… ahí cambió todo. Parecía una fiera enjaulada, criticaba todo, buscaba motivo para pelea, me desafiaba todo el tiempo. Quería que yo la echara, pero yo no le iba a dar ese gusto. Hasta que un día me dijo ʹSi no me echa usted me voy yo solaʹ, y a la noche se fugó. Supimos que volvió a la casa, la misma de donde salió hace 3 meses porque la obligaban a prostituirse…"

*

En su libro *Trauma y Recuperación*, Judith Herman plantea que, en la tercera y última etapa del tratamiento, cuando los sobrevivientes adultos del trauma han logrado procesar sus recuerdos traumáticos, llega el momento de la re-conexión con ellos mismos y con los otros, ya no desde una identidad forjada y atravesada por el trauma, sino desde una nueva. La autora lo explica de esta manera: "Una vez que ha llegado a un acuerdo con su pasado traumático, la sobreviviente se enfrenta con la tarea de crear un futuro. Ha hecho el duelo por el viejo yo que el trauma ha destruido; ahora tiene que desarrollar un nuevo yo. Sus relaciones han sido puestas a prueba y cambiadas para siempre por el trauma; ahora debe desarrollar nuevas relaciones" (Herman, 2004, pg. 196).

Aunque parezca mentira, aprender a vivir fuera del trauma es una tarea difícil. Así lo expresa una mujer adulta sobreviviente de múltiples traumas en la infancia: "Antes sabía cómo me iba a sentir, porque me sentía siempre igual. Siempre tenía miedo de los hombres. Ahora, en cambio me sorprendo cuando **no** tengo miedo, y entonces me pregunto ¿y ahora qué hago?"

A mi entender, la tarea de re-conexión consigo mismo y con los demás en el tratamiento de niños y adolescentes, debe comenzar en los inicios mismos de la terapia. Veamos por qué.

El abuso, la negligencia, la violencia le enseñan al niño que el contacto con los otros que él tanto necesita (por el simple hecho de ser un ser humano en desarrollo), es peligroso. El niño aprende que si llora le pueden pegar, o que no va a haber nadie allí para calmar su llanto ni para atender la necesidad que lo haya desencadenado, sin importar cuál sea.

Pero el apego, eso que Liotti tan bien describe como una "disposición innata tendiente a la búsqueda" (Liotti, 2009, pg.53) de las figuras de apego en situaciones de tensión o peligro, lo lleva una y otra vez a buscar ese contacto. Solo que, con el tiempo y la repetición de las mismas situaciones, o el agregado de otras nuevas igualmente peligrosas, el niño aprenderá a controlar ese acercamiento, ese contacto. No lo hace de manera consciente y voluntaria. Por el contrario, es un aprendizaje almacenado en sus redes de memoria implícita: guiará la postura de su cuerpo, sus movimientos, su conducta, sus emociones, su percepción del peligro, y se activará **en cada relación interpersonal, sea esta familiar o no.**

Es decir que, con esa información y desde sus redes de memoria implícita -no accesibles conscientemente- "leerá" siempre a todas las personas con las que deba relacionarse, no importa cuál sea el tipo de relación que los una. Esto tiene sentido, ya que los peores cataclismos los vivió en el seno de una relación interpersonal necesaria y fundamental: la relación con sus cuidadores primarios. Cada relación "fallida" con otros seres humanos, solo vendrá a reforzar las mismas creencias negativas sobre sí mismo y sobre los demás, confirmándole lo que puede esperar de ese intercambio con el otro.

*Los terapeutas somos una de esas nuevas relaciones interpersonales leídas con lentes viejos.* Y no siempre el significado de la lectura que hagan estos niños será claro para nosotros. Es lo que nos muestra Tanya, cuando después de varias semanas, se atreve a corregir la percepción errónea que yo tenía sobre su actitud, explicándome con una claridad meridiana que no es a mí a quien protege del horror, sino a sí misma de una actitud de rechazo e invalidación de mi parte.

Estos niños pueden llegar en franco plan de desagradar, tanto como en plena campaña de conquista. Y ambas acciones se despliegan de inmediato, siendo la primera la más temida por los terapeutas -el niño desafiante y hostil- y la segunda la más "cómoda" -el niño complaciente. Decirles que los vamos a ayudar, a veces puede sonar ridículo hasta para nuestros propios oídos. **¿Qué quiere decir para ellos ayuda?** Si no somos cautelosos a la hora de formular nuestra intención, podemos inadvertidamente, contribuir a su creencia de que hay algo malo en ellos; algo que, como la parte disociativa de Ana, debe desaparecer.

Personalmente siempre pensé que conectar con un niño como Thiago, puede ser tanto o más difícil y desafiante que conectar con una niña como Tanya, quien, como consecuencia de su historia "trágica", como ella la llamaba, también había presentado una serie de conductas disruptivas y problemáticas serias tanto en la escuela como en su casa.

La diferencia entre Tanya y Thiago es que Tanya, cuando llegó a su primera cita conmigo, se encargó de hacerme entender de la manera más clara posible que ella "no creía en los psicólogos", que los psicólogos eran todos iguales porque todos "engañaban" y "se hacían los buenitos", y que ella no pensaba hablar de nada, porque hablar solo la había metido en problemas una y otra vez.

Thiago, en cambio, acostumbrado a ser visto de manera negativa, había resuelto otra estrategia de acercamiento: te conquisto diciéndote que eres buena, portándome bien, pero de mí no vas a saber nunca, jamás, nada. Y en efecto, después de 4 encuentros solo había dejado traslucir vagamente que alguna que otra vez había sentido algo de miedo, y que algunas cosas lo enojaban, para saltar con rapidez de langosta a cualquier otro tema que lo alejara de la amenaza de tener que hablar de sí mismo. En una entrevista con su madre, esta comentó lo sorprendida que la dejó Thiago, cuando, al retornar de una de las sesiones de terapia y preguntarle cómo le había ido, su hijo le hizo una descripción ultra detallada de mi atuendo, mis zapatos y hasta mis accesorios (collares, anillos, etc.). Sin embargo, ese mismo día, él no recordaba para nada haber visto unos juguetes que la vez anterior le habían llamado mucho la atención y que había estado explorando. En esa habitación de 4 metros cuadrados, su atención estaba puesta al dedillo en lo único que podía verdaderamente resultarle potencialmente peligroso: otro ser humano, y para colmo, adulto.

*Nosotros sabemos que somos confiables.* Sabemos que no vamos a maltratar al niño que atendemos, ni a humillarlo. Pero el simple hecho de declamar esto que sabemos no alcanza para que el niño también lo sepa ni para que -luego de saberlo- lo entienda y además confíe en nosotros.

Saber, conocer, entender, son todos procesos que involucran a la región del cerebro que menos activa estuvo cuando tocaba defenderse del trauma continuado. La activación permanente de las regiones cerebrales implicadas en las respuestas de defensa ante el peligro, debilitaron el desarrollo de la corteza prefrontal y con ello debilitaron su poder para poner un freno a la reactividad límbica. Aprender que una situación o una relación nuevas, no necesariamente son peligrosas, *requiere de tiempo* para experimentar y vivenciar de manera concreta esa diferencia. Esto ha de hacerse no una, sino varias veces, y no en piloto automático, sino con *subtitulado* incluido, es decir uniendo la experiencia concreta con palabras acordes y ajustadas que la etiqueten como segura, constante, contenedora.

Si tomamos el ejemplo de Tanya, no se trata de no sonreír ni decir "Ajá" como lo hacía la anterior psicóloga. Se trata de mostrarle una actitud de escucha abierta y empática, a la par de decirle una y otra vez: "Puedes contarme lo que sientas y quieras contar. Yo voy a seguir estando aquí, para escucharte. Y si en algún momento te parece que no entiendo algo, te pido por favor me lo hagas saber, para que yo pueda corregir lo que estoy haciendo mal."

La situación de la adolescente narrada por la religiosa muestra una de las paradojas con las que nos podemos encontrar (y que, lamentablemente, suele ser interpretada de manera completamente errónea por los servicios de protección). La primera señal de alerta nos la da la adaptación rápida que la adolescente tuvo a la Casa Hogar, que a las mismas monjas les resultó extraña: "Se adaptó súper rápido, casi demasiado tal vez…". Esta adaptación "milagrosa" les permite a estos niños y adolescentes, controlar la cercanía con las figuras de cuidado a través de conductas *demasiado* adaptativas. Se comportan *demasiado* bien, son *demasiado* obedientes, *demasiado* complacientes. Se garantizan de esta forma que van a mantener cerca a la figura de cuidado, pero a la vez a una distancia prudencial. *Se alejan ellos mismos de todos los conflictos, aunque esto implique sacrificar una parte de lo que son, una parte de lo que les sucede, una parte de lo que sienten y necesitan.*

Pero luego, algo sucede: la vieja información almacenada durante años vuelve a despertar de la mano de los disparadores más agresivos y contundentes, aquellos que vienen de la mano de los mismos que dañaron; no de alguien parecido, con el mismo nombre, o la misma fisonomía, sino de los mismos, exactamente los mismos. Aparece la hermana de esta niña, y todo cambia de la noche a la mañana, hasta que se fuga y vuelve allí donde todo comenzó. Esta hermana le llevó regalos, le habló de cuánto la extrañaban en la casa, de cómo su lugar no era ese sino el hogar en el que su madre, otros hermanos y ella la esperaban. Y entonces todo lo demás se borró. Las nuevas experiencias de sentirse tranquila, de ser bien tratada, cuidada, no explotada, no tuvieron *ni el tiempo ni la intensidad suficientes* como para contrarrestar el viejo adagio "más vale malo conocido que bueno por conocer".

Conectar con alguien nuevo es verdaderamente peligroso: ¿quién me garantiza que no me va a dañar? Tal vez sea mejor volver allí donde al menos, ya conozco a quien me daña, y la forma en la que lo hace. Y que además es mi familia. Y además la Justicia y los servicios de protección no me buscan, porque yo digo que es allí, en mi casa, donde quiero estar, y ellos dicen que tengo derecho a que mi voz sea respetada. El peligro desaparece de la percepción de quien ha sido dañado, pero también desaparece de la percepción de quienes tienen por tarea protegerlo del daño. El círculo se cierra de modo perfecto.

*

Hay además otra conexión necesaria para que el tratamiento pueda ser efectivo. Una de las enormes "ventajas" que la disociación trae a estos niños y adolescentes, es la posibilidad de "desentenderse" de la propiedad sobre determinadas experiencias -este sentimiento no es mío, este pensamiento no me pertenece, esto no me sucedió a mí- así como de la agencia sobre las conductas derivadas de tales sentimientos y pensamientos -eso no lo hice yo-.

Recuerdo que siendo pequeña hubo un período en el que tenía miedo de tener apendicitis y que entonces tuvieran que operarme para sacarme el apéndice. Tengo el difuso recuerdo de un médico diciendo que el apéndice no era algo verdaderamente necesario en el cuerpo del ser humano, y que, si se inflamaba y era necesario sacarlo, no se le estaba sacando al cuerpo algo que necesitara vitalmente para funcionar. Entonces yo terminaba por debatirme entre desear que me operaran para sacarme algo que en realidad nadie iba a extrañar, y al mismo tiempo temer que me operaran.

Las emociones, sensaciones, pensamientos, y recuerdos que el trauma genera, no son como el apéndice, y por lo tanto no podemos deshacernos de ellos como si su ausencia fuera insignificante. Tienen un sentido, una razón de ser, son parte de la historia de un ser humano. Pero es una historia tan dolorosa, tan intensa, tan asqueante, tan atemorizante, que, para los niños, adolescentes y adultos severamente traumatizados, sería mucho mejor que les pudiéramos aplicar una anestesia general, intervenirlos quirúrgicamente, extirparles la dolencia, coser y que, al despertarse, solo vieran la cicatriz. Y que luego pudieran vivir sin sentir que se les ha quitado algo verdaderamente relevante para funcionar.

Bueno, la historia no funciona así. Y la disociación, de alguna manera, viene a "suplir" la imposibilidad de extirpar el trauma quirúrgicamente. Entonces lo disecciona, hasta hacerlo -si es posible- irreconocible, y cuando esto no es posible, entonces lo "despersonifica": esto no me pertenece, no soy yo, no siento esto, no pienso esto. Estos aspectos repudiados de sí, estos aspectos no reconocidos, son parte de cada uno de estos niños y niñas.

Los "ataques" de Ana –que consisten en furiosos golpes que se propina en el cuerpo con sus puños– sobrevienen cuando la pelea interna entre una parte depresiva con deseos de morir, y una parte hostil con deseos de dañar, llegan al punto de ponerla en una encrucijada: ¿a cuál escuchar? La parte depresiva que desea morir guarda un sentimiento de dolor profundo por el abuso vivido por años cuando era pequeña, más la creencia de que lo merecía porque ella adoraba a su papá, y por lo tanto, al adorarlo, le abrió las puertas al abuso sexual. La parte hostil a la vez culpa a Ana por no haberse defendido, por no haber hablado antes, y por la presencia de esa parte depresiva.

Esas "partes" no son ni más ni menos que experiencias extremas conservadas en redes de memoria desconectadas (disociadas) entre sí. Cada una de esas experiencias tiene un sentido y una razón de ser: el padre de Ana solía decirle -antes de abusar de ella- que lo que le hacía se debía a que ella era tan bonita que él no podía pensar en otra forma de mostrarle cuánto la quería, porque ella era su princesa. Le compraba vestidos primorosos, la "preparaba" para su ritual de "amor especial", y a solas, en el cuarto de su pequeña hija de 5 años, satisfacía sus propias necesidades sexuales, demostrando su "amor" de una manera perversa y retorcida. A los 5 años, en el mundo de un niño, lo que dice un adulto es ley. Y si ese adulto es su padre, es ley suprema. Y si ese adulto es además violento con el resto de su familia hasta lastimar, pero a ella no le pega, la ley adquiere rango de Carta Magna. No hay escape físico posible, no hay escape afectivo posible, ¿cómo soportarlo entonces? Separando. Desconectando. Disociando.

Cuando la madre de Ana rechaza a esa parte que se manifiesta, no sabe ni entiende que está rechazando *la expresión* de una experiencia atroz, que no debiera haber sucedido jamás.


En palabras nuevamente de Judith Herman: "La repuesta ordinaria a las atrocidades es hacerlas desaparecer de la conciencia (...) Las atrocidades, sin embargo, se resisten a ser enterradas" (pg.1, op.cit)

Reconectar con la propia experiencia interna es un paso fundamental en el proceso de sanar el trauma. No hay forma de deshacernos de eso. Sí en cambio, hay formas de transformar su significado. Pero esa experiencia interna está cargada de estados afectivos negativos, intensos y abrumadores: dolor, miedo, asco, vergüenza, rabia, culpa, tristeza. Y cada uno de esos estados afectivos, en parte o en todo, tiene que ver con la misma víctima.

El **dolor** de sentirse no queridos o de haber sido dañados conecta rápidamente con la creencia de *ser merecedores de lo que recibieron*: "Mi mamá no me quiere porque yo me porto muy mal", dice un adolescente.

El **miedo** puede conectar con el abandono, tanto el real como la amenaza de este: "Quiero irme de mi casa / Tengo miedo de que mis padres me echen de mi casa", alterna una adolescente de 15 años.

El **asco** se vincula con sensaciones derivadas de intrusiones del cuerpo de otro en el propio, que cuando se mira en el espejo o se toca vuelve a activar de manera implacable esas mismas sensaciones: "Descubrí que se baña con la ropa interior puesta. Cuando le dije que así no se puede higienizar bien, me dijo que le daba ganas de vomitar pasarse el jabón por ahí abajo", dice la madre de una niña que fue abusada sexualmente. Y también se vincula con la mirada que devuelve el otro: muchas veces cuando escuchamos a los cuidadores contarnos estas cosas, es posible ver reflejado en sus rostros un gesto que denota rechazo, disgusto hacia eso que están describiendo. Cuando esa mirada se interioriza, potencia el asco: ya no es solo el asco por lo que me hicieron, sino también el asco por lo que *soy*.

La **vergüenza** funciona como un espejo que distorsiona sin piedad la propia imagen: "Siento que soy una puta porque me gusta tener relaciones con mi novio", dice una joven ya entrada en la mayoría de edad que sufrió diversos abusos entre los 6 y los 9 años.

La **rabia** se dirige contra sí por no haberse defendido: "Le tendría que haber pegado, pero solo me salía reírme, y no sé por qué me reía, porque para colmo él me pegaba más, entonces después, cuando él terminó, yo me pegaba en la cara para dejar de reírme y para aprender que si me pegan y no me defiendo, merezco que me peguen", dice un púber de 13 años en referencia a una feroz paliza que recibió de su padre adoptivo. Pero la rabia también es autodirigida por querer a quien daña: "Si yo quiero a mi papá, aunque me haya hecho lo que me hizo, entonces soy igual de monstruo que él, estoy igual de enferma y no merezco nada", dice una mujer adulta que fue abusada física y sexualmente por su padre durante su infancia y adolescencia.

La **culpa** refuerza las creencias sobre sí mismo de ineficacia y maldad: "Si yo nunca hubiera contado lo que me hizo mi primo, mi familia nunca se hubiera separado", dice un adolescente. "Cuando yo me siento mal, mi mamá se siente mal por mí: odio hacerla sentir mal", dice Ana, la joven que ilustraba el principio de este capítulo.

Y la **tristeza** colabora otro tanto: "Yo no sé qué hicimos mis hermanos y yo para que mi mamá nos deje, a lo mejor se fue porque yo me peleaba mucho con mi hermano… yo la extraño", dice un niño adoptado de 10 años.

*

Toda relación está expuesta al riesgo de la desconexión. La diferencia entre las relaciones basadas en un apego seguro y las demás, es que **el apego seguro** habla de un adulto que es capaz de reconocer la desconexión, identificar la fuente de esa disrupción, reparar y volver a conectar con el niño en la misma sintonía en la que estaba.

En el **apego evitativo** la desconexión es lo que prima: si no puedo esperar algo del otro tal vez sea mejor que ni siquiera mire adentro mío, porque si no ¿qué hago con lo que encuentre? ¿Qué pasa si encuentro dolor y no hay nadie ahí que me pueda ayudar a calmarlo, a entenderlo? Más bien aprendo a anular mis necesidades o directamente me autoconvenzo de que no tengo ninguna, en consecuencia, no necesito a los otros.

En el **apego ambivalente** la desconexión es una amenaza intolerable, entonces es preferible que esté siempre alerta y atenta, haciéndome oír bien fuerte para asegurarme de que el otro esté. Estoy plagada de necesidades y necesito del otro siempre.

En el **apego desorganizado** la vida se desarrolla en una danza sin fin entre la conexión y la desconexión: el otro a veces está, y todo parece estar bien; otras veces está, pero el precio que debo pagar por su cercanía es demasiado alto; a veces no está y yo siento un agujero dentro mío por su ausencia, aunque ese otro esté apenas a un paso de distancia; otras veces no está y yo siento un inexplicable alivio por su alejamiento. ¿Cuáles son mis necesidades y en qué son diferentes de las del otro? La verdad es que a veces no puedo darme cuenta de si lo que necesito lo necesito yo, o si es algo que necesita el otro. Si mi necesidad es de afecto y el otro me da su afecto metiéndose en mi cama ¿qué hago? ¿Cuándo es bueno acercarse y cuándo es mejor alejarse? ¿Y cuál es el costo de cada acción? Si me acerco me matan y si me alejo me muero. ¿Y qué son todas estas fuerzas ocultas dentro de mí que pelean entre sí y pelean conmigo, para ver a cuál de ellas le voy a dar cabida, a cuál voy a escuchar, la necesidad de quién voy a satisfacer?

Cada vez que un paciente de la edad que sea se sienta ante nosotros, adentro suyo se juega el paradigma de la conexión o de la desconexión que el apego haya guardado en su memoria implícita.

Y esto, de alguna manera, activa en nosotros también nuestros propios modelos operativos internos, que guiarán la forma en la que vamos a responder a la conexión o a la desconexión del otro.

Puede que con un paciente con apego evitativo nos embarquemos inadvertidamente en su misma evitación, y entonces ni el paciente ni nosotros tengamos que enfrentarnos a la incomodidad de esa nada misma que habla de la desconexión del otro. Con un paciente con apego ambivalente tal vez nos sintamos abrumados, cansados, o a lo mejor sintamos que el trabajo es un desafío interesante, generador de adrenalina, o que podemos permanecer ahí, en calma, mientras la tempestad emocional más intensa estalla delante nuestro.

Con un paciente con apego desorganizado, con trauma interpersonal temprano, con disociación, sucede que podemos quedar expuestos a variaciones inesperadas, extremas, oscilantes y perturbadoras de eso que está sucediendo en la relación con él momento a momento. Sentiremos de modo constante la contradicción y la incoherencia, y podemos caer en la trampa de intentar resolverla en lugar de integrarla, de intentar decidir "con qué carta quedarnos" o "qué lado es el bueno".

Estas son algunas de las muchas situaciones con las que nos podemos encontrar en nuestra labor cotidiana:

Julia viene a una sesión y se sienta en un rincón del consultorio, de espaldas a mí, sin mirarme, y durante toda la sesión se niega a hablarme. A la sesión siguiente viene sonriente, bien dispuesta, alegre y acepta todas mis propuestas de trabajo para ese día. La alternancia entre ambas actitudes se sucede a lo largo de meses.

Federico está sentado delante de mí, y con una voz muy tranquila me cuenta con todo lujo de detalles sus fantasías de cómo me asesinaría y qué haría con mi cuerpo. Dice que le gusta mucho venir a verme porque siente que yo lo entiendo. Más adelante en una sesión dirá que me ha mentido todo el tiempo, porque eso es lo que él mejor sabe hacer.

La madre de María llama un par de horas previas a la sesión de su hija para decirme que la niña no quiere venir a verme más, y que está echando insultos hacia ella y hacia mí encerrada en el baño, sin querer salir de allí. Finalmente, María viene, pero dice no recordar nada de lo que su mamá ha contado, dice que raramente se enoja con su mamá y que no tiene ninguna razón para enojarse conmigo.

*

Saber que estamos expuestos a estas oscilaciones, no necesariamente nos prepara para *saber qué hacer con ellas*. Y a veces podemos notar que todo lo que aprendimos hasta el momento es insuficiente. Otras, podemos sentir que no aprendimos nada. A veces, podemos reaccionar de maneras que luego nos avergüenzan (y que refuerzan la creencia de que no sabemos nada, o que somos malos terapeutas, o que deberíamos dedicarnos a otra cosa).

Les propongo aquí un ejercicio. Lean el siguiente párrafo y noten si se sienten reflejados en él, aunque más no sea un poco:

"(…) Sabemos verdaderamente por nuestras experiencias que tal vez no haya otra terapia que desafíe el sentido de competencia del terapeuta tan profundamente como el trabajo con pacientes crónicamente traumatizados. La

113

humilde realidad para todos nosotros es que esta terapia puede ser áspera e incierta, desafiante y confusa. Nosotros, tal como otros terapeutas, nos encontramos a veces perdidos por un instante, no sabiendo qué hacer o cómo estar, cometiendo errores sin intención, perdiéndonos señales importantes, y quedando atrapados por la transferencia y la contratransferencia. (…)" (Steele, Boon & Van der Hart, op.cit. pg.xi)


Mi reacción cuando leí por primera vez este párrafo fue de un enorme alivio. ¿Sentirme así no era entonces necesariamente producto de mi inherente ineficacia e ignorancia, sino de la complejidad de la vida de los pacientes que atendía? Semejante ejercicio de humildad proveniente de tres terapeutas expertísimos en el tema, no era una invitación a sentarme cómodamente en mis errores, sino, por el contrario, era una invitación a realizar idéntico ejercicio de humildad.

Así fui descubriendo que a veces podía ver a mis errores como señales de desconexión en el fluir del proceso terapéutico. Y esas desconexiones podían a su vez ser producidas por diferentes cuestiones. De esta manera empecé a practicar (y sigo practicando) un modo de salir del ciclo perpetuador de autocríticas y lamentos por lo que había hecho mal, buscando hacerme las preguntas que me informaran acerca de esa desconexión: ¿qué la había provocado? ¿Mi apuro por "sanar" al paciente? ¿Se trataba del momento particular de mi vida por el que estaba atravesando? ¿Se trataba de alguna situación puntual de ese día? ¿Tenía que ver con cuestiones mías no suficientemente reconocidas o procesadas? Y en ese caso ¿de qué momento de mi vida provenían y en qué contextos relacionales habían ocurrido?

Las preguntas, por supuesto, no se agotarían allí. Mi maestra, Sandra Wieland, escribió en su obra póstuma: "Que algo nos active no significa que haya algo malo en nosotros o que estemos en la profesión equivocada; simplemente significa que somos humanos." (Wieland, 2017, pg.239)

Y cuando trabajamos con pacientes de todas las edades que han sido violentados por aquellos que debieran haberles cuidado, nos enfrentamos a la capacidad de daño que el ser humano es capaz de producir en los más vulnerables de su misma especie. ¿No tiene esto potencial suficiente para activarnos?


En mi búsqueda por seguir comprendiendo cómo y por qué se dan estas oscilaciones entre conexión y desconexión en el tratamiento de mis pequeños pacientes, encontré que la mayoría de los textos escritos sobre esta población no hacen demasiada mención a cómo o por qué se dan estas oscilaciones en el proceso terapéutico. El libro póstumo de Sandra Wieland está focalizado en el trabajo con los padres de nuestros pacientes y dedica un capítulo entero a explorar esas oscilaciones, pero, en el trabajo con los adultos cuidadores, no en el trabajo con los niños que son nuestros pacientes. En la introducción a ese libro ella explica que, a lo largo de todos sus años de trabajo, primero como maestra y luego como terapeuta, cada vez que alguien le hacía la pregunta ¿Cuál es la parte más dura de tu trabajo?, ella solía responder "Trabajar con los padres".

Seguramente muchos resonamos con esa frase y con esa experiencia, en especial si los padres que nos traen al niño a la consulta son los que han estado activa o pasivamente involucrados en las experiencias de trauma interpersonal que vivieron estos niños. Pueden venir con una petición implícita (o no tanto) de que "les arreglemos el problema", esperando no tener que verse involucrados porque no consideran que sean ellos parte del problema, ni de la solución. Pueden ser extremadamente rígidos o blandos, no escuchar nuestras indicaciones o sugerencias, o directamente hacer exactamente lo opuesto a lo que les sugerimos o indicamos.

Sí, es muy fácil "enojarse" con los padres. Y, en consecuencia, es muy fácil desconectarse de ellos. La pregunta que sigue entonces es: si nos desconectamos de los padres porque no son todo lo buenos, colaboradores y simpáticos que desearíamos ¿cómo los ayudamos a ser los mejores cuidadores que merece y necesita el niño que nos traen a la consulta?

Continuemos un poco más con las preguntas incómodas: ¿todos los niños y adolescentes que atendemos nos agradan por igual? Y si esto no es así ¿hasta qué punto estamos dispuestos a explorar las causas?

Personalmente tiendo a creer que leemos poco sobre las reacciones negativas que nos producen los niños y adolescentes que atendemos, porque internamente pensamos que no tenemos derecho a enojarnos o molestarnos con las víctimas cuando se encuentran aún en una edad vulnerable. Si los padres se enojan con su hijo y no lo soportan, y nos lo dicen sin mayor problema, entonces sentimos que nosotros debemos ser para ese niño todo lo empáticos y comprensivos que sus cuidadores no son.

Hagamos otro ejercicio. Les propongo que noten qué sucede en su cuerpo cuando lean las situaciones que voy a poner a continuación. Luego anoten qué les dice esa sensación sobre lo que ustedes están sintiendo. Asignen a los niños de los que les hablo en este ejercicio, la edad que quieran entre los 4 y los 15 años:

Un/a paciente les roba.

Un/a paciente intenta agredirlos físicamente.

Un/a paciente les cuenta cómo se imagina agrediéndolos físicamente.

Un/a paciente los insulta a los gritos y se escapa del consultorio, por lo que es necesario correrlo casi hasta la calle.

Un/a paciente los descalifica sutilmente en cada cosa que dicen o hacen.

Un/a paciente cuestiona absolutamente todo lo que ustedes dicen o pretenden hacer, y se niega sistemáticamente a participar en las consignas propuestas, buscando cambiarlas todo el tiempo.

Un/a paciente dice que va a permanecer callado/a todo el tiempo, porque no le interesa la terapia.

Un/a paciente se muestra extremadamente complaciente, hasta el punto tal que ustedes sienten que tienen poco margen para moverse dentro de la sesión.

Revisen sus notas. Si en alguna situación escribieron algo que denota que ustedes están "entendiendo" o "interpretando" lo que le pasa al paciente de la situación, entonces significa que están tratando de evitar sus propios estados afectivos negativos disparados por ese niño/a. Vuelvan a hacer el ejercicio. Y recuerden: en este ejercicio el foco no es lo que le pasa al niño, sino lo que les pasa *a ustedes* con *esa* conducta o reacción de *ese* niño en particular.

No piensen. Sientan.

*

Exponernos a la incomodidad de reconocer que el niño o el adolescente que tenemos delante puede activar en nosotros estados afectivos negativos, es una tarea fundamental, en especial cuando vamos a trabajar con disociación.

Si volvemos a la niña de unas viñetas más arriba (Julia) que oscilaba entre sesiones en estado amigable y sesiones en estado oposicionista, lo vamos a entender mejor. Incluso una niña que nos puede parecer encantadora por

116

momentos, en otros puede parecernos antipática, e inadvertidamente activar en nosotros patrones actitudinales que complementan dichas oscilaciones: entonces me muestro cordial y amable con la que es amigable, y distante con la que me parece antipática. Y sin proponérmelo, ayudo a esa niña a que siga funcionando en esa oscilación, en lugar de ayudarla a moverse de allí.

De alguna manera, esa oscilación nos involucra: ¿cómo? Si cambiamos nuestra actitud conforme la niña cambia la propia, entonces esa niña no estará viendo a una sola terapeuta, sino a dos distintas: una amable y otra distante. Si no corregimos esa actitud en nosotros mismos, corremos el riesgo de perder nuestro potencial como elemento integrador, que se expresaría de la siguiente forma: *yo puedo permanecer siendo la misma Sandra independientemente de qué aspecto tuyo me traigas hoy.*

A lo largo del libro verán que algunas de las cuestiones a trabajar con nuestros pequeños pacientes serán una invitación a explorar zonas incómodas en nosotros mismos. Personalmente no me gusta sentirme incómoda. Pero bueno… ¿quién dijo que el ejercicio de la psicoterapia pasaba por buscar la comodidad del terapeuta?

Courtois y Ford plantean: "Dado que los modelos operativos internos de los sobrevivientes de trauma complejo tienden a ser inseguros, es probable que fluctúen cuando los pacientes se encuentren con desafíos estresantes tanto en sus vidas como en la psicoterapia. Como resultado de ello, el modo en que encajan el estilo de apego del paciente y el del terapeuta, puede variar en diferentes momentos. Para poder garantizar la seguridad y el progreso del paciente, el terapeuta debe, por lo tanto, estar preparado para ajustar de manera flexible su actitud o la intensidad de la terapia." (Courtois & Ford, 2013, pg.270)

Menuda tarea… Pero tengamos en cuenta que ese texto se refiere al trabajo con pacientes adultos.

¿Qué sucede con los niños y adolescentes de los que trata este libro?

Sucede que esa flexibilidad deberá practicarse tanto en nuestra relación con nuestro paciente, como en nuestra relación con los padres/cuidadores de nuestro paciente. Sigamos explorando entonces.

## 4.1. Atrapados con salida. Dinámicas relacionales de los terapeutas con los niños y sus cuidadores.

Probablemente una de las razones por las que nos convertimos en terapeutas infantiles sea que nos resulta fácil empatizar con los niños. Y si los padres se encuentran en idéntica sintonía —es decir, quieren ayudar al niño, no lo señalan como el causante de los problemas o "el" problema en sí mismo, y se preguntan qué pueden hacer o qué deberían cambiar— nos resulta fácil empatizar con ellos también, y el tratamiento fluye.

Pero eso no sucede en todos los casos. Y cuando hablamos de niños que fueron severamente dañados y afectados por y en sus relaciones primarias de cuidado, probablemente tenderemos a mirar de una manera más exigente a los padres/cuidadores, y a esperar de ellos que entiendan, acepten, toleren mucho más de lo que le pediríamos a padres/cuidadores de niños que vienen a nuestra consulta por otros motivos, o con historias menos graves. De esta forma, inadvertidamente, podemos quedar atrapados en dinámicas relacionales que le harán un aporte escaso o nulo al tratamiento del niño.

Una forma interesante de observar y observarnos, y de prestar atención a estas dinámicas relacionales y al lugar que nosotros podemos eventualmente ocupar, nos la proporciona el triángulo dramático de Karpman (Karpman, 1968). El triángulo dramático de Karpman deriva de lo que Eric Barne llamó "los juegos de la vida" (Barne, 1964), en referencia a distintos roles que las personas "jugamos" inadvertidamente en las relaciones interpersonales.

En el "juego del Rescatador", por ejemplo, hay tres roles intercambiables, al igual que los sentimientos que los acompañan: el de Rescatador (o Salvador), el de Perseguidor (o Victimario), y el de Víctima. En este juego todas las personas pueden ocupar cualquiera de esos roles, aunque tienden a ocupar preferencialmente uno de ellos (Steiner, 1990). El rol del Rescatador es un rol muy vinculado a las profesiones de ayuda, y por eso es importante detenernos especialmente a observar cómo y por qué los terapeutas podemos terminar ocupándolo en las dinámicas relacionales con nuestros pacientes.

En la siguiente figura vemos cómo Karpman pensó el orden de esos roles.

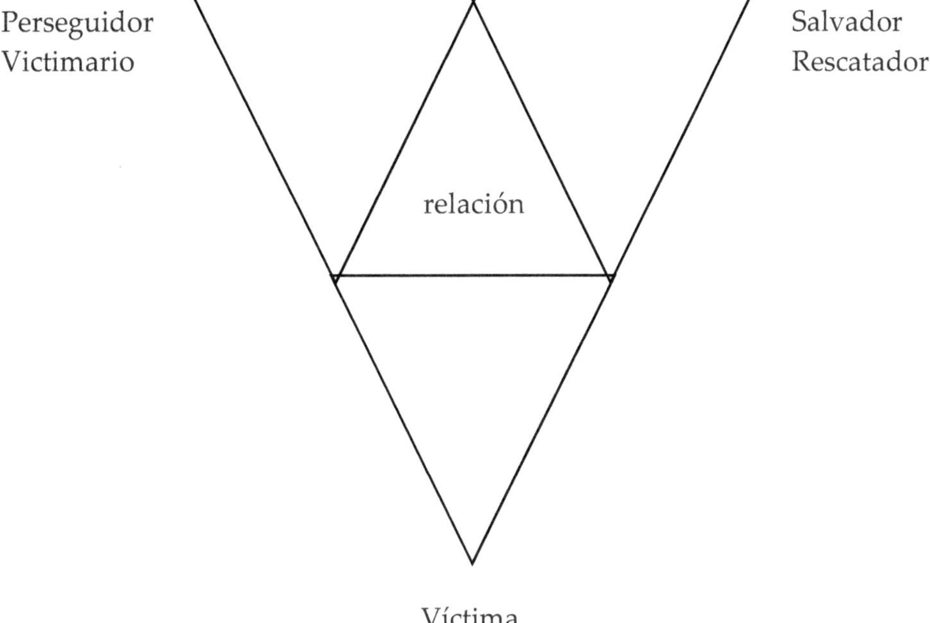


Cuando los individuos se ubican en el rol del **Perseguidor** o **Victimario**, se comportan buscando satisfacer sus propias necesidades sin importarles las de los demás; también pueden comportarse castigando a los otros, o bien actuando un rol de pasividad, por ejemplo, no cumpliendo con lo que se les pide. El Perseguidor se desprende de cualquier responsabilidad que pueda tener en lo que le sucede, colocando la culpa afuera (en quien ocupará en este triángulo el rol de Víctima). *El sentimiento que mueve a este rol es el enojo, la rabia.*

Cuando los individuos se ubican en el rol de **Salvador** o **Rescatador**, asumen la resolución de los problemas de la Víctima como una responsabilidad propia, y en ese rol puede que terminen haciendo de más o haciendo algo que en realidad no desean hacer. Tienen dificultades para poner límites, por lo cual no son claros acerca de cómo se distribuyen las responsabilidades en una relación. *El sentimiento que mueve a este rol es la culpa.*

Cuando los individuos se ubican en el rol de **Víctima**, se comportan esperando que la resolución de sus problemas venga siempre desde fuera, en tanto creen y consideran que ellos no tienen los recursos o las capacidades necesarias para hacerlo. Esto los lleva a comportarse reflejando una imagen constante de incapacidad. *Los sentimientos subyacentes a este rol son la vergüenza y la impotencia.*

Tal como mencionaba más arriba, estos roles y los sentimientos que los acompañan son intercambiables, de modo tal que, ocupando un rol, las circunstancias pueden cambiar y mover al individuo hacia otro rol. Por ejemplo, si el Rescatador se encuentra ayudando una y otra vez a una persona que ocupa el rol de Víctima, y nota que esta no está haciendo nada por ayudarse a sí misma, fácilmente puede moverse al rol de Perseguidor, y sentir un profundo enojo hacia la Víctima por no estar haciendo algo por sí misma, o por no reconocer todo lo que se está haciendo por ella. Estos movimientos entre roles, claro está, no son ni voluntarios ni conscientes.

Burgess (2005) plantea que la dinámica en el triángulo dramático es tal que el Perseguidor puede virar rápidamente al rol de Víctima, la Víctima al rol de Perseguidor, el Rescatador al rol de Víctima y así sucesivamente. En la medida en que rehusamos hacernos responsables de nosotros mismos en las relaciones con los otros, quedamos expuestos a ocupar cualquiera de esos roles. El único límite, plantea Burgess, es el triángulo mismo: no hay salida de él.

Steiner por su parte, plantea que el rol del Rescatador está especialmente mitificado en nuestra sociedad: la ayuda desinteresada, abnegada, el interés del otro por encima del propio, son valores fuertemente apreciados, y sin lugar a duda son importantes para que en nuestras relaciones haya algo que haga de contrapeso al egoísmo, la violencia, el desinterés o el abuso hacia otros. Por lo tanto, abandonar ese rol es visto como una afrenta. Sin embargo ¿qué sucede cuando ese rol se ocupa desde un lugar de superioridad y poder que sigue dejando a la Víctima en el lugar de tal? ¿Escucharon alguna vez el proverbio que reza "Dale un pez a un hombre hambriento y comerá un día, enséñale a pescar y comerá por siempre"?

Ese proverbio marca la diferencia entre rescatar y ayudar.

¿Es la nuestra una profesión de ayuda o de rescate? Probablemente todos respondan "De ayuda". Sin embargo, caer en el rol del Rescatador es una de las cosas más fáciles cuando se trabaja en profesiones como la nuestra. Y al trabajar con niños y adolescentes puede serlo aún más.

La dinámica relacional del triángulo de Karpman se ha utilizado mucho para hablar de la relación terapéutica, pero mi propuesta aquí es ampliarla para poder pensar cómo se dan estas dinámicas en el tratamiento de niños y adolescentes, en que los terapeutas debemos interactuar con los cuidadores de nuestros pacientes, e incluirlos como parte activa de la psicoterapia.

*

Si bien es cierto que puede resultarnos difícil ver a los niños y a los adolescentes ocupando el rol de Víctima tal como se lo describe en el triángulo dramático, porque de hecho los niños y los adolescentes de los que hablamos *son* víctimas de los malos tratos que sufrieron, creo que igualmente vale la pena tratar de investigar los lugares en los que inadvertidamente quedamos atrapados los terapeutas, de qué forma vemos a las otras dos partes de la ecuación relacional (cuiddores y niño o niña que atendemos), y de qué manera podríamos movernos de esos lugares.

Vamos a comenzar entonces por el lugar que solemos ocupar con más frecuencia.

### *Terapeuta Rescatador/Cuidador Perseguidor/Niño Víctima*

A veces sucede que los padres son responsables, en todo o en parte, de lo que le sucede al niño, pero no se reconocen como parte del problema. Es cuando los notamos culpabilizadores y críticos del niño ("lo hace a propósito", "no le importa nada de lo que hace ni nada de lo que provoca", "miente todo el tiempo") o críticos del proceso terapéutico ("esto no está dando resultados", "es muy manipulador, me doy cuenta de que te puede embaucar con facilidad como hizo con otros terapeutas"). En esas situaciones puede que nos coloquemos en el extremo del triángulo con el cual es más fácil resonar, por el tipo de trabajo que hacemos: el del Salvador/Rescatador. Los padres o cuidadores quedan entonces ocupando el rol del Perseguidor/Victimario y de esta forma quedan separados de la relación terapéutica, y sin darnos cuenta, los apartamos del proceso.

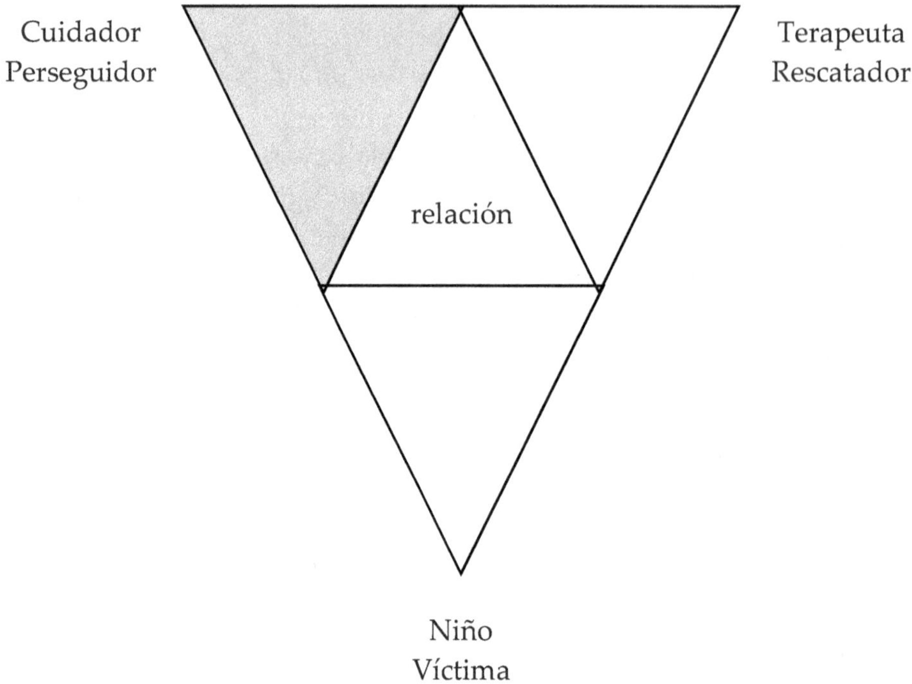


En esta situación puede que tendamos a no escuchar lo que reclama el cuidador, o que pensemos que está exagerando su información sobre las conductas del niño o la valoración de estas. También es posible que sintamos malestar por la desconfianza o la descalificación que el cuidador hace de nosotros o de nuestro trabajo, y sobreabundemos en explicaciones, como si deseáramos demostrarles que sabemos, y que sabemos algo que ellos no saben, o sobre lo cual sabemos más que ellos.

Probablemente nos encontremos buscando satisfacer necesidades del niño que debieran ser satisfechas por los cuidadores, pero nosotros consideramos que no lo harían, o que no tendría demasiado sentido trabajar con ellos para que lo hicieran, porque creemos interiormente que de todos modos lo harían mal. Ocupando este rol cuando el cuidador ocupa el del Perseguidor/Victimario, es muy fácil que los terapeutas "hagamos de más", sintiéndonos responsables por los niños que atendemos por encima de nuestra responsabilidad clínica. Veamos un ejemplo:

Una terapeuta relata que acompañó a una paciente adolescente a una consulta médica porque su madre no lo hacía: "Ella venía diciéndome que le pedía a su mamá que la acompañara, pero que su mamá ponía siempre la excusa del trabajo, entonces decidí acompañarla yo".

En este rol olvidamos que quien es responsable por el niño/adolescente es el cuidador y no nosotros. Olvidamos también que lo relevante es el apego del niño al cuidador, y no a nosotros. Olvidamos que, si el cuidador verdaderamente está siendo negligente o incluso abusivo y la protección del niño está en serio riesgo, nuestra función no es la de suplir al cuidador, sino la de reportar el riesgo a las autoridades que tienen la potestad de actuar, de modo tal que el riesgo disminuya o incluso desaparezca.

### *Terapeuta Rescatador/Niño Perseguidor/Cuidador Víctima.*

Cuando las conductas disruptivas del niño o adolescente no se modifican a pesar de nuestro trabajo, o escalan (por ejemplo, se agravan, se repiten cada vez con mayor frecuencia), corremos el riesgo de permanecer en el rol del Rescatador, pero esta vez del cuidador:

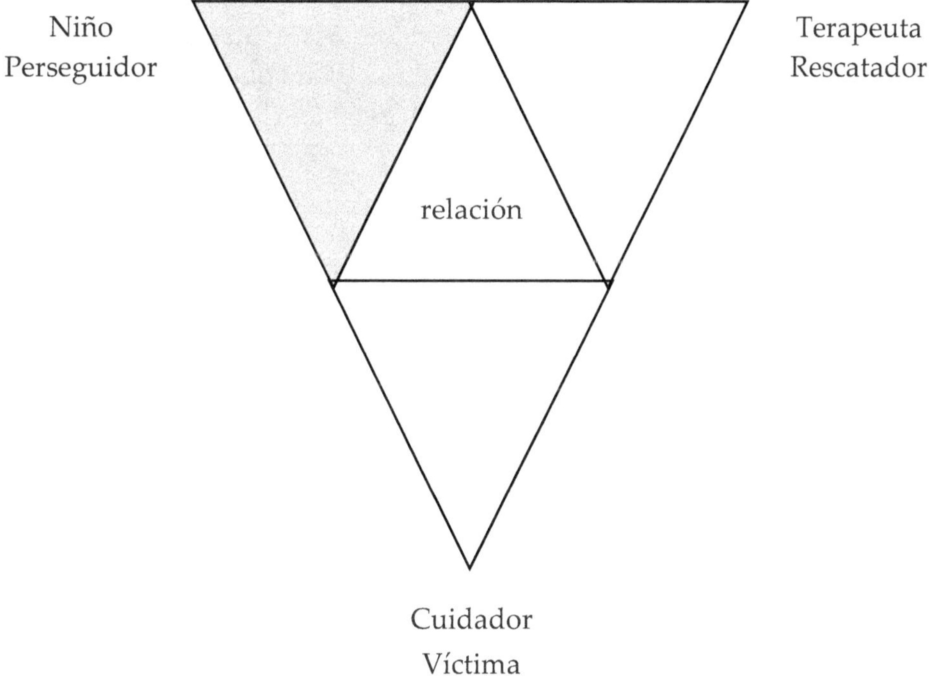


En esta dinámica sentimos que nos resulta más fácil empatizar con el adulto porque nosotros mismos hemos perdido las esperanzas de que el niño cambie, o porque las conductas del niño colisionan con nuestros valores, o porque hemos perdido las esperanzas en nuestras propias habilidades como terapeutas y sentimos que ya "lo hemos intentado todo", pero el niño "es muy difícil". Así, colocamos nosotros también al niño entero en el envase del problema, transformándolo en él. Si el adulto (cuidador) asume errores por su conducta ante el terapeuta, pero el niño no, o culpabiliza masivamente al adulto, entonces la posibilidad de empatizar con el adulto en detrimento del niño se multiplica exponencialmente:

Claudia es la madre de Mara de 12 años. En una entrevista habla de la impotencia que le genera la agresividad de su hija hacia ella: "Cuando me dice que no sirvo para nada a veces le digo que tiene razón, que tal vez no sirva para nada, pero soy su mamá y soy lo único que ella tiene, y ella es lo único que yo tengo. Pero otras veces simplemente me violenta y entonces hago como el otro día: la arrastro hasta la ducha y la meto bajo el agua fría, y cierro la puerta mientras ella me grita que soy una puta inservible". Mara dice que su semana fue normal, que solo tuvo algunos "cruces" con su mamá por las mismas cosas de siempre, pero que lo resolvieron dejando de no hablarse por un rato: "Yo me encierro en mi cuarto y ella en el suyo". Cuando le pregunto si cree que su mamá contaría las cosas de la misma manera, Mara cambia radicalmente de actitud: "Me golpeó, me empujó y me metió bajo el agua fría, está loca, re loca". Cuando le pregunto por qué me contestó algo distinto un rato antes, dice: "¿Para qué te voy a decir lo que pasó? ¿Para que ella te dé lástima igual que hace con mi abuela? Yo no hago nada, es ella la loca".

En estas circunstancias es fácil caer en la trampa de creer que nuestro trabajo, consiste en ayudar al niño a cambiar su comportamiento, como si esto fuera una condición necesaria para que el adulto esté bien con él. Esperamos del niño que "se esfuerce" un poco más, porque sus papás lo quieren y están haciendo mucho por él. Pero perdemos de vista que, en muchas ocasiones, la hostilidad que el niño dirige a su cuidador está puesta al servicio de controlar la cercanía al mismo y la activación de sus necesidades de apego, dado que en sus experiencias previas esas cercanías han sido dolorosas, dañinas y en algunos casos desoladoramente ausentes. Esa hostilidad lo protege de su propia vulnerabilidad, tanto como de la posibilidad -para él ya conocida- de ser dañado y/o abandonado en el contexto de una relación de cuidado.

El riesgo de permanecer en estas posiciones es que, al igual que en la distribución que señalara anteriormente, no resolvemos las dinámicas traumáticas que están en juego en la relación entre el niño y su cuidador, y ese es uno de los objetivos fundamentales del tratamiento de estos niños y adolescentes.

### *Terapeuta Rescatador-Victimario/ Cuidador y Niño Víctimas*

A veces padre y niño/adolescente pueden compartir el rol de Víctima y el terapeuta oscilar entre los roles de Salvador/Rescatador y Perseguidor/Victimario.

Esto puede suceder cuando el adulto cuidador se alinea con el niño en el lugar de Víctima, (por ejemplo, una madre víctima de violencia por parte de su esposo que también fue violento física y sexualmente con su hija), y desde ese lugar establece las necesidades de ambos –niño y cuidador– que deben ser satisfechas. El terapeuta queda atrapado en el lugar de Rescatador/Salvador cuando asume que su rol es satisfacer las necesidades de la díada.

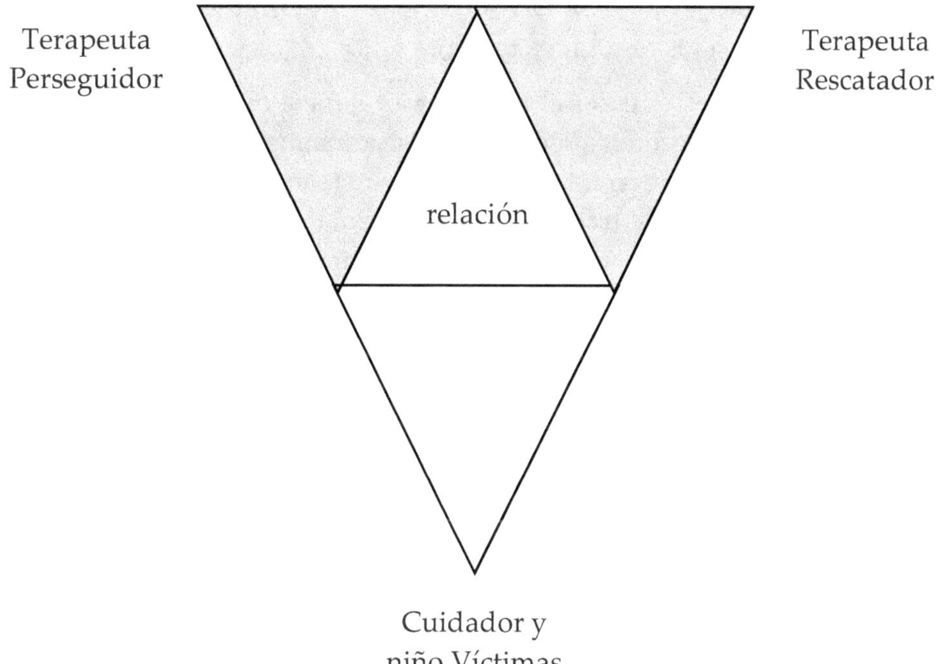


Esta situación suele darse con mucha facilidad cuando el terapeuta percibe a ambos miembros de la díada ya no solo como víctimas del trauma interpersonal, sino también como víctimas de un sistema de intervención injusto, tardío en sus respuestas, abiertamente maltratante y/o negligente.

En esas circunstancias es fácil caer en la trampa de que lo terapéutico consiste en ayudar a la díada –y más especialmente al adulto cuidador– a luchar contra las injusticias del sistema, oficiando a la vez de terapeuta y de abogado (y muchas veces más de lo segundo que de lo primero). Así el terapeuta prioriza el escribir informes, hablar con jueces y "proteger" a las víctimas del sistema, luchando con y por ellas. Pero cuando intenta retomar el sendero de lo terapéutico, ordenando los espacios y posiblemente tratando de intervenir en aquellos aspectos de la relación del cuidador con el niño que sería saludable poder cambiar, deja de ser el Salvador para convertirse en el Perseguidor.

En lo personal me ha tocado ver esta dinámica en varios casos de abuso sexual cometidos por padres hacia sus hijas/hijos, en los que el sistema de intervención[11] ha llevado adelante acciones contrarias al bienestar (aunque no necesariamente a la protección de las víctimas). Acciones tales como interrogatorios y evaluaciones (que muchas veces se repiten), pueden ser necesarias desde el punto de vista legal, pero raramente consideran el impacto que tienen en las víctimas y sus familias, sobre todo en términos de agotamiento e incertidumbre frente a los resultados futuros.

En algunos de estos casos el cuidador arrastra al niño en su necesidad de "no olvidar lo que *nos* sucedió/ *nos* hicieron". Esta dinámica perpetúa a las víctimas en el lugar de tales, de modo tal que se termina creando una identidad forjada alrededor de la experiencia traumática. Así la niña o el niño crece siendo "la víctima", y el adulto cuidador acompaña ese desarrollo siendo "la madre de la víctima". Perpetuarse en estos roles no tiene razón de ser alguna cuando el abuso ha sucedido muchos años atrás y las víctimas han estado verdaderamente protegidas y lejos del contacto con el ofensor (incluso en casos en los cuales el ofensor jamás volvió a intentar tener contacto con su hija/o).

Uno de los riesgos que se corre al perpetuar estos roles es el de obstaculizar todo crecimiento postraumático, y el de terminar explicando cualquier problema que pueda surgir a lo largo del desarrollo exclusivamente como una consecuencia del abuso sufrido, sin considerar la posibilidad de que haya otras causas.

Por ejemplo, veamos cómo se refleja esta dinámica en lo que dicen una adolescente (que fuera abusada sexualmente por su papá cuando tenía 5 años y no lo veía desde hacía 10 años, luego de que se denunciara el abuso) y su madre:

"Mi mamá dice que nadie nos entendió nunca, ni siquiera los especialistas en el tema. Por eso, ella me dice que tenemos que permanecer unidas, porque solo ella y yo sabemos exactamente lo que vivimos, lo que mi papá nos hizo y el daño

---

[11] Al hablar de sistema de intervención hago referencia a todo sistema externo a la familia que tiene algún tipo de accionar en las situaciones de violencia interpersonal que sufre el niño, desde el sistema de Justicia, los servicios de protección a la infancia, los médicos, el sistema educativo y el sistema de salud mental, tanto público como privado.

que nos hizo. Yo le dije lo que me dijiste, de que no todo lo que me pasa hoy tiene que ver con el abuso, y ella me dijo que no estaba de acuerdo… porque seguramente si mi papá no hubiese abusado de mí, no tendríamos que haber vivido todo lo que nos tocó vivir."

Su mamá, a su vez, plantea lo siguiente:

"Yo no estoy de acuerdo con lo que usted le dijo a mi hija de que no todo tiene que ver con el abuso. La psicóloga que la veía antes, decía que muchas cosas tenían que ver conque yo tengo un carácter violento. Yo le dije que no era violenta, que mi ex marido era el violento, y que en todo caso cuando a mí me salta la térmica[12] es o porque mi hija hizo algo mal, o porque algo me hace recordar la violencia de mi ex. Pero para eso yo ya estoy haciendo mi terapia hace muchos años. Lo que pasa es que nadie sabe lo que tuvimos que vivir nosotras dos… todo el mundo dice que quiere ayudar, pero no entienden qué necesitamos nosotras, o no les importa, no sé".

Aquí queda claro que para esta mamá mantenerse en el rol de Víctima, la protege de no revisar su propia violencia, aún a pesar de estar en un proceso psicoterapéutico. A su vez, su hija no puede "darse el lujo" de moverse de ese rol, porque debería enfrentarse a la violencia que su mamá ejerce hacia ella, y enfrentarse así al insoportable riesgo de perder también a esta otra figura de apego.

Atrapado en esta dinámica, el terapeuta ocupa el rol de Rescatador si acepta que madre e hija son Víctimas (del abuso del padre, del sistema de intervenciones), y no se mete con nada de la relación que existe entre ellas, que también es fuente de sufrimiento para la adolescente. Si, en cambio, intenta meter en la ecuación de su trabajo la violencia que la madre ejerce hacia su hija, se convierte rápidamente en Perseguidor, porque "no entiende" el sufrimiento de las Víctimas.

En estos casos debemos recordar que los terapeutas podemos -y muchas veces debemos- colaborar con los procedimientos judiciales. Pero no somos *auxiliares* de la justicia: cuando tratamos de ocupar los dos roles es muy probable que en uno de ellos -el de terapeuta- no estemos haciendo aquello que nuestros pacientes necesitan.

---

[12] Expresión coloquial que se usa en Argentina para referirse a una explosión de rabia.

*Terapeuta Rescatador/ Cuidador Perseguidor-Víctima/ Niño Víctima-Perseguidor.*

Finalmente existe una situación más a considerar, que tal vez sea una de las más complejas, y es la que involucra la oscilación del niño/adolescente entre los roles de Víctima y Perseguidor en su relación con el adulto cuidador:

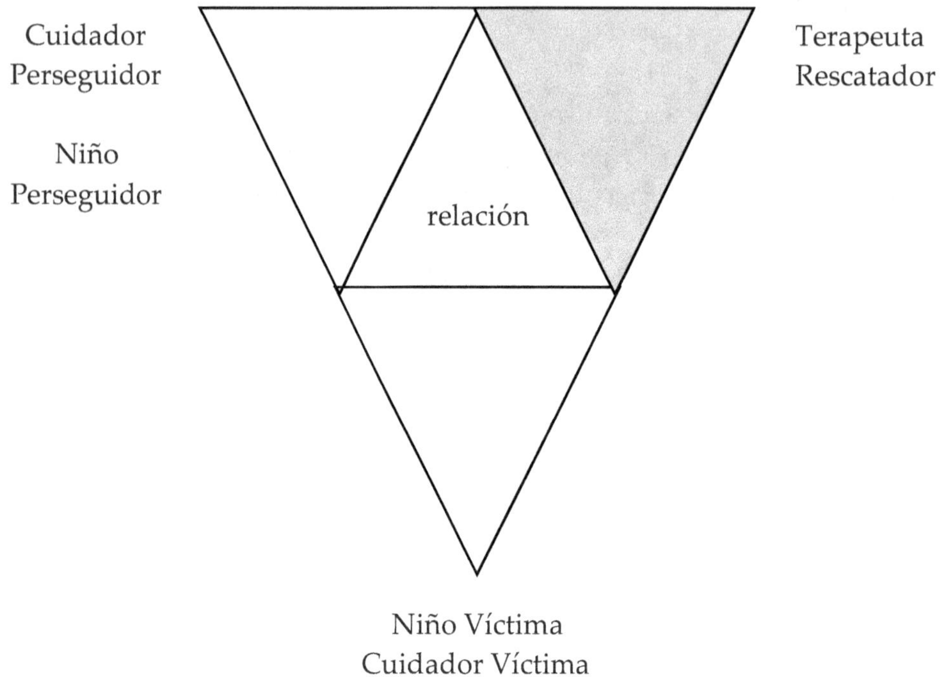


Este tipo de dinámicas se pueden ver con mayor frecuencia en los niños y adolescentes que fueron adoptados tardíamente,[13] pero puede observarse igualmente en la relación de niños y adolescentes con sus familias de origen.

La oscilación entre estos roles, probablemente se relacione con la paradoja del apego desorganizado, un estilo de apego que muchos niños expuestos a trauma interpersonal temprano desarrollan. Esta paradoja, también llamada **miedo sin solución** (Main & Hesse, 1990, op.cit), deja al niño en una situación sin salida. Activadas las necesidades de apego por el aumento de la tensión, el niño se ve empujado a acercarse a la misma fuente de tensión -el cuidador-, lo cual produce la activación en simultáneo de la respuesta de alarma, y la puesta en marcha de las correspondientes estrategias defensivas. De esta forma alejarse del

---

[13] Se considera tardía toda adopción posterior al año de vida del niño o niña. En el capítulo 8 podrán leer más al respecto.

cuidador y acercarse a él, son acciones que se dan casi simultáneamente, y la figura de apego es vista a la vez como necesaria y temida.

Muchos niños adoptados recrean con sus figuras de apego actuales (los padres adoptivos) o al menos con una de ambas figuras, idéntica danza confusional que aquella que debieron "bailar" con sus cuidadores biológicos. Esta danza los deja siempre privados de aquello que más necesitan: una relación amorosa, contenedora, firme y estable.

En su desesperada necesidad de ser vistos, pueden oscilar de manera desconcertante entre conductas desafiantes o agresivas (rol del Perseguidor) y conductas hiper complacientes y a veces incluso sumisas (rol de Víctima), produciendo en los adultos reacciones en espejo. Así, cuando los adultos son "atacados" por el niño, pueden reaccionar con enojo, rechazo, dureza, agresividad o violencia, intercambiando rápidamente los roles. El adulto pasa de ser la Víctima atacada a convertirse en el Perseguidor que ataca, y el niño deja de ser el Perseguidor atacante para convertirse en la Víctima, virando a un funcionamiento complaciente y sumiso. Es muy común escuchar a los padres decir apenados, que pareciera ser que solo si recibe malos tratos, el niño puede dejar de maltratarlos a ellos.

El circuito se activa con muy poco, y muchas veces los padres no pueden acertar a entender exactamente qué fue lo que produjo el cambio ("anoche se fue a acostar y era una dulzura, y hoy apenas se despertó ya nos estaba maltratando otra vez"). Por lo tanto, para cuando el niño y su familia llegan a la terapia, este circuito -que generalmente lleva ya un tiempo repitiéndose- ha tenido tiempo suficiente para retroalimentarse y potenciarse (mucho más en el niño, si tenemos en cuenta que lo viene viviendo ya con sus familias de origen). Para el momento en que se inicia la terapia, pareciera ser que el niño tuviera un sistema de creencias sobre las relaciones consolidado, reforzado y resistente al cambio, y que los padres tuvieran a su vez creencias negativas fijas e irreductibles sobre el niño que están criando.

El terapeuta puede encontrarse inadvertidamente completando el triángulo de la siguiente forma: cuando el niño actúa como Perseguidor y el cuidador como Víctima, el terapeuta puede funcionar como Rescatador del adulto; y cuando el niño opera como Víctima y el cuidador como Perseguidor, el terapeuta puede verse funcionando en el rol de Rescatador del niño.


Estos niños muchas veces buscan afecto de maneras cronológicamente inadecuadas desde el punto de vista de un observador externo: por ejemplo, un niño de 7 años quiere tomar el biberón, o una niña de 12, que su madre le lea un cuento infantil antes de irse a dormir. Desde el punto de vista del trauma interpersonal temprano y su impacto en el desarrollo, esos pedidos buscan completar acciones de cuidado y consuelo que no fueron realizadas en su debido momento, y que son aquellas que ayudan a crear la experiencia de seguridad en un ser humano.

Cuando el adulto reacciona de manera negativa ("¡Por Dios! ¿Cómo vas a pedir eso? ¡Eso solo lo hacen los bebés!") el niño vuelve a vivir la experiencia de ser rechazado, descalificado y sus necesidades no consideradas. Allí es posible que veamos a los cuidadores en el rol de Perseguidor del niño, y busquemos alinearnos para salvar a este último: nos convertimos así en quien busca responder a la necesidad del niño, sin ayudar al adulto a que comprenda esa necesidad y sea él quien responda a ella de la manera más adecuada.

Sin embargo, en la dinámica que está instalada en esa familia desde antes de iniciar la terapia con nosotros, es posible que el niño –al sentirse rechazado– escale posteriormente a conductas desafiantes o disruptivas, que el adulto suele ver como manipulaciones o provocaciones (como, por ejemplo, robar o dañar objetos de la figura de apego o de la familia), escalando a su vez el cuidador en sus reacciones de hostilidad y rechazo hacia el niño.

Si alguna intervención con el adulto permite que éste se mueva de ese lugar "acusador" y se ubique en un lugar desde el cual intente comprender el accionar de su hijo, entonces es muy probable que éste comience a ser abiertamente agresivo con el adulto (con acciones que pueden ir desde contestar mal, insultar abiertamente, hacer comentarios descalificadores hacia el mismo, o negarse pasivamente a cumplir alguna tarea encomendada) cambiando el niño al rol de Perseguidor. El cuidador termina así por moverse al lugar de Víctima, "soportando" durante un tiempo estos desplantes en la creencia de que si, con la agresividad no funcionó, con la paciencia y la tolerancia debiera poder funcionar (una paciencia y una tolerancia que a veces se parecen más a actitudes de someterse a la agresión sin más). Pero cuando esto tampoco sucede, el adulto vuelve otra vez a colocarse en un rol donde su funcionamiento es hostil hacia el niño: se ha convertido nuevamente en el Perseguidor. El niño vuelve a sentirse "no visto" (en consecuencia, no querido), y se mueve por completo del lugar que venía ocupando hasta ese momento, volviendo a ubicar el rol de Víctima.

El Rescatador mientras tanto (o sea nosotros) sigue oscilando entre salvar a una u otra Víctima, dependiendo de la circunstancia. Y no logra nada. Sobreviene la frustración, el cansancio, el deseo de que esta familia deje la terapia o la fantasía de que vamos a encontrar un buen argumento para terminarla nosotros:

Andrea, de 13 años, llega a su sesión con un aspecto desaliñado y una expresión de profunda tristeza en su rostro. En el camino hacia mi consulta tuvo un altercado con su mamá (uno de esos que podría tener cualquier padre o madre con un hijo o hija púber). Su mamá, para no escalar en la situación, le dijo que era mejor que siguieran en silencio el poco camino que les quedaba. Andrea interpretó esto de una manera lineal: *No me mira, no le importo, no existo para ella.* En su historia el no ser vista ni tenida en cuenta, se conecta de manera directa con la negligencia severa primero y el abandono posterior de su madre biológica. En su ecuación mental, que alguien no la esté mirando se siente exactamente igual que ser abandonada.

A la semana siguiente su mamá pidió tener una entrevista para saber cómo manejarse con su hija. En dicha entrevista relata lo siguiente: "La semana pasada después de la sesión y a la noche antes de irnos a dormir, yo me senté con ella a hablar de lo que había pasado, y le expliqué que me había dado cuenta de que estaba montándome en su enojo y así iba a ser peor, y por eso le había sugerido que no habláramos hasta llegar aquí. Ella lloró mucho y cuando se tranquilizó se quedó dormida. Al día siguiente le propuse que fuéramos a desayunar a un lugar bonito, y aceptó de buena gana; pero cuando estábamos llegando al bar, de la nada empezó a criticarme: que ella no me importaba, que la estaba llevando a hacer algo que *yo* quería, que ese era un plan de "viejos", que yo no entendía nada, que jamás me tendrían que haber dejado adoptar ni a un perro… Fue verdaderamente horrible… creo que ni siquiera llegamos a sentarnos. Yo traté de mantener la calma todo lo que pude. Pero es muy difícil mantener la calma cuando a uno lo agreden, y sin siquiera entender por qué, porque fue de la nada que empezó con ese ataque. Y cuando la paciencia se me agotó la que explotó fui yo."

Este tipo de oscilaciones en la relación entre Andrea y su mamá son constantes: Andrea no puede ver cuidado en ninguna acción de su mamá, y su mamá siente que sus acciones de cuidado son sentidas como amenaza por su hija. Y nosotros, los terapeutas, nos sentimos atrapados en un bucle sin fin.

*

Claude Steiner dice "Para que la buena terapia tenga lugar es esencial (…) que las personas que buscan ayuda sean vistas como seres humanos completos capaces de tomar el control de sus vidas, y esto es imposible mientras el terapeuta esté dispuesto a jugar el rol de Rescatador." (op.cit, pg. 225) Más adelante agrega: "Para evitar el lugar del Rescatador el terapeuta necesita adoptar la postura *Yo estoy bien, tú estás bien* con respecto a la persona que busca ayuda."

131

¿Cómo trasladamos esto a la terapia de niños y adolescentes? ¿Es trasladable? Veámoslo de la siguiente forma.

Una de las características de la violencia interpersonal temprana –ya sea por acción, como por omisión– es que profundiza la brecha de poder que existe de por sí entre el mundo adulto y el mundo infanto juvenil. Es desde ese lugar de poder, que los seres humanos podemos dañar tanto como cuidar a los más vulnerables. Y es desde ese mismo lugar de poder, que tal vez nos suene cuestionable pensar que, como terapeutas de niños, niñas y adolescentes, *podamos ver a nuestros pacientes como seres capaces de tomar el control de sus vidas*. Mucho más si pensamos que son otros antes que ellos mismos los que han considerado que debían hacer terapia, porque había algo que debían solucionar.

Entre las sugerencias que Steiner da para evitar caer en el triángulo dramático como terapeutas, dos de ellas en especial me resultan perfectamente aplicables al trabajo con los niños, niñas y adolescentes que habitan este libro:

**-Nunca creer que una persona no puede**: las situaciones de violencia tienen el poder de generar un profundo sentimiento de impotencia en quienes la padecen, sentimiento que en la infancia se ve reforzado por la dependencia natural que los niños tienen respecto de los adultos. Esto, sumado al concepto negativo sobre sí mismos, que han ido acuñando a raíz de los mensajes que recibieron junto con la violencia, los coloca fácilmente en un lugar de carencia. Ya sea que se presenten abúlicos y desesperanzados, o desafiantes y oposicionistas (una versión ruda de la impotencia, ya que su desafío suele ser vacío y no conducirlos a nada más que a estar permanentemente descargando enojo, ira, rabia), parte de lo que los terapeutas debemos hacer con estos niños, es verlos como seres humanos dignos de una vida distinta a la que han tenido que llevar.

En la terapia yo les hablo a ellos no solo como los protagonistas de esta historia, sino también como sus directores y guionistas. Trabajando conmigo ellos tienen la posibilidad de cambiar alguna parte del guion: si el trauma les dejó como herida una conducta que les trae problemas ¿cómo desearían verse ellos en el futuro? ¿Cómo cambiarían eso que hacen hoy, de qué forma lo harían diferente? Por supuesto que para poder hacer eso se necesitan dos condiciones: la primera es que las situaciones que los llevaron a desarrollar esas conductas hayan cesado, y la segunda, que sus cuidadores estén dispuestos a asociarse a nosotros en la producción de ese nuevo guion en el que vamos a trabajar. Aquí va un ejemplo:

Un adolescente ha aprendido a explicar que sus conductas son producto de un impulso que él no puede controlar. Sin embargo, en una sesión y tras la repetición sostenida de dicha conducta en varios episodios, me pongo más incisiva que de costumbre, y entonces empiezo a pedirle que vayamos detenidamente recorriendo juntos y paso a paso la última situación, que justamente se dio ese mismo día, por lo cual está bastante fresca en su memoria. Sorpresivamente me encuentro conque puede darme una descripción detallada de cada paso que fue dando, y de cada pensamiento que tuvo a medida que se acercaba a concretar la conducta problemática. Cuando terminamos con esta revisión pormenorizada le digo que vamos a tener que cambiar o bien el título ("Es un impulso") o bien el guion de esta película, porque un impulso se parece más a un empujón que me lleva a hacer algo sin saber demasiado bien por qué lo hago, o teniendo poco claro qué me pasó antes de hacerlo. Y en esta película que él me está contando, yo escucho algo que no se parece en nada a un empujón. Entonces le propongo que, si de veras quiere cambiar su conducta como me ha dicho otras veces, trabajemos sobre el guion de la película, ya que, con solo cambiarle el título, las cosas probablemente sigan exactamente iguales.

Un elemento central en el trabajo con disociación es que, aun cuando el niño pueda atribuir sus conductas a una parte que toma el control de lo que él hace, esa parte "responsable" no es ni más ni menos que una parte de él mismo. *Que él no pueda reconocer esa parte como propia no le quita responsabilidad en el asunto:* si la parte robó dinero lo hizo a través de su mano, usando su cuerpo. Sería muy tentador caer en la idea de que como el niño no puede acordarse de haber robado, y como lo hizo bajo la influencia de una parte enojada que él no puede controlar, entonces no podemos cargarle a él la responsabilidad del asunto; pero asumiendo esa postura es poco y nada lo que se puede cambiar. Nuestra función no es culparlo ni perseguirlo hasta que reconozca lo que hizo. Nuestra función es motivarlo a explorar esos hechos con auténtica curiosidad, y ayudarlo a ser un genuino agente de su propio cambio.

La otra sugerencia de Steiner que me parece completamente pertinente para nuestro trabajo es:

- **Ayudar a que puedan encontrar formas de usar el poder que tienen para transformar las cosas**: ciertamente ni un niño ni un adolescente tienen poder para transformar las situaciones de violencia a las que han sido expuestos, y no se trata de esta transformación de la que pretendo hablar aquí. Muchos de estos niños, o la gran mayoría tal vez, han crecido conociendo cuánto les pesa que les señalen lo mal que se comportan, lo mal que hacen las cosas, lo desobedientes, caprichosos (y etcéteras) que son, y pocas veces se les ha reconocido lo bueno que hacen y que hay en ellos. Para muchos incluso, lo bueno que tienen se asocia perversamente a los malos tratos que sufren, como, por ejemplo, una niña asocia que lo dócil y callada que se comporta, la hace más accesible a ser abusada sexualmente.

Para cuando llegan a la terapia creen bastante poco en que hay algo bueno en ellos, o que son capaces de hacer cosas bien, y muchos muestran incomodidad cuando se les señalan sus logros, sus habilidades y sus esfuerzos.

El espacio terapéutico puede convertirse en el lugar para comenzar lentamente esa transformación, y para que ellos puedan ver reflejados su potencial, sus capacidades y su bondad en la mirada honesta de alguien que se los reconoce genuinamente. Si en ellos está la capacidad de sobrevivir, en ellos reside también la capacidad de transformar las heridas abiertas del trauma. No lo pueden hacer solos, en absoluto, y es muy posible que tampoco lo puedan hacer completamente contando solo con la buena voluntad y la preparación del terapeuta.

Pero el punto de partida es la creencia genuina por parte del terapeuta de que vale la pena hacer algo por este niño, no importa cuán roto él se sienta.

Un ejercicio que me ayuda a empezar a poner estos elementos en perspectiva desde los inicios de la psicoterapia, es el de la **mirada de sí mismo a futuro**, que expliqué en el capítulo anterior. Como vimos, este ejercicio busca indagar cómo se ve a sí mismo el niño, niña o adolescente con quien vamos a trabajar, las expectativas que tiene sobre su futuro, qué cree que necesita para lograr aquello que desearía a futuro, y qué obstáculos siente que se lo impiden. Este ejercicio es solo una sugerencia. Y como sucede tantas veces en la psicoterapia del trauma interpersonal temprano y la disociación, siempre es posible que llegue a nuestra consulta un paciente para el cual debamos idear un nuevo ejercicio, una nueva estrategia. A no desanimarse: mientras tengamos en claro qué objetivo perseguimos, las ideas fluirán solas.

Veamos ahora si existen otras alternativas de trabajo con nosotros mismos que nos permitan reconocer nuestras vulnerabilidades, cómo trabajarlas y cómo convertir nuestras debilidades en fortalezas dentro de la terapia de nuestros pequeños pacientes.

### 4.2. Si entendimos que nuestra tarea no es rescatar ¿qué sigue?

El triángulo dramático de Karpman ha sido utilizado para comprender dinámicas relacionales en múltiples contextos. Si hiciéramos el ejercicio de tomar cualquier situación de nuestra vida cotidiana, ya sea en las relaciones con nuestra pareja, con nuestros hijos, con nuestros empleados o con quienes nos emplean, probablemente podríamos encontrarnos reflejados en alguno de los vértices de ese triángulo. Y eso sería así simplemente por el hecho de que somos humanos.

Jarero (2013) plantea que en la dinámica de ese triángulo puede caer inadvertidamente cualquier persona que desee ayudar a otra. El tema es ¿cómo hemos incorporado el significado de la palabra "ayudar" en nuestra crianza, en nuestra cultura, y a partir de nuestras propias experiencias? A simple vista, querer ayudar a otro no debiera venir con ninguna trampa oculta: es un principio generoso, solidario y que realza nuestros atributos como seres humanos.

Pero ¿qué sucede cuando ese afán de ayudar deja a las personas -tanto al que ayuda como al que es ayudado- atrapadas en un circuito perpetuador de culpa, auto desprecio, impotencia, desgano y desesperanza?

Acey Choy formuló una alternativa al triángulo dramático, que rápidamente se transformó en una herramienta de uso en el management organizacional y empresarial. A esta alternativa la denominó *el triángulo del ganador* (Choy, 1990). Si lo queremos trasladar al campo de la psicoterapia veremos que en él se reflejan muchas de las cualidades que los terapeutas consideramos esenciales en nuestra tarea.

Si bien se lo suele presentar en la misma posición que el triángulo dramático de Karpman, yo lo voy a presentar de manera invertida para resaltar el rol de quien es el objeto primordial de nuestra intervención terapéutica: nuestro paciente. Entre paréntesis van a ver el rol del triángulo de Karpman que se corresponde con el rol alternativo en el triángulo de Choy.

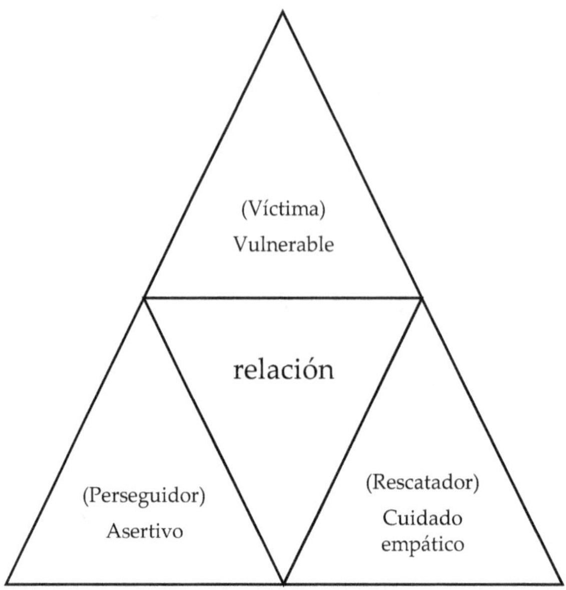


En el triángulo del ganador quien ocupa el rol **Vulnerable** es alguien que sufre y sabe que sufre, pero que participa activamente en la búsqueda de soluciones para lo que le sucede, incluyendo el pedir y aceptar ayuda. Traslademos esta idea al trabajo con niños y adolescentes: su edad, su nivel madurativo y su relación de dependencia respecto del mundo adulto, son componentes inherentes a su vulnerabilidad. Cuando son dañados por el mismo mundo adulto del cual dependen, esa vulnerabilidad aumenta exponencialmente, y queda inevitablemente ligada al daño y al dolor: ser y sentirse vulnerables se asocia automáticamente a sentirse impotentes y lastimados.

La forma en la que estos niños y adolescentes pueden hablar de su sufrimiento es precisamente a través de sus conductas y síntomas, que se hacen especialmente visibles cuando preocupan o molestan al mundo adulto. Es cierto que para que se inicie el proceso terapéutico, necesitamos primero que sea un adulto a cargo de ese niño el que solicite la ayuda. Y también es cierto que, si las conductas y síntomas de ese niño o niña han sido objeto de enojos, rechazo, incomprensión o descalificación por parte de los adultos que lo rodean (ya sea en la familia o en el sistema educativo), es posible que ese niño se acerque a nosotros receloso, cauteloso y poco proclive a abrir su mundo interior, porque espera que nosotros, adultos al fin, respondamos a lo que le sucede de la misma manera en que está acostumbrado a que otros le respondan.

Pero de la misma manera que necesitamos que los cuidadores sean partícipes reales y concretos del proceso terapéutico del niño, este proceso no se puede completar sin la participación activa de aquel que está sufriendo. Es con ese niño, niña o adolescente con quien vamos a explorar su mundo interior, navegar la intensidad de sus enojos, la dureza de sus experiencias y lo abarcativo de sus temores. Solo si los acompañamos y sostenemos en el proceso de navegar hacia adentro en medio de las tinieblas de lo que vivieron, vamos a poder favorecer en ellos su autoconocimiento, y a motivarles a buscar y poner en práctica soluciones para aquello que les está pasando.

Precisamente, *el rol de Vulnerable conlleva el desarrollo del autoconocimiento y la resolución de problemas*. La cualidad principal del rol Vulnerable en este triángulo se apoya en la posibilidad de hacer algo con uno mismo para curar las heridas, revirtiendo así la experiencia de impotencia, desprotección y daño permanente. Debemos ver a los niños, niñas y adolescentes de los que habla este libro como participantes *activos* en este proceso, y no como meros receptores de ayuda terapéutica. Cuando les invitamos a curiosear para descubrir qué habrá dentro de ellos que los empuja a hacer cosas que les meten en problemas, los estamos invitando a actuar con nosotros en pos del cambio.

El rol de Rescatador, que es el primero en el que solemos quedar atrapados los terapeutas, es reemplazado en el triángulo de Choy por el rol del **Cuidado empático**.[14] Aquí es importante detenernos un minuto a tratar de entender en qué se diferencia nuestra acción de cuidado hacia estos niños, de la que deben ejercer sus padres/cuidadores, de lo contrario corremos el riesgo de simplificar la ecuación y volver a ocupar inadvertidamente el rol de Rescatadores.

Cuando el terapeuta ocupa el rol de Cuidado empático, tiene consideración por la persona que está en el rol Vulnerable, pero sin verla como una persona incapaz. El terapeuta puede preocuparse por sus necesidades, pero no se ocupa de ellas (porque ya venimos viendo a lo largo de este libro que esa *no es la función del* terapeuta). Desde este rol el terapeuta no hace por el otro, sino que le ayuda en el

---

[14] La palabra en el texto original es *caring* que puede traducirse como cuidado, atención. Como la palabra "cuidador" se usa en este libro mayormente para hacer referencia de manera general a los adultos que están a cargo del cuidado de los niños y adolescentes, en la descripción de este rol decidí agregar el término "empático", que es el que se utiliza en algunos textos en español para describir el rol de *caring*. Ver Gonzalez, J.E. (1997) El triángulo del ganador. Traducción, resumen y comentarios. *Revista de Análisis Transaccional y Psicología Humanista. Número 38, pgs. 244-248.*

proceso de resolver sus necesidades. No se encarga de pensar en el problema y resolverlo, sino que ayuda a quien está en el rol del Vulnerable a pensar en el problema y a encontrar juntos opciones para solucionarlo.

Desde el vamos, quien ocupa el rol del Cuidado empático no asume que tiene que hacer todo el trabajo, y de la misma manera no asume cuáles son las necesidades del otro, sino que pregunta por ellas. Al colocarse en ese rol, el terapeuta se hace responsable por aquello que puede genuinamente hacer, sin abrazar la ilusión de que puede hacer todo por el otro. Para poder ocupar ese rol es necesario que el terapeuta haya podido desarrollar el autoconocimiento y la escucha, pero una escucha que va en una doble vía: poder escuchar al otro y poder escucharse a sí mismo en aquello que siente y cree que puede genuinamente hacer.

Esta tarea va dirigida tanto al niño que atiende como a sus cuidadores. El terapeuta debe saber guiar al adulto a que pueda cumplir las funciones de cuidado con el niño a su cargo, ayudándole a reconocer qué cosas debe hacer por el niño, y cuáles otras son aquellas en las que debe trabajar para acompañarle y alentarle en el logro de una autonomía adaptativa. Cuando trabajamos desde esta perspectiva, estamos fomentando la seguridad relacional y la conexión que el niño necesita tener con su cuidador.

El tercer rol del triángulo de Choy es el rol **Asertivo**: quien ocupa este rol es plenamente consciente de las propias necesidades y de los propios límites, sin dejar de estar abierto a las necesidades del otro, lo cual le permite negociar en lugar de imponer. No necesita castigar porque sabe cómo hacer valer y respetar sus derechos, y su autoridad. En ese sentido sabe cómo invertir su energía en pos de cambiar las cosas, en lugar de señalar al otro por lo que no ha hecho o ha hecho "mal": es completamente dueño de sus acciones, lo sabe y se hace responsable por ello.

El rol del Cuidado empático y el rol Asertivo comparten dos puntos relevantes: no actuar en contra de los propios intereses y necesidades, y conocer y hacer valer los propios límites. En una relación dual casi se podría decir que mientras un miembro de esa relación está ubicado en el rol de Vulnerable, el otro puede moverse fluidamente entre los roles de Cuidado empático y Asertivo. ¿Cómo se representarían estos tres roles en una relación terapéutica en la que debemos contemplar además a los padres/cuidadores de nuestros pacientes?

Vamos a un ejemplo concreto en el cual veremos reflejados los tres roles y su dinámica:

Julieta, de 10 años, al momento de retomar el tratamiento luego de las vacaciones, le dice a su mamá que no quiere venir más a verme. Su mamá le responde entonces que debe conversarlo conmigo, a lo cual Julieta le dice que no quiere, que para eso ella es su mamá y que entonces le corresponde a ella comunicármelo. La mamá de Julieta le responde que la va a acompañar, como siempre, y si es necesario va a estar con ella cuando lo quiera hablar conmigo, pero que el espacio de la terapia es suyo, y es ella quien debe hablarlo conmigo, y que está segura de que yo la voy a poder escuchar y entender.

En este fragmento vemos cómo la madre de Julieta asume un rol Asertivo: pone límites claros a su hija y no hace lo que no desea hacer; la madre considera que Julieta debe seguir haciendo tratamiento, pero no lo impone, ni castiga a su hija por desear salirse de ese espacio. Asimismo, está abierta a la necesidad de la niña cuando le sugiere que lo hable conmigo, y nuevamente lo hace sin imponer su autoridad parental (al estilo de "Vas a seguir haciendo terapia porque yo lo digo"). Esto le permite negociar con la niña condiciones para que esta lleve a cabo algo que no quiere hacer: le dice que si ella lo necesita la puede acompañar a que me lo diga, ofreciendo soporte y contención.

En este punto la madre de Julieta funciona también desde un lugar de Cuidado empático: no resuelve por su hija ("Hola Sandra, te quería avisar que Julieta me dijo que no quería seguir haciendo terapia"), sino que la ayuda a encontrar la forma de resolver lo que Julieta necesita. Al llegar a mi consulta Julieta decide que su mamá no la acompañe a comunicarme su decisión.

Cuando está a solas conmigo dice que tiene que decirme algo, y es que ella ya está bien y no quiere seguir viniendo a terapia, que yo le agrado mucho y que la he ayudado mucho también, pero que ya no necesita el espacio.

Yo sé que algunas de las cosas más importantes por las que Julieta ha comenzado el tratamiento están lejos de haberse solucionado, pero en lugar de encarar mi intervención desde lo que yo creo que son sus necesidades, le propongo que revisemos juntas todo el trabajo que hemos hecho.

Al principio Julieta no se ve muy contenta con esa propuesta, entonces yo le explico que cuando los niños finalizan un tiempo de trabajo conmigo, a mí me gusta que se lleven algo que les recuerde todo su esfuerzo, cuánto avanzaron y por sobre todas las cosas, qué aprendieron.

Le propongo entonces que revisemos nuestro camino, empezando por lo que la trajo a verme, revisando cómo se siente hoy, y si es distinto de cómo se sentía cuando comenzamos a trabajar juntas; y finalmente, lo más importante, qué cree que hizo para llegar desde el punto de partida hasta el punto en el que nos encontramos en ese encuentro.

Este ejercicio permite observar todo el proceso terapéutico de una forma colaborativa, a la vez que rápida y sencilla.

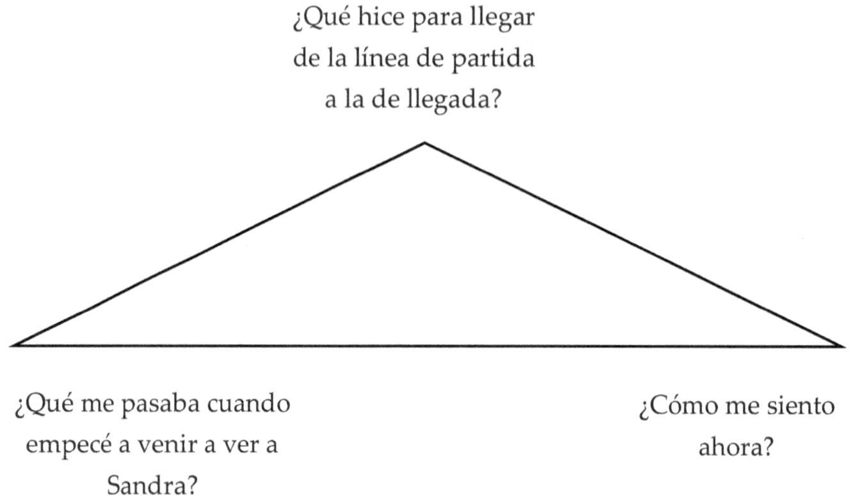


Juntas completamos el siguiente esquema: [Nota: no confundir el triángulo que van a ver a continuación con los triángulos de los que estamos hablando; la elección de esta forma geométrica en este caso fue completamente aleatoria.]

Julieta anota debajo de cada uno de los vértices inferiores las razones por las cuales vino a verme en primer lugar, cómo se sentía, qué le sucedía, qué hacía, y cómo se siente en el momento en que me está diciendo que ya no quiere seguir viniendo más. Luego, rellena el triángulo con todo aquello que aprendió para poder transitar ese camino de cambios.

Mientras lo está completando me dice: "¿Sabes qué? Mejor sigo viniendo un tiempo más, así puedo seguir aprendiendo más cosas." Mi respuesta es: "¡Perfecto! Entonces vamos a agregar un cartel con las cosas que desearías poder seguir aprendiendo."

En este ejemplo, ocupar el rol de Cuidador empático, implica poder reconocer tácitamente que alguna razón poderosa debe haber para que Julieta quiera dejar el espacio: ¿tal vez nos estamos acercando demasiado a lo que a ella más le duele y prefiere no ver? Es una posibilidad.

Desde un lugar de autoridad, un adulto puede encontrar argumentos muy convincentes para explicarle a un niño por qué debe seguir viniendo a la terapia: así como la madre podría haberse puesto en el rol Persecutorio haciendo valer e imponiendo su autoridad, yo podría haber ocupado el rol de Rescatador explicándole a Julieta que, aunque entendía su deseo de dejar la terapia, yo creía que ella debía seguir viniendo y que, si la había ayudado hasta ahora, podía seguir haciéndolo en el futuro. Esa dinámica habría dejado a Julieta en un lugar completamente impotente, quitándole toda posibilidad de ser agente de su propio cambio, y reforzando inadvertidamente creencias traumáticas: no puedo sola, no soy lo suficientemente capaz, soy débil y necesito ayuda.

¿Cómo podríamos motivar a un niño o a un adolescente a participar activamente de su proceso de sanación partiendo desde ese lugar? Es difícil ¿no? Cuando Julieta le pide a su mamá que sea ella quien me comunique su deseo de no seguir viniendo a terapia, está ocupando el rol de Víctima del triángulo dramático de Karpman: no puedo sola, otro debe hacer por mí (algo que ella sí podría hacer, y que además le ayudaría a adquirir habilidades de afrontamiento en la comunicación y las relaciones interpersonales).

Sin embargo, la respuesta de su mamá, en conjunto con mi accionar, terminan por mover a Julieta de ese rol a un rol de Vulnerabilidad sana, desde el cual puede ser más consciente de sus necesidades, y expresarlas con claridad y sin temor: mejor sigo viniendo así sigo aprendiendo más cosas.

Desde ese lugar, Julieta es una partícipe activa de su proceso terapéutico, y no una mera receptora pasiva de mis conocimientos y procedimientos. Pero, además, *sabe* que se encuentra en una relación segura, en la que hay sostén y contención: no hay ni imposición (*deberías seguir viniendo porque te siguen sucediendo cosas*) ni desconexión (*si la niña quiere dejar de venir no voy a hacer un esfuerzo en tratar de convencerla de lo contrario*).

*

La participación de un niño o un adolescente en su proceso de cambio es activa cuando le mostramos que consideramos seriamente lo que dice, lo que siente y lo que piensa; nuestro trabajo no consiste en "convencerle" de que tiene un problema, y de que nosotros somos quienes lo podemos ayudar a solucionarlo. Por el contrario, consiste en acompañarle en mirar esa dificultad con curiosidad respetuosa, y colaborar en construir una expectativa posible de cambio para el futuro. No es la terapia la que produce el cambio, sino la forma en la que los terapeutas la usamos, y la forma en la que nuestros pacientitos y sus familias la capitalizan.

Si pensamos el trabajo que hacemos en la psicoterapia con niños y adolescentes, podemos decir que terapeutas y cuidadores podemos circular (o al menos intentar circular) *entre los roles Asertivo y de Cuidado empático* cuando nos relacionamos con el niño. Trabajando para poder circular por esos roles estamos más cerca de evitar que alguien quede fuera de la ecuación, y ciertamente, más cerca también de ayudar a padres y cuidadores a funcionar desde el lugar de sostén firme, contenedor y reparador que estos niños necesitan.

Trabajar a ese nivel es precisamente ayudar a sanar la herida más importante que dejan estos traumas: la de no poder sentirse seguros en una relación de cuidado.

En el siguiente capítulo, les invito a que sigamos observándonos un poco más para poder ser los facilitadores en la (re)construcción de la seguridad relacional perdida de nuestros pequeños pacientes con sus cuidadores.

# Capítulo 5

## Terapeuta que se observa vale más que mil palabras.

*Antes de cada sesión, me tomo un  
minuto para recordar mi humanidad.*

*Carl Rogers.*[15]

Mientras que el triángulo de Karpman nos coloca en lugares en los que quedamos atrapados y atascados, el triángulo de Choy ofrece opciones, salidas, y en ese sentido, ofrece movimiento y libertad.

Cuando pensamos en las experiencias traumáticas a las que han estado expuestos estos niños, vemos fácilmente que *quedar atrapados* ha sido un componente esencial de las mismas. El trauma los deja atrapados en el pasado, en el miedo, en el autodesprecio, en la sensación perpetua de ineficacia, de no valer, de no merecer. Las conductas que los traen a vernos son el fiel testimonio de ese atrapamiento. Los terapeutas tenemos que estar plenamente convencidos de que, ayudar a estos niños a atravesar el doloroso camino que conecta las conductas de hoy con las experiencias que les dieron origen en el ayer, es un paso ineludible y necesario para sanar.

Cuando las conductas problemáticas desaparecen, cuando la disociación da paso a la integración de las memorias más dolorosas a la propia historia de vida, cuando mirarse hacia adentro da orgullo en lugar de vergüenza, valor en lugar de miedo, aceptación en lugar de rechazo, ese es el momento en el cual estos niños, niñas y adolescentes logran revertir el legado más doloroso e injusto del trauma: ese es el momento en que no son sus memorias traumáticas las que tienen poder sobre ellos, sino, al revés, son ellos los que ganan el poder.

Toda práctica terapéutica que se realiza desde el lugar de evitar meterse con el trauma para no agregar más daño con la intervención del terapeuta, no hace

---

[15] Tomado de Remen, R. N. (1996). *Kitchen table wisdom: Stories that heal.* New York: Riverhead. (pgs. 218).

más que colaborar en profundizar el legado de impotencia e ineficacia que dejan las experiencias traumáticas. No ayuda a los niños, niñas y adolescentes a seguir avanzando, sino que los fuerza a quedarse detenidos en el tiempo del dolor.

En el trabajo con mis pacientes de todas las edades yo uso la metáfora de guardar todo lo molesto en un armario bajo llave. Cada cosa que no quiero ver, sentir, pensar, hacer, va a parar a ese armario. Para guardar esas cosas, yo abro rápidamente la puerta del armario, arrojo adentro aquello de lo que me quiero deshacer, y vuelvo a cerrar con llave. Al principio logro exponerme el tiempo mínimo e indispensable a lo que va quedando guardado allí: a su forma, a su olor a humedad, a su tamaño. Pero llega un momento en que ya no caben más cosas, o en que a lo mejor me tengo que mudar y no me queda otra alternativa más que vaciar ese armario, que a esta altura está plagado de cosas que yo preferiría obviar. Entonces, al abrir la puerta de golpe, de golpe es como cae todo aquello que estaba guardado allí adentro, inundándome de esas formas, de esas texturas, de esos olores, de esos tamaños que tanto traté de evitar.

Los pacientes de todas las edades pueden desear que ese armario quede cerrado por siempre, y si se llena o si hay que mudarse, bueno, ya veremos qué se hace. Que ellos deseen eso es lógico. Después de todo, conocen el contenido mejor que nosotros, y saben a qué huele. El problema es que nosotros nos embarquemos en ese pedido y caminemos con ellos en la pretensión de que, si lo peor está bien guardado, no hay peligro de que quede suelto y con eso es suficiente. Porque cuando hacemos eso, definitivamente no estamos haciendo nada verdaderamente terapéutico.

La ecuación no se resuelve por ayudar a esconder todo o por poner todo al descubierto, sino más bien por poder acompañar a los niños, niñas y adolescentes (y a los adultos que fueron niños, niñas y adolescentes dañados por estas experiencias adversas de su infancia), en un caminar que vaya desandando la ruta que trazaron las experiencias traumáticas. Un camino que sea a la vez constante pero con un ritmo variable: a veces más despacio, a veces más rápido, a veces deteniéndonos en una pausa, a veces usando la luz de una linterna, a veces cargando con nosotros un escudo y una espada.

El valor de esta forma de trabajar me lo confirmó una pacientita que, luego de haber estado en tratamiento conmigo entre sus 4 y 6 años y medio, volvió por un período breve a su espacio de terapia a los 12. Cuando yo me encuentro con estos reencuentros –valga la redundancia– lo primero que hago es repasar con ellos qué recuerdan de su trabajo anterior conmigo. Siempre es grato ver cómo algunas de las cosas más contundentes que hicimos son las que más recuerdan. Así fue el caso con esta niña:

"Me acuerdo de cuando dibujamos el camino en el que había piedras, y pozos y arbustos, y me dijiste que íbamos a ir por ese camino prestando atención a los obstáculos y viendo cómo podíamos superarlos. Al principio del camino estaba lo que me había hecho mi papá, y al final del camino estaba que eso ya no me molestara más. ¿Puedo ver ese dibujo de nuevo?"

Hace un tiempo, dando una clase de postgrado para terapeutas, explicaba que, para poder hacer una evaluación de malos tratos físicos y sexuales a un niño, *el clínico debía preguntar, saber qué preguntar, y cómo y cuándo hacerlo.* Que podíamos aplicar toda la batería de test psicodiagnósticos y gráficos que habíamos aprendido en la Universidad, pero que probablemente mucha de la información recogida en ellos no nos sirviera para concluir de manera contundente qué era lo que este niño había sufrido.

Alguien levantó la mano y me pidió si podía dar un ejemplo de cómo preguntar. Entonces, armé rápidamente una viñeta en la que yo hacía las veces de la terapeuta que preguntaba y de un paciente que respondía, y trataba de ir mostrando cómo, a partir de un pedacito de información simple y aparentemente inconexo con una situación de violencia, yo podía preguntar e ir abriendo una puerta por la que se ingresaba a una realidad completamente distinta de la que ese pedacito de información concreta y simple me ilustraba.

Para mi sorpresa, algunos de mis colegas, lanzaron una risita nerviosa. Ante mi desconcierto por esa reacción, alguien tuvo la honestidad de compartir el motivo de esa risa nerviosa: "Es que creo que es demasiado angustiante".

Sí, lo es. Y muchas veces será angustiante lo que nos cuenten nuestros pacientes de todas las edades. Y reconocer que lo que escuchamos nos angustia, nos paraliza, nos moviliza, nos da asco o una profunda tristeza, es un dato vital para nuestro trabajo. No es la señal de que somos malos terapeutas que no supimos construir la coraza perfecta para no dejarnos tocar por el malestar ajeno.

Al contrario. Es la señal que nos permite volver a nosotros, buscar qué nos afectó, destrabar lo que sea que encontremos, y ver cómo volver al ruedo y seguir trabajando. No porque tengamos que ser fuertes, sino porque nuestros propios obstáculos pueden transformarse con mucha facilidad en una piedra, un pozo o un árbol muy alto en medio del camino que trazamos para transitar con nuestros pacientes. Y *aquí no vale la reciprocidad*: si esa niña está allí conmigo para que yo la ayude a sortear sus propios obstáculos, no le corresponde a ella ayudarme a mí a sortear los míos.

A continuación, vamos a ver de qué forma podemos usar nuestro propio sistema nervioso como un aliado a la hora de buscar señales en nosotros mismos de cómo nos afecta lo que estamos haciendo, a medida que lo hacemos, para poder seguir estando conectados con nuestros pequeños pacientes, y modelar para ellos la seguridad relacional.

### 5.1. El terapeuta como fuente de seguridad.

En su obra póstuma, *Parents are our other client* (Los padres son nuestros otros pacientes), en la que tuve el honor de colaborar, Sandra Wieland (2017, op.cit.) introdujo el concepto de **ventana de receptividad**. Ese libro nació de la inquietud que siempre había tenido esa otra Sandra de poder comunicar cómo los terapeutas de niños y adolescentes, debíamos trabajar con los padres de nuestros pacientes, qué desafíos nos proponía ese trabajo y cómo podíamos superarlos.

En las reuniones virtuales que teníamos para discutir los contenidos del libro y lo que cada una iba pudiendo escribir, Sandra me comentó que para ella el concepto de *ventana de tolerancia,* acuñado por Siegel, no representaba del todo lo que pasaba en la interacción de los terapeutas con los padres de nuestros pacientes.

Para Sandra uno tenía que "poder recibir la información antes de poder hacer algo con ella" (pg. 74 op.cit), y para que los padres de nuestros pacientes pudieran *recibir* la información que nosotros les dábamos, era necesario que pudieran funcionar desde su sistema de implicación social (social engagement system). A la posibilidad de funcionar desde ese estado la llamó *ventana de receptividad*: si estoy en un estado de calma, puedo implicarme con el otro, y en consecuencia estoy más *receptivo* a sus señales.

Partiendo de la base de que los terapeutas podíamos estar funcionando desde nuestro propio sistema de implicación social, la propuesta era que estuviéramos atentos a las señales que los padres nos dieran de que estaban entrando en modo lucha-huída (cambios en el tono de voz, aceleración del discurso, cambios en la expresión facial y en la postura corporal), o en modo congelamiento-parálisis (desconexión, embotamieto, disociación). Al estar atentos a esas señales, los terapeutas podríamos entonces tratar de volver a llevarlos a su propia ventana de receptividad, es decir a un estado de calma que facilitara la recepción del mensaje que pretendíamos transmitirles.

Aunque Sandra no lo especificara en su libro porque su objeto de estudio en él eran los padres, esta misma formulación se puede llevar al trabajo con nuestros pequeños pacientes.

De la misma manera que nuestros pacientes y sus cuidadores tienen una ventana de receptividad, los terapeutas también la tenemos. Que el estado ideal para trabajar tanto con los niños y los adolescentes como con sus cuidadores, involucre al sistema de implicación social, no significa que nosotros podamos estar y permanecer todo el tiempo en ese estado de activación óptima.

Muchos libros nos comparten cómo darnos cuenta de cuándo el otro está en modo lucha-huida-congelamiento-sumisión; también nos dan estrategias para ayudarlos a re-conectar, porque las respuestas defensivas son básicamente estrategias de desconexión del otro y de lo que nos rodea para poner toda la energía en salvar el pescuezo (aunque no haya razones concretas y evidentes de que el pescuezo esté en peligro *hoy*). Pero ¿y qué pasa cuando algo de lo que está sucediendo nos empuja a nosotros –los terapeutas– hacia la desconexión de ese otro que es objeto de nuestra atención?

Sí. Los terapeutas también podemos desconectarnos, y nos puede suceder con los niños, niñas y adolescentes que atendemos, con sus padres y cuidadores, y con cualquier representante del sistema de intervención externo al niño y su familia: maestros y directores de escuela, personal del sistema de protección infantil o personal judicial.

Probablemente sea mucho más fácil reconocer cuándo nos desconectamos en la interacción con los que forman parte del sistema de intervención externo al niño y su familia. Es posible incluso que no nos preocupemos demasiado por esa desconexión, si sentimos que esos interlocutores no ponen demasiado empeño en entender por dónde pasa la verdadera realidad del niño de quien hablamos, si toman medidas que son contrarias a su protección y a su seguridad, o si se comportan de manera insensible hacia su sufrimiento. Nos enojamos y sentimos que tenemos toda la razón del mundo en hacerlo. No hay tarea más ardua que empatizar con el sistema, y muchas veces sentimos adentro nuestro que no tenemos ganas de andar regalándole nuestra preciada capacidad empática.

Pero tal vez nos resulte más trabajoso reconocer los momentos de desconexión que suceden tanto con nuestros pequeños pacientes como con sus cuidadores. Quizá esto sea así por varias razones: porque estamos enfocados en "hacer algo" durante la sesión que pueda mover a quien estamos escuchando del lugar complejo en el que se encuentra; porque no advertimos que estamos reaccionando, en lugar de estar y permanecer con lo que está sucediendo; porque nos avergüenza darnos cuenta de que estamos haciendo algo que es exactamente lo opuesto a lo que se supone que es la terapia, o por una combinación en proporciones variables de los tres motivos juntos.

Cuando leemos a Carl Rogers todos queremos ser como él, pero cuando no lo logramos, cuando esa instancia de valoración positiva incondicional, aceptación y calidez hacia el paciente no sucede, miramos fugazmente a nuestro interior y nos preguntamos ¿por qué nos falta eso que deberíamos tener para ser "buenos" terapeutas?

La formulación de la pregunta tal vez sea incorrecta, y el foco centrado exclusivamente en nosotros mismos probablemente solo nos conduzca a más desconexión. La respuesta a esa pregunta solo la podemos encontrar si podemos *tomar nuestras propias señales en el contexto de la relación en la que esas señales aparecen*. Para ello, es necesario que podamos ver lo que sucede en un espacio en cuatro dimensiones.

En una dimensión está lo que le sucede internamente a nuestro paciente o a su cuidador; en otra está aquello que nuestro paciente o su cuidador nos puede contar o mostrar, y allí no necesariamente se vuelca todo lo que le sucede internamente. En una tercera dimensión está lo que nos sucede a nosotros con eso que el paciente o su cuidador nos cuenta o nos muestra, y finalmente en la cuarta dimensión se ubica el espacio entre ambos, el espacio de la relación en la que transcurre nuestro trabajo, un espacio invisible e intangible, pero suficientemente poderoso como para favorecer que la terapia y sus objetivos ocurran, o que no pase absolutamente nada.

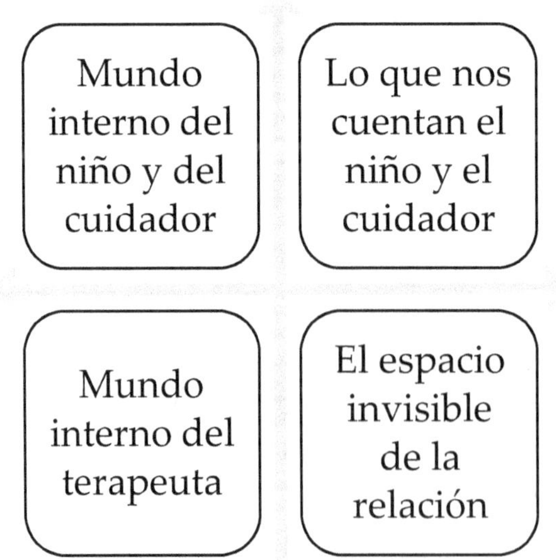

Lo que nos sucede a nosotros con lo que el paciente o su cuidador nos cuenta o nos muestra, o con lo que esto refleja del mundo interior de cada uno de ellos, es parte del proceso, no hay forma de sacarlo de allí. Pero si no estamos atentos a eso que nos sucede, lo que devolvemos a la cuarta dimensión –el espacio entre nosotros y nuestro interlocutor– puede potenciar la desconexión. Veamos un ejemplo:

Dante tiene 9 años y desde el principio nuestra relación no fluyó. A lo largo de las sesiones fue mostrando diversas formas de manifestar que no quería estar allí conmigo, y que no quería explorar nada de lo que sucedía adentro suyo. Eventualmente, encontró una forma de canalizar el profundo malestar que le producía estar haciendo algo que no quería hacer: empezó a llenar nuestros encuentros con deseos manifiestos de que yo me muriera. Y no por muerte natural, sino asesinada por él mismo. No había nada en su comportamiento en las sesiones que me dijera que era capaz de llevar adelante las acciones que predicaba. Pero el profundo malestar que me producía escuchar tanto odio hacia mi persona era intenso y persistente.

Recuerdo estar haciendo esfuerzos para controlar el temblor en mi voz, sacar de la galera nuevas formas de distraer su interés hacia mi persona y ponerlo en algo que fuera menos activador de sentimientos tan intensos, como pintar, jugar o crear historias.

Un día en que sus deseos de que yo muriera parecían estar exacerbados, le propuse que me contara de qué forma imaginaba él que me mataría. La propuesta primero lo sorprendió. Trató de rearmarse y siguió insultándome. Le dije que, si estaba tan preocupado porque yo muriera, podíamos usar el tiempo que teníamos por delante para que él me contara qué tenía en mente. Finalmente accedió. Se fue hasta una pizarra y empezó a dibujar: había un cuchillo con sangre y una lápida con mi nombre, un insulto, y flores marchitas. Se tomó su tiempo en hacer el dibujo, no fue algo precipitado. Y mientras lo iba haciendo, extrañamente se iba calmando.

Cuando terminó, le pregunté si quería seguir dibujando, pero en una hoja, lo cual aceptó. Se sentó a la mesa, empezó a dibujar tranquilo, intercambiamos algunas palabras completamente alejadas de lo que había estado ocurriendo hasta ese momento, y así estuvimos hasta que se completó el tiempo de su sesión conmigo.

Antes de que él se fuera, yo también había logrado calmarme.

*

Cuando nos sentimos atacados lo primero que reacciona es nuestro sistema nervioso, y lo hace porque está preparado para eso. Puede que sintamos tensión en la espalda, en la garganta, en las extremidades; tal vez sintamos que nuestro corazón late más fuerte, que nuestra voz suena distinta, que nos tiembla, que salivamos más o que nos trabamos en lo que queremos decir. Existe la posibilidad de que sintamos que nos sube por el cuerpo una oleada de calor, que nos movemos inquietos, o que nuestras manos comienzan a sudar. Puede ser que se active un modo "pulseada[16]" entre nosotros y nuestro interlocutor: entonces, con el niño o con el adolescente tratamos de forzar que acepte o permanezca en lo que estamos haciendo, y entramos sin querer en una escalada por ver quién tiene el control; tal vez incluso busquemos terminar la sesión antes de tiempo.

Con los cuidadores es posible que busquemos "mostrar" que sabemos muy bien de qué estamos hablando, o que sintamos que debemos dar más explicaciones para parecer experimentados. A nivel cognitivo, es posible que se activen pensamientos del tipo: "ojalá dejen de venir"; "tendría que buscar a quién derivar a esta familia/a este niño"; "no son colaboradores", etc.

Si compartimos con un colega lo que sucedió en esa sesión puede que lo hagamos desde un sentimiento de ofensa: ¿cómo es posible que nos hablen de esa manera? ¿Cómo es posible que no entiendan? O también puede que busquemos que nos confirmen que el problema no es nuestro, sino del otro.

A la sesión siguiente –si no hemos podido revisar qué sucedió exactamente en ese momento de ruptura– probablemente nos mostremos distantes, cortantes o directamente tratemos de evitar volver a hablar del tema.

Todas estas son señales de que se activó nuestra respuesta de lucha-huida, es decir que nuestro sistema nervioso "captó" que algo en el ambiente o en la relación había dejado de ser seguro, activó nuestra alerta y nos puso en modo defensivo.


A veces, lo que nuestro sistema nervioso detecta no está errado: raptos de violencia y agresión física o verbal, que resultan o parecen imparables, son señales que me alertan sobre un peligro claro, y en ese caso no tiene nada de terapéutico

---

[16] La pulseada es un juego en el que dos contrincantes tratan de medir la fuerza de sus brazos: cada uno apoya su codo en la mesa, enfrentados se toman de una mano, e intentan vencer la resistencia del otro.

ponerse al hombro la capa y la espada y tratar de combatir de igual a igual. ¿Es posible sentir miedo en una sesión con un paciente? Sí, y ese miedo puede ser disparado por la conducta del paciente o por la conducta del cuidador.

Steele, Boon y Van der Hart (2018, op.cit.) plantean: "Los terapeutas también tienen la responsabilidad de cuidar de ellos mismos. Maltratar al terapeuta en modo alguno ayudará al paciente a curarse." Si bien la obra de estos autores está dedicada al tratamiento de pacientes adultos, varias de las recomendaciones que hacen son igualmente válidas para el trabajo con niños, niñas, adolescentes y sus cuidadores adultos. En primer lugar, estos autores sugieren que el terapeuta sepa reconocer cuál sería una conducta ofensiva, insultante o inaceptable para sí, y que pueda manifestar de antemano en el inicio del tratamiento cuáles son los límites que no se pueden traspasar.

Como regla general, cuando yo trabajo con niños, niñas y adolescentes y hablamos de lo que se puede y no se puede hacer (algunos, por ejemplo, me preguntan si pueden tener la sesión descalzos, lo cual está absolutamente permitido), les digo con claridad que hay solo tres cosas que no se pueden hacer: una es lastimarse o agredirse ellos de alguna manera, la otra es lastimarme o agredirme a mí de alguna manera, y la tercera es romper deliberadamente algo de mi consultorio en un ataque de furia. Les explico que cuando eso sucede significa que su enojo ha tomado el control sobre ellos, y que no podemos seguir trabajando de esa manera, por lo cual, si eso sucede, deberemos interrumpir nuestro encuentro.

En los años que llevo de trabajo solo debí hacer esto una vez, y el efecto que tuvo en el trabajo terapéutico fue realmente interesante: si bien el niño que me agredió atribuyó esta conducta a su "lado malvado", la consecuencia de la conducta –la suspensión de la sesión debido a la agresión– no la recibió solo esa parte disociativa, sino el niño en su totalidad. A la sesión siguiente no hubo ninguna agresión ni intento de agresión, por lo cual, cuando estábamos cerrando la sesión, le propuse a mi pequeño paciente agradecerle juntos a su "lado malvado" porque le había permitido poder trabajar sin que el enojo tomara el control de sus acciones. La reacción del niño fue de sorpresa.

Steele, Boon y van der Hart plantean que las conductas ofensivas, inaceptables o insultantes deben ser suspendidas de inmediato; aun cuando el terapeuta puede manifestar su comprensión del enojo o la rabia que se está manifestando a través de esa expresión inaceptable, debe ser firme a la hora de plantear que esa conducta no es admisible, y que de esa manera no se puede seguir adelante, proponiendo la posibilidad de hacer una pausa, retomar a la sesión siguiente o incluso –dependiendo de la gravedad de la situación– suspender la terapia y hacer una derivación.

Si ningún cambio puede darse en un ambiente de falta de seguridad, no se puede pedir al terapeuta que siga trabajando como si no sintiera que su propia seguridad está siendo amenazada.

Por otro lado, nuestro sistema nervioso no responde solo a través de la activación de patrones de lucha-huida. Cuando empezamos a sentirnos paralizados, confusos, adormecidos, desapegados, como si lo que está sucediendo delante nuestro fuera algo que en realidad sucede en otro plano, en otra dimensión, esa es la señal de que nuestro sistema nervioso nos está preparando para el congelamiento, la sumisión o el colapso.

Es posible que sintamos una sensación de hormigueo o cosquilleo en el cuerpo, una sensación de pesadez, los párpados se nos cierran, las palabras salen con dificultad y el tono de nuestra voz se debilita. Nuestros pensamientos también pueden tornarse confusos y no permitirnos jerarquizar qué debemos hacer o decir en ese determinado momento. Tal vez nos invade una sensación intensa de desesperanza, de futilidad (como si pensáramos "no sé para qué hago lo que estoy haciendo si no sirve para nada"), de hastío, y nos cerramos a lo que está sucediendo, sin poder intervenir adecuadamente para salirnos nosotros y sacar a nuestros consultantes de ese lugar. Nos cuesta mantenernos atentos y despiertos, y sentimos que no se nos ocurre una sola idea, como si de repente hubiéramos olvidado todo lo que aprendimos.

En estas situaciones nos cuesta ordenar nuestros pensamientos, tanto como el curso y la cronología de nuestras acciones cuando llevamos el caso a la supervisión o lo compartimos con un colega. Nos cuesta encontrar las palabras para describir nuestro estado, o incluso para describir lo que estaba sucediendo en la sesión cuando este estado se activó.

Ahora bien ¿qué hacemos cuando algo de todo esto sucede? ¿Cómo volvemos a activar nuestro sistema de implicación social? ¿Cómo pasamos de la activación de una respuesta defensiva, a una respuesta de regulación? ¿Cómo volvemos a conectar con el otro?

El proceso no pasa por *saber* y nada más.

En primer lugar, tenemos que ser capaces de darnos cuenta de que se está activando en nosotros un patrón defensivo, y que nos hemos desconectado de ese paciente o de ese cuidador. Tenemos que poder hacer un rápido escaneo que nos permita reconocer qué provocó esa desconexión, y tomar nota mental de ello. Y en función de cuál haya sido el patrón defensivo que se activó, debemos actuar para modificarlo.

"Darse cuenta" dista de ser una acción que sucede a nivel intelectual: para llegar a *darnos cuenta* de que algo nos está moviendo de nuestra ventana de receptividad o de nuestra activación óptima, es necesario que seamos capaces de prestar atención a la información que nuestro cuerpo nos está mandando, antes que a lo que nuestra mente está interpretando. Para cuando nuestra mente se puso a interpretar, nuestro cuerpo lleva un buen rato mandando señales. Si no nos damos cuenta de que es así es porque no estamos acostumbrados a observar otros procesos fuera de los que suceden exclusivamente a nivel mental.

Prestar atención implica aprender a *notar*; notar, según el Diccionario de la Real Academia Española, entre sus varias acepciones, significa percibir una sensación o darse cuenta de ella. Porges acuñó el término **neurocepción** para referirse al proceso a través del cual, el sistema nervioso evalúa – sin que intervenga ningún proceso consciente y a partir de la información que recibe del medio ambiente y de las propias vísceras– si la situación es segura o riesgosa.

Inmediatamente después tendría lugar la **interocepción**, que implicaría ya un reconocimiento consciente de que nuestro cuerpo ha reaccionado a esas señales imperceptibles, que marcan la diferencia entre la seguridad y el riesgo (Porges, 2011, 2017). Digamos entonces que las acciones de *notar* y *darse cuenta* son el resultado de la concatenación de la neurocepción con la interocepción, dos procesos que distan bastante de la intelectualización de lo que está sucediendo. Sin embargo, no estamos habituados a notar *todo* lo que nuestras vísceras nos informan y lo que nuestros sentidos nos transmiten.

Como en general nuestra formación académica nos ha recargado de información que se procesa mayoritariamente a nivel cognitivo, y nos ha enseñado a sobrevalorarla, es probable que para algunos lectores este proceso de *notar* del que estoy hablando sea todavía algo difuso.

La mejor forma de aprender sobre ese proceso no se encuentra en los libros, sino en la experiencia. Aquellas personas familiarizadas con algunas disciplinas orientales como el yoga, el tai chi, el qigong (también conocido como chi kung) o la meditación, están bien cerca de entender cómo es esa experiencia. La práctica del mindfulness o atención plena, que en los últimos años se ha difundido de manera impactante en el mundo occidental, engloba en su definición misma el corazón de lo que vengo comentando hasta ahora: prestar atención a la experiencia presente, tal como se va dando momento a momento, sin intentar cambiarla ni juzgarla (Kabat-Zinn, 2013, 2016).

Independientemente de la filosofía milenaria en que se sostienen estas prácticas, un elemento para comprender por qué debiera ser parte indispensable de la formación de cualquier profesional que trabaja en la atención de seres humanos, es que todas ellas involucran la activación de procesos mediados por las partes más sofisticadas de nuestro cerebro. Así, prestar atención a la respiración, implica que estoy involucrando a las estructuras corticales de mi cerebro, encargadas de "prestar atención", para "interactuar" con procesos fisiológicos (tales como la respiración) mediados por estructuras más primitivas.

Pero ¿qué tiene que ver todo esto con nosotros? Les aseguro que el desarrollo de estas cualidades va a ser tan beneficioso para nosotros, como para nuestro trabajo con nuestros pequeños y adolescentes pacientes y sus cuidadores. No hay forma en que podamos estar atentos a los cambios susceptibles que a veces suceden delante nuestro (porque no necesariamente van a ser siempre cambios de gran dimensión, elocuentes, ruidosos y visibles), sin que hayamos entrenado primero la capacidad de identificar esos cambios en nosotros mismos.

## 5.2. Usando nuestro sistema nervioso para volver a la ventana de receptividad y promover una neurocepción de seguridad.

Entonces, el estado óptimo en el que el terapeuta debe estar para poder llevar adelante su trabajo involucra la activación de lo que, desde la teoría polivagal de Porges, se conoce como sistema de implicación social. Pero como todo estado óptimo, a veces puede ser difícil de alcanzar, y ciertamente es imposible mantenerlo todo el tiempo.

La medida justa de activación óptima es variable: lo que es mucha activación hoy, puede ser lo justo y necesario mañana, y pasado mañana volver a variar; por lo tanto, aprender a reconocer nuestros estados de activación, y acostumbrarnos a prestar atención a esos estados de base al comenzar cada día, nos puede ayudar a tomar conciencia de nuestros estados de hiper e hipoactivación, es decir, de nuestras desconexiones, e informarnos así de cómo está nuestra "capacidad regulatoria" del día (Dana, 2018, op.cit.)

La conexión con otro se experimenta con mayor seguridad cuando somos capaces de conectar con nosotros mismos: ambos son procesos que se van entrelazando y retroalimentando.

El proceso de "prestar atención a" al que me refiero, requiere de un grado de activación óptima; es un detenerse paciente y curioso en un detalle de la experiencia con el fin de aprender más sobre ella.

*El prestar atención asociado a la curiosidad está fuertemente vinculado a un estado de seguridad*: solamente si puedo sentir que no hay nada peligroso o amenazante en lo que estoy haciendo, puedo expandir los límites de mi exploración.

En cambio, *el prestar atención en estado de alerta, se focaliza en la información concreta que necesito para alejarme del potencial peligro. No estamos en la seguridad, estamos buscando el modo más efectivo de recuperarla.* Es más reducido y limitado, pero si verdaderamente estoy en peligro, es absolutamente necesario. Por ello, si yo puedo "entrenarme" en este ejercitar mi curiosidad hacia afuera y hacia adentro en estados de calma, mi capacidad de llevar mi atención a los datos que me informan que algo me sacó de mi ventana de receptividad, estará más al alcance de la mano.

*

Decía anteriormente que *darse cuenta* es un paso fundamental: no hay posibilidad de reparar una desconexión si no nos damos cuenta primero de que eso es lo que acaba de suceder. El siguiente paso implica trabajar para retornar a un estado de activación óptima.

Supongamos que reconocemos que esta ruptura en el fluir de la conexión con nuestros pacientes o con sus cuidadores, nos llevó a una **activación del sistema simpático** que nos empuja a luchar o a huir. ¿Qué hacemos entonces?

Lo primero que podemos hacer, algo que, además, tenemos muy al alcance de la mano, **es respirar**. ¿Cómo? ¿Solo eso? Dana explica que, al alterar el tipo y el ritmo de la respiración, involucramos a la rama vagal que influye sobre los latidos del corazón. Si nuestro sistema simpático se activó, podemos intentar lo siguiente:

1. Tras notar las señales de activación simpática, llevamos la atención al simple hecho de estar respirando, donde sea que lo notemos más evidente: el orificio nasal, adentro de la nariz, la garganta, el pecho, el abdomen.

2. Tratamos de empezar a respirar más despacio, prolongando la exhalación.

3. Podemos practicar la respiración de resistencia, también conocida en yoga como la respiración del guerrero o respiración ujjayi o ushai, que consiste en inhalar y exhalar lentamente por la nariz, contrayendo la glotis. Es habitual notar un leve sonido que sale de nuestra garganta y que acompaña la sensación de profundidad de esta forma de respirar.

Esto puede ayudarnos a desacelerar la escalada de nuestra propia respuesta defensiva en el momento en que se está dando. El siguiente paso es tomar nota de aquello que nos activó y seguirle el rastro. A veces no podemos hacer esto durante la sesión, pero sirve tomar una pequeña nota escrita para recordarnos el momento y la situación en que nos activamos. Es importante revisar: ¿es algo para lo que podría servirme una supervisión? ¿Es algo que se conecta con cuestiones propias que sería bueno trabajar en un espacio de terapia? Las respuestas a esas preguntas nos ayudan a ampliar nuestra solución, más allá de obtener calma.

¿Y qué hacemos en esos momentos que sentimos como si estuviéramos en una dimensión paralela e inaccesible a lo que está sucediendo delante nuestro?

Parafraseando a Dana, solo podemos salir de ese estado de colapso siguiendo la línea evolutiva de nuestro propio sistema nervioso. La autora nos propone imaginar que nuestros patrones de activación autonómica se pueden ordenar jerárquicamente a lo largo de una escalera, como en la siguiente figura:

En consecuencia, si nos encontramos en el nivel más bajo (primitivo) de esta escalera, para poder llegar al nivel más alto (sofisticado) y restablecer la conexión, es necesario poder pasar primero por la activación de la energía movilizadora del sistema simpático.

¿Pero cómo? ¿Entonces, es necesario pasar del colapso a la huida o a la lucha? No, por supuesto que no. Pero sí es necesario poder pasar de un estado de inmovilidad a un estado de lo que podríamos llamar movilidad controlada.

La respiración también puede ayudar a activar el simpático, por ejemplo, acelerando el ritmo o marcando fuertemente la inhalación y la exhalación. De todos modos, yo prefiero honrar plenamente al sistema nervioso y *contrarrestar con movimiento la inmovilidad* a la que me ha forzado el parasimpático: modificar de manera sustancial mi postura corporal, correr mi sillón, pararme y sentarme en otro lugar, dar golpes alternados con las plantas de mis pies; en algunos casos incluso me he parado para abrir una ventana y dejar entrar aire fresco.

Este "forzarme a despertar" tiene muchas veces efectos también sobre mi interlocutor: si yo me muevo, si moverme hace ruido, si mi movimiento es ostensible, algo en la cualidad atencional de quien está frente a mí, cambia, a menos que mi interlocutor haya entrado en franco colapso y se haya quedado paralizado por completo o dormido.

### 5.3. Ya nos calmamos. ¿Ahora qué sigue?

Una ruptura relacional es una disrupción en el fluir de la comunicación entre dos personas. Pero no solo de la comunicación verbal, es decir, de las palabras que decimos, sino también del modo en que las decimos, de la intención, de la postura corporal y los gestos que la acompañan, de la sintonía entre el que está comunicando y el que recibe, entre el que pide y el que responde o no.

Una ruptura relacional es también el desajuste entre la presencia de uno y la ausencia de otro. Para estar presentes no se necesita que nuestro cuerpo esté cerca del otro: podemos estar pegados a otro ser humano e igualmente estar ausentes. En los niños, niñas y adolescentes que protagonizan este libro, las presencias y las ausencias alternaron de manera repetida y siempre estuvieron cargadas de mucho dolor, confusión y miedo. Sus experiencias relacionales han sido mayoritariamente de asincronía. Por lo cual están sobresensibilizados a esas asincronías. No necesitan demasiado para notarlas –aunque muchas veces las perciban de manera distorsionada:

Para llegar a mi consultorio, en el séptimo piso de un edificio, es necesario anunciarse en la planta baja haciendo sonar un timbre. Yo atiendo ese timbre en el portero eléctrico y pregunto siempre lo mismo: "¿Quién es?" Una misma pregunta, que repetimos varias veces en un día y a lo largo de varios días, no es posible hacerla siempre con idéntico tono de voz ¿no es verdad?

Francisco, de 16 años, entra al edificio luego de escuchar mi pregunta, contestarla y que yo le abra la puerta de acceso. Sube en el ascensor los siete pisos y vuelve a tocar el timbre en la puerta de entrada de mi consultorio. No termino de abrirla del todo cuando me lo encuentro preguntando con un cierto tinte de alarma en la voz: "¿Te pasa algo Sandra? Me pareció que me atendiste enojada". No logro detectar qué había en mi voz que pudiera generarle a Francisco esa sensación. Pero lo que sí sé es por qué él presta tanta atención a si la voz de los adultos con los que se relaciona suena o no enojada.

Un componente importante de la sintonía relacional es la **reciprocidad**. Nuestras primeras experiencias de reciprocidad se dan en nuestra más temprana edad. Tronick (1989) plantea que en la interacción cara a cara con un adulto, el bebé modifica su conducta y despliegue afectivo sobre la base de su apreciación de la conducta y el despliegue afectivo del adulto. Esta mutua coordinación, sin embargo, dista de ser perfecta incluso en las relaciones más armoniosas: la reciprocidad en esta interacción se daría, según datos del autor, *un 30% o menos del tiempo en que ese bebé y ese adulto interactúan.* Probablemente entonces la comunicación afectiva se dé en una oscilación entre estados afectivos positivos y mutuamente coordinados, y estados afectivos negativos y descoordinados.

La secuencia en las relaciones armónicas sería entonces interacción recíproca exitosa » interacción fallida » reparación interactiva de los errores.

En su artículo Tronick no hace referencia explícita a los infantes que crecen en situaciones de violencia y negligencia, pero su postulado también sería aplicable a esta población: según este autor, la diferencia entre los niños que crecen en relaciones armónicas y saludables, y aquellos que crecen en relaciones en las que la comunicación afectiva se ve comprometida por dificultades del adulto, es que estos últimos quedarían "atrapados" en estados afectivos negativos y descoordinados. En palabras del mismo Tronick, para estos niños "sus mensajes pidiendo un cambio son desatendidos" (pg. 116).

Supongamos entonces por un momento, que nuestra desconexión ha sido activada por algo en la interacción con quien tenemos enfrente. Lo que vamos a esperar es que nuestro estado refleje para nuestro interlocutor que su apreciación del peligro fue correcta: ya no tiene frente a sí a alguien que le inspira seguridad, sino a alguien que le responde desde la lucha-huida o desde el colapso-sumisión. Esas son experiencias muy conocidas para ese niño o adolescente que atendemos, y, por lo tanto, lo que está sucediendo en la interacción con nosotros, refuerza lo que aprendió acerca de las relaciones; su expectativa será que *con nosotros hoy* suceda lo mismo que *sucedía en el pasado* con otros adultos, implicados en sus experiencias traumáticas.

Que nosotros podamos calmarnos, no será suficiente para modificar de manera sustancial el estado de hiper o hipo activación de nuestro interlocutor. Lo que necesitamos es poder identificar qué nos empujó a desconectarnos, para lo cual será imprescindible que podamos ir un paso atrás y determinar a la vez qué activó en nuestro interlocutor un patrón defensivo.

¿Fue algo que dijimos? ¿El tono en que lo dijimos o la gestualidad con la que lo acompañamos? ¿Fue nuestra postura corporal? ¿Fue nuestra falta de respuesta? ¿Fue ir demasiado rápido?

¿Cómo saberlo?

Preguntando. Porque no hay situación en la que nuestra propia interpretación del asunto sea más inútil que esta. En el ejemplo de Francisco que vimos un poco más arriba, se trató de "jugar" a que él escuchara distintos tonos en que yo pudiera decir las cosas, y que pudiera detectar a cuál de ellos se parecía el que escuchó. Y luego, ver a qué otros tonos y de quiénes, se parecía ese que él escuchó en mí y lo alarmó.

Si es posible preguntar en esa misma sesión, lo haremos. Si por alguna razón el resto de esa sesión se fue en calmar a nuestros sistemas nerviosos –el nuestro y el de nuestro interlocutor– entonces nuestro siguiente encuentro tiene que poder comenzar con una indagación respetuosa de ese momento de desconexión que se dio la vez anterior. El primer paso será siempre tratar de volver –nosotros y nuestros pacientitos– a un nivel de activación óptima, es decir, uno que permita salir de la neurocepción de peligro, y acercarse a la neurocepción de seguridad. Esto es así porque, cuando el sistema nervioso escanea señales que le dicen que hay peligro, tratar de convencerlo de que esa detección es el resultado de datos erróneos, es inútil:

Matías irrumpe en un llanto desgarrador cuando le pregunto algo sobre lo que está dibujando. Ya no está ahí conmigo: su mirada se pierde en un horizonte en el que yo no veo nada, pero en el que él debe ver algo que lo aterra. Con una voz firme y suave me acerco y le digo que está conmigo, que los malos no van a entrar aquí, y que vamos a ir a llamar a mamá. Matías no responde. Vuelvo a repetirle que vamos a ir a llamar a mamá, que mamá está del otro lado de la puerta, y empiezo a llamarla con voz suave: "Mamá… mamá… vamos con Matías a buscarte…" Entonces Matías comienza a volver: el llanto se va apagando, hace contacto visual conmigo, me da la mano y juntos nos dirigimos a buscar a su mamá.

Solamente cuando hemos podido salir de la zona de peligro y somos capaces de reconocer la desconexión, es cuando tenemos la oportunidad de hacer algo para cambiar el curso de las cosas:

"Matías, me di cuenta de que hablar de esto es algo que te molesta mucho, y no quiero hacer nada que te haga sentir mal. Ahora vamos a hacer todo lo que necesitamos para sentirnos más tranquilos, y vamos a guardar eso feo dentro de una cajita ¿sí? Luego podemos decidir cuándo volver a abrirla y espiar lo que había ahí adentro… ¿dónde te gustaría guardarlo?"

Será importante revisar de qué estábamos hablando, o qué estábamos haciendo, o si desatendimos alguna señal previa que nos indicaba que en ese momento era mejor no seguir por ese camino.

Existe siempre la posibilidad de que para nuestro interlocutor la conexión entre su reacción defensiva y aquello que pareciera haberla disparado, no sea clara en un principio. Pero el hecho de escuchar de nosotros que estamos reconociendo una desconexión, nos estamos haciendo cargo de ella, y buscamos entenderla y ver qué necesita para volver al camino de la reciprocidad relacional, es una experiencia terapéutica en sí misma: y una que brinda *seguridad*. Esto es fundamental, sobre todo, cuando nunca antes alguien prestó atención a sus necesidades y en cambio desestimó, descalificó o reprendió severamente sus reacciones emocionales.

Cuando podemos revisar esta desconexión solo una sesión más tarde de que ocurriera, es posible que nuestro interlocutor no quiera volver allí. Cuando la tormenta ya pasó y el sol volvió a salir ¿quién tiene ganas de ponerse a hablar de los truenos y los vientos huracanados? Niños y adolescentes, por su edad y su clara percepción de que en la relación con un adulto están siempre en una fuerte desventaja, probablemente traten de evitar hablar de estas situaciones por temor a que se repitan, por temor a que nosotros nos enojemos con ellos y los responsabilicemos por lo que sucedió, o por temor a volver a sentirse de la misma manera.

Reconocerles y validarles que volver sobre ese terreno puede ser algo difícil y engorroso, es una forma de seguir actuando en la reparación de la disrupción relacional. Pero esto no debe ser una razón para que el terapeuta piense que es mejor ya no volver a meterse por ahí nunca más, o que el niño nos hará saber "cuando esté preparado".

El desafío más grande es poder mantenernos en *un punto de equilibrio que preste atención tanto al deseo de no volver a sentir el dolor, como a la necesidad de hacer contacto con la fuente de ese dolor para poder así disipar su intensidad*.

¿Cuál es ese punto de equilibrio? No hay una receta. Dependerá de muchas variables: aquello sobre lo cual se está trabajando, el estado general del niño, la presencia de cuidadores regulados que puedan sostener los embates de meterse en esos terrenos de arenas movedizas, y la convicción del terapeuta de que la única forma de devolver luz, es meterse previamente en la oscuridad.

*

Finalmente, existen situaciones en las cuales los motivos de esa desconexión no terminen siendo claros. ¿Qué hacemos entonces? Lo mismo: reconocer que algo de lo que hicimos o dijimos, o la forma en que lo hicimos o dijimos tal vez haya sido demasiado para que nuestro interlocutor lo tolere, y entonces nos disculpamos por ello. Alentamos a que puedan enseñarnos hasta dónde pueden tolerar, y nos comprometemos a escuchar y a responder de manera acorde.

Para trabajar con los niños y adolescentes a mí me sirve mucho explicarles que, aunque yo puedo saber mucho de psicología, no puedo –ni quiero– leer la mente de nadie, porque la mente de las personas es un lugar privado y sagrado, que cada uno decide mostrar o no. Es por eso que yo valoro mucho que ellos me puedan mostrar a mí cuándo debo detenerme:

Con Clara, de 6 años ideamos un sistema por el cual ella tenía dos títeres de dedo, y cada uno de ellos tenía una señal de PARE o de AVANCE. Ella se calzaba un títere en cada mano, y me señalaba cuándo podíamos seguir o cuándo debíamos parar. Eso duró un tiempo en las sesiones, después de lo cual ella dejó de usar los títeres porque podía confiar en que yo iba a respetar sus necesidades; además, su capacidad de tolerar lo que estábamos trabajando había aumentado, y esa era una ganancia directa de haber podido ser yo genuinamente confiable en mi compromiso con ella. Fue así como pasó a sentirme como una persona segura.

### 5.4. Algo más antes de terminar.

Mientras escribo este capítulo ha estallado la valoración de muchos terapeutas sobre las enseñanzas derivadas de la Teoría Polivagal de Stephen Porges, incluso de muchos que no están necesariamente formados en el tratamiento del trauma.

Curiosamente, Stephen Porges no estaba haciendo foco en la psicoterapia del trauma cuando desarrolló esta teoría. La Teoría Polivagal, según cuenta él mismo, vio la luz en el año 1994 (Porges, 2018). No había sido pensada para el ámbito clínico, sino más bien para el ámbito académico de investigación. De hecho, su impacto en el mundo científico fue tal, que pronto fue citada en artículos de disciplinas tan disímiles como la neonatología, la ingeniería biomédica, la odontología, la sociología y la filosofía, entre otras. El mismo Porges reconoce que el trauma no era ni el foco de sus investigaciones ni estaba en su agenda de trabajo.

El punto de inflexión que trajo a su teoría al campo de la psicotraumatología, fue una invitación que le hizo Bessel van der Kolk a la conferencia anual que organizaba su centro en Boston, en el año 1999. Porges tiene la humildad de reconocer que fue a través de sus intercambios con algunos de los nombres más influyentes en el campo de la psicotraumatología, como el mismo van der Kolk, Pat Ogden y Peter Levine, que logró entender el impacto que el trauma tenía en las personas. Y, por consiguiente, el impacto que su teoría tenía en el trabajo de los clínicos que atendían a pacientes traumatizados.

El nombre de Porges es hoy muy reconocido en el campo de la psicotraumatología. Quien ha intentado traducir su teoría al lenguaje clínico es Deb Dana, a quien me he referido varias veces en lo que va de este libro.

Estoy de acuerdo con muchas de las cosas que Dana escribe. Pero me permito disentir humildemente con una. No disentir del todo, pero sí lo suficiente como para traer ese pequeño disenso al final de este capítulo. En su obra, Dana dedica un capítulo a lo que ella denomina la creación de entornos seguros para el desarrollo de la terapia, refiriéndose concretamente al espacio físico donde transcurre el encuentro terapéutico. Al respecto dice: "El espacio terapéutico cuenta una historia; la historia de quién es el terapeuta y de cómo lleva adelante su práctica". (pg.112)

Dana reconoce que muchas veces no podemos cambiar el contexto que nos rodea, pero que aun así podemos crear un espacio físico interior acogedor, un espacio que dé la bienvenida. Y resalta la importancia que ese espacio de bienvenida tiene, no solo para generar señales de seguridad en nuestros pacientes, sino también para contribuir al propio autocuidado del terapeuta: "La oficina es una casa psicológica y fisiológica [para el terapeuta] durante varias horas al día.

Es importante que el espacio que usted cree y habite, inspire a su propia regulación ventral vagal." (pg.113) Hace consideraciones sobre el sonido, la temperatura ambiente y la conexión con la naturaleza como elementos indispensables para otorgar a ese espacio de trabajo, la cualidad de un espacio físico seguro.

Doy fe de mucho de lo que Dana dice. Mi consultorio está en el séptimo piso de un edificio moderno en la zona norte de la ciudad de Buenos Aires. Está ubicado en un barrio tranquilo a pesar de estar cerca de torres que se perfilan sobre una de las avenidas más elegantes de la ciudad. Está relativamente cerca del río, por lo cual en verano la brisa suave que persistentemente sopla desde allí, hace agradables incluso a las temperaturas tórridas de esta ciudad de cemento. No es ruidoso, a veces se escuchan los pájaros; otras, el sonido del tren que pasa cerca. Se ve el atardecer y el horizonte se extiende abierto. Tiene ventanas amplias y un balcón con una mesita y un par de sillas que invitan a la pausa. Sus paredes blancas están habitadas por los colores potentes que salen de la paleta de pinturas de mi esposo. El sector de trabajo con los niños está integrado al de trabajo con los adultos (para recordarme, de paso, que en mi concepción de la terapia del trauma no existen los terapeutas de niños –o de adolescentes – o de adultos). Siempre tiene un agradable aroma, que puede ser dulce, cítrico o una mezcla de ambos. Hay fotos, hay adornos significativos, hay un universo de caracoles. Mis pacientes se sienten a gusto cuando vienen a verme, y algunos dicen que no se quieren ir de ahí. La temperatura es siempre adecuada, la luz también, el sonido lo mismo y por las ventanas se ve el espectáculo de árboles desparramándose por ese confín norte de la ciudad.

Sin embargo, no siempre trabajé en lugares tan armoniosos y tan hechos a la medida de lo que yo deseaba.

Es más, a esta altura podría decir que la mitad del tiempo que llevo trabajando como psicóloga, trabajé en espacios físicamente hostiles: trabajé en consultorios sin puertas ni paredes; trabajé en sótanos húmedos iluminados por una sola y débil lamparita; trabajé sentada en el suelo frío de una habitación inmensa a los pies de una cama; trabajé en salas de hospitales públicos sin intimidad de ninguna clase; trabajé debajo de un árbol, en un playón de cemento que hacía las veces de estacionamiento, en un pasillo de paso entre dos salones, en un gran patio en el que los toldos solo cubrían una parte del sol; trabajé sentada en un endeble banquito de madera afuera de una casa-habitación donde vivían hacinados seis seres humanos en un espacio para dos; trabajé en lugares cerrados en los que hacía el mismo frío y el mismo calor inclementes que en el exterior, y trabajé en lugares sucios viendo a las cucarachas pasear orondas y tranquilas a un metro de distancia.

Sé que mucha de la gente que lea este libro tal vez conozca esa realidad, porque en muchos lugares de Latinoamérica, lamentablemente, no siempre se puede trabajar en lugares respetuosos de la dignidad humana del paciente y del terapeuta.

Sin embargo, incluso en lugares sórdidos uno puede dar su toque personal y humanizar el ambiente. Podemos tener caramelos o bizcochos dulces y ricos siempre a mano, y hasta tener en el bolsillo un perfume agradable para aromatizar espacios hacinados, aunque sea solamente por un rato. Y aun así es posible que a veces nos toque encontrarnos trabajando en lugares imposibles.

Conozco a gente que ha hecho su magia en lugares en los que cualquier intento de convertir al entorno físico en un espacio seguro era más milagroso que posible. Y esas personas reafirmaron mi convicción de que sí, podemos hacer de nuestro espacio de trabajo un lugar acogedor y armónico, pero si nosotros mismos no encarnamos una actitud acogedora y armónica, nuestra oficina solo podrá ser un lugar bonito para las revistas de decoración. La calidez de un ambiente no solo la transmite el lugar, sino antes que nada quien lo habita.

Si eso no fuera así, entonces Lucina Artigas no le hubiera dado nacimiento al abrazo de la mariposa debajo de un árbol de mango en la playa de Acapulco, luego de que la ciudad quedara arrasada por un huracán, y nunca hubiera podido trabajar teniendo como elemento únicamente la arena de la playa. Muchos de los que leen estas páginas saben de qué estoy hablando, porque conocen la historia (Artigas, 2011).

Estar con otro y ser garante de seguridad cuando ese otro solo conoce lo contrario en su vida, es una tarea que por momentos se puede sentir extenuante. Ciertamente decorar un lugar con cosas bonitas es menos complicado. Sin embargo, lo segundo es una cáscara vacía si no lo habita lo primero. Y si eso primero no existe, no solo nuestros pacientes de todas las edades van a resonar con la ausencia de esa *seguridad relacional* que tanto anhelan y no está, sino que nosotros mismos no vamos a poder aprender a apreciar las eventuales oportunidades en que la vida nos encuentre haciendo lo que hacemos, pero en lugares imposibles.

Cuando nos encontramos haciendo lo que hacemos en esos lugares imposibles, y los seres sufrientes a los que buscamos ayudar, mutan el dolor por el alivio, la experiencia puertas adentro de nosotros mismos no tiene precio, y difícilmente se pueda describir con palabras. Y si esa transformación del dolor fue posible en medio de la nada misma, sin lugar a duda es porque en esa nada inhóspita confluyeron dos elementos fundamentales: la necesidad de conectar de un ser humano y la posibilidad de conectar de otro. Es en ese espacio infinito e invisible donde reside la verdádera seguridad.

Sin esa seguridad sentida, los espacios más cómodos y bellos se vuelven estériles. Con ella, los espacios más confortables se convierten en verdaderos refugios, y los espacios más sórdidos, en lugares en los que es posible –como dice mi amiga Belén Romá– hacer nacer flores de las piedras.

*

Si el trauma interpersonal temprano nace en el seno de una relación, las heridas que provoca solo pueden curarse en el seno de otra relación. La forma en la que iremos construyendo esa *relación sanadora*, como la llama Judith Herman (Herman, op.cit.), dependerá de una serie de variables inherentes a la persona del terapeuta, al ser humano por quien se consulta, a los cuidadores del niño, niña o adolescente al que vamos a atender, a las personas que en el pasado reciente nos precedieron en ese mismo trabajo, y al momento de nuestra vida personal y profesional en el que nos encontremos haciendo este trabajo, entre tantas otras variables más.

Para mí no tenía sentido escribir este capítulo y dejarlo para el final del libro. Por el contrario, entiendo que -si hablamos de terapia- nosotros, los terapeutas, somos el inicio de la historia de esa relación sanadora. Solo si nos entendemos cabalmente como una parte fundamental de ella, vamos a poder ser capaces de observar de qué forma no solo lo que hacemos, sino el modo en que lo hacemos, permite que nuestro trabajo fluya o se bloquee.

Claro que no somos los únicos protagonistas. Pero tampoco somos observadores externos, ni eficientes interpretadores de procedimientos que se aplican siguiendo un determinado modelo y unos pasos ordenados.

Cualquier directiva solo puede ser verdaderamente adecuada cuando esa acción específica que usted busca aprender y conocer, se cruza con preguntas que solo usted puede responder: ¿por qué hago este trabajo? ¿Qué quisiera poder lograr con este niño o niña en particular? ¿Qué pensaría sobre mí y mi trabajo si no lo logro? ¿Cuánto creo yo verdaderamente que la mejoría de esta situación depende de mí y nada más que de mí? ¿Hay algo de mi historia como niño o niña que fui, o de mi presente como adulto que soy, que se siente tocado por esta situación que estoy atendiendo hoy? ¿De qué forma?

Y finalmente… ¿cuánto estoy dispuesto o dispuesta a aceptar genuinamente que, incluso en las situaciones más difíciles y complejas, en aquellas que no salieron como esperaba, como deseaba o como creía que debían salir, yo hice lo mejor que pude?

Porque si los terapeutas no somos capaces de conectar con nosotros mismos y navegar nuestros propios claroscuros ¿cómo podremos hacer para conectar con quienes nos consultan y ayudarlos a su vez a conectar con ellos mismos, con sus lugares iluminados y con sus temidas oscuridades? Si no podemos encontrar la fuente de nuestra propia seguridad interna, ¿cómo podremos establecer relaciones seguras, desde las que sembrar esa posibilidad en las personas con las que trabajamos?

Tómese una breve pausa antes de continuar, para hacerse esas preguntas y anotarse las respuestas. Probablemente sean preguntas que ya se hizo anteriormente y en más de una oportunidad. Aun así, no se pierda la chance de hacérselas nuevamente a la luz de todo lo que ha leído hasta ahora. Y también cuando termine de leer este libro. Y dentro de un año. O dentro de diez. Es muy posible que las respuestas se vean reforzadas, pero también es posible que se vean enriquecidas, porque cada día que usted pasa haciendo este trabajo, si está verdaderamente atento, aprenderá algo nuevo y fascinante sobre la condición humana. Y, en consecuencia, sobre usted mismo.

Cuando haya terminado esa pausa, siga con la lectura.


A continuación, empezaremos a adentrarnos en el trabajo con los cuidadores, aquellos que, una vez que nosotros seamos tan solo un recuerdo en la vida de nuestros pacientes, seguirán siendo para ellos la fuente fundamental de la seguridad relacional.

# Capítulo 6

## La seguridad relacional más significativa: el trabajo con los cuidadores.

*Can you show me where it hurts?*
*Pink Floyd.*[17]

Lima, Perú. Año 2016. Casita del Niño, El Agustino. Eso es arriba de un cerro, muy arriba. Maricielo tiene unos ojos negros enormes y un cabello de igual color, lacio, espeso. Está sentada alrededor de una mesa junto con otros niños, engarzando cuentas de colores para hacer pulseras, anillos y collares. En ese espacio pequeño y simple al que ilumina la luz del sol, una señora del barrio, de nombre Lucinda, cuida amorosamente de ella y de otros niños como ella, más grandes, más pequeños.

Fuera de ese lugar la vida se asoma por una escalera empinada, y si se mira hacia abajo, una infinidad de casas humildes se desparrama por la ladera del cerro. Mirando hacia arriba, el cerro sigue, asoman algunas otras casas, y después la desolación misma de la piedra hasta la cima, donde se levanta, sola, una cruz.

Maricielo está en uno de esos lugares del mundo que todos sabemos que existen, pero que muy pocas personas recorren: solo pasan por allí los que viven, los que colaboran, los que, como nosotros, visitan. Maricielo me pregunta por los rosarios que llevo colgando de la muñeca derecha. Toca mis aros, me pregunta si pesan y los alaba. Me pide que la ayude a probarse la pulsera que está haciendo. Acordamos que le vendrían bien un par de cuentas más. Continuamos, la probamos en su muñeca y está perfecta, pero luego Maricielo la cambia de brazo, y la pulsera que estaba haciendo para ella misma pasa a mi mano, quiere que me la quede. Insiste.

No sabe quién soy, no sabe mi nombre, y no pasaremos juntas más que unos diez minutos, quince tal vez; después, nunca más nos volveremos a ver.

Le propongo que hagamos entonces una pulsera para ella. Nos sentamos en un banco y la vamos creando entre las dos, ella pone cuentas por una punta del

---

17 Comfortably numb. (1979) Album "The Wall". David Gilmour & Roger Waters.

167

hilo, yo pongo cuentas por el otro lado. Me dice que la hermana Berta se ha ido, y después nombra a un par de personas más, para contarme que también se han ido. Le digo que tal vez no se fueron para siempre, que tal vez vuelvan; me dice que no, que ella ya sabe que no van a volver. Le digo que tal vez le podemos preguntar a Lucinda, me dice que ya le preguntó. Es obvio que ahí hay un hecho irreversible y soy yo la que no lo está comprendiendo; entonces le pregunto si las extraña y dice que sí. Acto seguido levanta sus enormes ojos negros; están húmedos, pero no llora. Me dice "¿Sabes? Yo cada vez que alguien se va me pongo a llorar".

Faltan instantes para que yo también me vaya, y también sea alguien que no vuelve más. No soportaría la idea de explicarle por qué a veces las personas se van, y mucho menos soportaría cambiarle de tema o profundizar nuestra charla acerca de lo que ella siente como una pérdida. El tiempo corre y yo también me voy a ir.

Entonces le pregunto a Maricielo cómo se ha sentido ese momento que las dos juntas estuvimos haciendo una pulsera. Me dice que bien. Ahondo un poco más: ¿contenta, alegre o feliz? Me contesta con timidez que "muy feliz". Le digo entonces que uno puede guardar para siempre la felicidad de ese momento en el corazón. Sus ojos grandes se hacen más grandes y me pregunta "¿En serio?"

Primero la ayudo a ponerse la pulsera que terminamos juntas, luego de que Maricielo intentara que también me llevara esa. Le propongo que ella también se quede con una pulsera que nos ayude a recordar ese momento en que estuvimos juntas. La invito a que lleve los brazos al pecho. Nos aprestamos a abrazar nuestro corazón con las alas imaginarias de una mariposa, y Maricielo no deja de mirarme a los ojos… fijo…

El abrazo suave y rítmico termina, y le pregunto a Maricielo cómo se siente: feliz, pero esta vez suena más convencida que unos minutos atrás. La invito a inspirar juntas una gran bocanada de aire que la ayude a guardar aún más adentro ese instante de felicidad. Le pregunto después si puedo despedirme de ella con un abrazo.

Cuando acepta, nuestro abrazo es tan fuerte que parece que no se va a soltar más. Le recuerdo que, si se vuelve a sentir triste, ahora puede hacer algo: cerrar los ojos, tocar la pulsera que hicimos juntas y que señala nuestro encuentro fugaz e intenso, y después abrazar de nuevo a su corazón.

Y como estaba planificado, me voy de la Casita del Niño. Maricielo se levanta del banco que compartimos hasta hace un rato y se para delante de la puerta dispuesta a que nos saludemos de nuevo. Sabe que me voy, pero esta vez no hay ningún destello de lágrimas en sus ojos.

Antes de atravesar la puerta y salir para siempre de su vida, le recuerdo en tres pasos el ritual de un instante atrás: cerrar los ojos, tocar la pulsera y al acordarse de cómo la hicimos, abrazar a su corazón.

*

Ahora estamos en Villa El Salvador, otro enclave humilde en Lima. Christopher está en silencio. No llega a los 4 años. Tiene unas pestañas largas, bien largas. Se deja tomar de la mano, y mira a su alrededor con curiosidad y melancolía. ¿Qué habrá en su mente ahora? Nos mira a uno y a otro. Pasa con facilidad de aferrarse a la mano de alguien, a aferrarse de la mano de otra persona. No es difícil para él recibir muestras de afecto de desconocidos, porque está sediento de ellas.

Christopher está allí porque su mamá no lo puede cuidar. Espera que alguien decida quién lo va a cuidar de manera permanente, y mientras tanto, transitoriamente, sigue aferrándose a cuanta mano adulta tiene cerca. Ningún niño debiera tener que estar esperando que alguien con poder de decisión, elija finalmente una familia con quien él pueda vivir de manera constante.

Christopher lo sabe adentro suyo, y por eso toma con fuerza las manos de estos desconocidos que lo miramos con el corazón estrujado, o de la monja que lo cuida asiduamente en esa Casa Hogar. Para él, aferrarse a la mano de alguien es una cuestión vital, y aunque no sepa explicar el por qué, la presión de su manita sobre la del adulto que escoge, lo explica por él.

*

Cuando un bebé llora y su mamá responde, se activan dos sistemas motivacionales: el de apego en el bebé, y el de cuidado en la mamá. Solo la respuesta activa y sintonizada de la mamá puede calmar al bebé. De esta manera, cuando el sistema de cuidado se encuentra activado, el sistema de apego puede "descansar" (Cassidy, 2016, op.cit.). Decimos entonces que son dos sistemas funcionando en co-regulación (Solomon & George, 2011).

El sistema de cuidado incluye una serie de conductas que cumplen dos funciones. Por un lado, provee un **refugio seguro** (*safe haven*) en la relación, de modo que el niño pueda volver a ella en busca de consuelo, asistencia, reaseguro y calma ante situaciones de tensión. La sensibilidad y la respuesta del cuidador ante la búsqueda de proximidad del niño, son elementos cruciales a la hora de crear y mantener la experiencia -y la consecuente sensación- de seguridad.

La sensibilidad y la respuesta requieren que el cuidador pueda recibir e identificar adecuadamente las señales de distrés y búsqueda de proximidad, y ajustar la propia respuesta a las necesidades de la situación. El siguiente cuadro -adaptado de Feeney & Woodhouse (2016)- marca algunas de las diferencias entre un cuidador sensible y uno que no lo es:

| Cualidades del cuidador sensible | Cualidades del cuidador insensible |
| --- | --- |
| Percibe y acepta las señales del niño | No nota las señales del niño |
| Acompasa su respuesta con las necesidades del niño | Cuando las nota o bien las ignora, o bien las malinterpreta |

El sistema de cuidado provee además de una **base segura** (*secure base*) para la exploración. En el caso de los niños, esta incluye la exploración del ambiente que los rodea en lo inmediato y en lo mediato, lo que les permitirá jugar, hacer amigos, y afrontar lo novedoso, desde deportes, hasta mudanzas y pijamadas[18]. Esta base segura facilita la exploración porque la interacción diádica ha facilitado la incorporación de un mensaje muy potente: *si algo pasa sé que puedo volver a mi refugio seguro*. La incorporación de este mensaje ha sido posible por la repetición de tres componentes fundamentales en esa experiencia de interacción:

- la disponibilidad del cuidador
- la no interferencia del cuidador en la exploración
- el aliento y la aceptación de la exploración por parte del cuidador

La exploración se inhibe si el sistema de apego está activado, porque este se activa cuando aumenta la tensión en el niño. La forma en que se desactiva el sistema de apego, es por la proximidad del cuidador y su consecuente respuesta proveedora de calma.

---

[18] Fiestas de pijamas.

Dicho de otra forma, para aprender -entendiendo el aprendizaje como un proceso que va más allá de lo académico- es necesario poder explorar, y para lanzarse a la exploración es necesario sentirse seguros. Y en cada una de esas acciones el cuidador adulto tiene un rol fundamental y absolutamente necesario, en especial durante los primeros años de vida.

Mientras que un cuidador sensible alienta y fomenta la exploración, un cuidador insensible tiene dificultades para acompañarla porque no comprende la necesidad del niño, y porque interfiere con tal exploración de distintas formas, ya sea desalentando la curiosidad, o cargando al niño de ansiedades y temores propios, inhibiendo así su autonomía.

*

Desde que Mary Ainsworth (1977) iniciara en Uganda las investigaciones que la llevarían a la clasificación de los distintos tipos de apego, diversos estudios han coincidido en que, aún con posibles diferencias culturales, todos los niños despliegan de modo universal conductas de apego en circunstancias estresantes, y buscan la proximidad de su cuidador (Grossmann et al., 2005).

Como hemos visto, las interacciones entre el niño y el cuidador distan de ser perfectas, pero aun así hay imperfecciones que admiten reparaciones inmediatas, mientras que otras imperfecciones, en espacial aquellas sin reparación, tendrán efectos acumulativos y duraderos. Supongamos que el bebé llora, pero la madre no responde, o no lo hace de inmediato. ¿Por qué podría suceder, si se supone que el llanto de apego del bebé es suficiente como para activar al sistema de cuidado? Una posibilidad es que la activación del sistema de cuidado entre en competencia con otras necesidades de la madre en ese preciso momento: por ejemplo, atender a otros niños, a tareas laborales o intereses profesionales, o estar enferma, sentirse mal y necesitar ser cuidada ella misma.

El punto clave en estas situaciones, radicaría en las acciones reparatorias con las que la figura de cuidado retoma la vía de la interacción diádica interrumpida. Pero ya nos iremos adentrando en esto.

Por ahora, sigamos un poco más.

*

Si bien lograr la proximidad del cuidador primario ante situaciones de tensión es una función primordial del sistema de apego (en especial en los primeros tiempos de vida del ser humano, cuando la movilidad es altamente reducida, y solo se puede llamar poderosamente la atención del cuidador a través de la vocalización y el llanto), no sería la única. El sistema de apego tiene además la función de monitorear la disponibilidad del cuidador y su capacidad de dar una respuesta sensible (*responsiveness*), acorde a la necesidad de cada momento.

De esta forma lo que nos ocupa ya no es solamente cuál es la respuesta que se activa ante la separación del y la reunificación con el cuidador, sino el espectro más amplio de la comunicación emocional en la díada conformada por el niño y su cuidador (Bowlby, 1998; Kodak, Zajac & Madsen, 2016). Si todo marcha sobre ruedas, ese fluir entre las necesidades de uno y la respuesta sintonizada del otro creará cimientos sólidos.

Trasladémonos por un momento a la arquitectura y pensemos en una casa construida sobre cimientos sólidos: ¿la convierten acaso esos cimientos en una casa *inmune* a las inclemencias meteorológicas? No. La hacen *resistente*. ¿Cabe la posibilidad de que haya que realizar arreglos a la casa? Absolutamente. Pero difícilmente sea necesario apuntalarla: la *base segura* de sus cimientos sólidos la ha convertido en un *refugio seguro*.

Una interacción diádica construida sobre cimientos sólidos tampoco es impermeable. Ni siquiera lo es a la posibilidad de que por momentos esa relación sufra interrupciones, desconexiones. Recuerdo que cuando estudié a Winnicott en la Universidad, me hacía ruido el concepto de madre *suficientemente buena*. ¿Cómo se era *suficientemente* buena? ¿Había alguna medida? Sí: la medida era la *cualidad* de reparación de esas interrupciones, la posibilidad de reconectar sin causar ni un cortocircuito por exceso, ni un apagón por estar los circuitos en mal estado y no tolerar ni el más mínimo impulso de energía. En la teoría suena perfecto, pero en la práctica sabemos que no hay una receta.

Un elemento importante de la interacción es la capacidad parental para comprender el significado y la intención de las señales y conductas del bebé, o más tarde del niño, y de ver a este último como alguien *separado*, distinto del adulto. A esto se lo conoce como **función reflexiva parental**.

Según Ordway y colaboradores (2015) una función reflexiva parental madura, pone en evidencia una comprensión acerca de que "los sentimientos pueden intensificarse y luego disminuir con el tiempo (el niño no va a seguir estando triste todo el día), que pueden ser opacos y difíciles de discernir (el cuidador no puede estar seguro de lo que su hijo está sintiendo, por lo cual va a tener que averiguarlo), que pueden gatillar otros estados mentales (si está asustado puede que luego se enoje), y -lo más importante- que pueden gatillar conductas tanto en sí mismo como en el otro." (pg.3)

Sin embargo, en algunas díadas, esto no es lo que sucede: el cuidador interpreta los sentimientos o conductas infantiles como caprichos (*está llorando por nada*), como acciones intencionales (*me lo hace a propósito*), puede definirlos como cualidades fijas y no como estados transitorios (*es intenso, es insoportable, es llorón, es manipulador*) y puede reaccionar de maneras que potencian los sentimientos o conductas criticados, reforzando la responsabilidad del niño sobre estos.

En la consulta, estos padres pueden llegar tan sobrepasados por las conductas de sus hijos y la dificultad que tienen para manejarlas, que al clínico muy posiblemente se le pase preguntarle al adulto "¿Cómo lo calmaban a usted cuando era un niño?" Atender al incendio que se nos presenta a la puerta parece ser prioritario. Y, sin embargo, saber cómo los adultos aprendieron a calmarse -o no- arroja luz para entender qué deberíamos trabajar con esos adultos, y así evitar que sigan funcionando muchas veces como el fósforo que puede encender el bidón de gasolina. La dificultad del adulto para responder de manera sensible y adecuada a la necesidad del niño no deriva tanto de la conducta del niño, como de la capacidad intrínseca que el adulto tenga de responder de esa manera.

Veamos entonces a qué debemos prestar atención cuando trabajamos con las figuras de cuidado de los niños, niñas y adolescentes que habitan las páginas de este libro.

### 6.1. ¿Qué son las disrupciones del apego?

Jacinta tiene 4 años. Es delgada, menuda y vivaz. Tiene un vocabulario muy rico para su edad y desde que nos conocimos, unos cuantos meses atrás, disfruta de utilizar los primeros minutos de la sesión mostrándome cómo la peinó su abuela y alabando mi corte de cabello. Jacinta vive con sus abuelos maternos, que son quienes la traen a mi consulta.

Sus primeros dos años los vivió en una situación plagada de violencia y negligencia, al cuidado intermitente de una mamá adolescente y adicta, y de la familia violenta de su papá, también adolescente y adicto. Hace dos meses, su mamá salió de un segundo tratamiento de rehabilitación por adicción a las drogas.

Vive con los abuelos de Jacinta y con la niña, pero se desentiende completamente de su hija.

Un día, por sugerencia del terapeuta que la está atendiendo, Vanessa, la mamá de Jacinta, acompaña a su hija a la terapia. Es una joven de 19 años que se presenta con una actitud entre hosca y apática, cargando en sus brazos distintos juguetes que la niña quiso traer. Jacinta está híper excitada, habla sin parar, se mueve por el consultorio de manera desorganizada, como quien recibe invitados en su casa y quiere que todo esté perfecto, y al mismo tiempo se tropieza con la ansiedad por lograrlo.

Su madre se queda estática en la puerta hasta que yo la invito a sentarse donde más le guste. Vanessa se sienta en el suelo, con la espalda apoyada contra la pared, las piernas cruzadas como indio y las manos abandonadas sobre su regazo; desde ahí mira con indiferencia cómo Jacinta se mueve de un lado a otro. Mis intentos por serenar a esa niña y aquietar su hiperactividad son infructuosos: Jacinta es usualmente inquieta y movediza, pero en esta ocasión destaca particularmente una incapacidad para poder terminar de decidir qué quiere hacer. Sus movimientos son torpes y parecen no conducir a ninguna parte.

En medio de ese alboroto surge entonces una voz dura y contundente: "¡Jacinta!", le grita Vanessa. Jacinta se queda repentinamente quieta, mirándola. Y después de un instante que parece eterno pero que no lo es, empieza a balbucear palabras incomprensibles, en un tono de voz bajo. Se pone en cuatro patas y comienza a gatear hacia su mamá, mientras los sonidos se hacen cada vez más incomprensibles, para terminar acurrucada en la falda de Vanessa, alternando entre buscar y esquivar su mirada, y chupándose el dedo mientras el sonido se convierte en un gemido.

Vanessa, mientras tanto, la mira con la misma mirada con la que llegó: hosca y apática. Sus brazos ahora descansan a los costados de su cuerpo, sin tocar a Jacinta, que sigue buscando cómo acurrucarse más en la falda inerte de su mamá.

*

En todas las interacciones diádicas, la tensión que se genera entre las necesidades del bebé/niño/adolescente, y la disponibilidad y cualidad de respuesta del cuidador, puede producir una suerte de "ruptura" relacional. Cuando estas rupturas se suceden unas tras otras, y no son adecuadamente reparadas por el cuidador, el bebé/niño/adolescente "queda expuesto y vulnerable a sentimientos persistentes de miedo, enojo o tristeza y a estrategias defensivas que reducen [su] habilidad de involucrarse en una comunicación emocionalmente en sintonía con sus cuidadores." (Kobak et al, op. cit. pg.28)

Cuando hay situaciones que amenazan de manera severa o prolongada la disponibilidad y la respuesta sensible del cuidador, y que crean en el niño miedo e incertidumbre acerca de si éste va a estar disponible o no para protegerlo en situaciones de peligro, se habla entonces de *disrupciones en el apego*. La tensión activa en el niño la conducta de apego, pero éste se encuentra con la ausencia de lo que necesita, con una respuesta errática e impredecible, o con lo contrario de lo que necesita. Esto va a alterar la conducta de apego, configurándola de un modo particular o desorganizándola por completo.

Los autores referidos hablan de dos tipos de disrupciones en el apego, pero tal vez sea mejor verlas a lo largo de un continuo que comienza con disrupciones que se dan por separaciones prolongadas o pérdida del cuidador por muerte o abandono, o por la imposibilidad de acceder al cuidador en momentos de gran necesidad, como, por ejemplo:

- Ser testigos de violencia entre sus padres o de uno hacia otro: ante esta situación ocurren dos cosas. Por un lado, el niño puede sentir temor de que la violencia dañe a uno u otro de sus cuidadores, y entonces está el riesgo de perderlo; por otro lado, ninguno de esos padres se encuentra en condiciones reales de proveer de la contención emocional genuina que el niño necesita para disminuir la tensión que le producen tales situaciones. El niño además puede sentir temor hacia el progenitor que ejerce la violencia. Si el progenitor que es víctima de la violencia se refugia a su vez en el niño para sentir calma y consuelo, entonces, la confianza que este último tendrá en que sus cuidadores se encuentren disponibles para él, disminuirá drásticamente.
- Amenazas del cuidador al niño, explícitas o implícitas: por ejemplo, irse de la casa luego de una discusión o pelea (no necesariamente con el niño), o amenazarle de manera explícita con que se va a ir de la casa o que lo va a echar.
- Amenazas de suicidio por parte del cuidador.
- Pérdida del cuidador por abandono o muerte sin un reemplazo concreto y/o adecuado de la figura de cuidado.

En el extremo de este continuo nos encontramos con las disrupciones más profundas, aquellas que se dan por lo que los autores consideran una falla casi completa del cuidador en proveer protección, o por la interacción con un cuidador que es atemorizante o amenazante, que traiciona la confianza del niño o que ha "abdicado" de su rol. La forma más persistente, prolongada y crónica de este tipo de disrupciones en el apego, se da cuando hay un *colapso* del sistema de cuidado, que podemos encontrar en los cuidadores negligentes y maltratantes. Solomon y George (2008) lo llaman *renuncia del cuidador (caregiving abdication)* y el resultado es una forma desorganizada y disfuncional de ejercer el cuidado del infante/niño.

En su estudio de madres de niños con apego desorganizado, las autoras identificaron dos cualidades diferenciales en los cuidadores desorganizadores: la desregulación y la constricción. Las madres con estilos **desregulados** se describen a sí mismas como impotentes a la hora de ejercer su rol de protección y cuidado, con rasgos de vulnerabilidad, sentimientos de inadecuación, falta de control e incapacidad para proveer de consuelo y confort a sus hijos cuando estos se encuentran asustados o tensionados. A su vez, los describen como incontrolables, desafiantes, "poseídos", histéricos.

Las madres que pertenecen al tipo **constrictivo** se describen a sí mismas "saliendo de la escena del conflicto" cuando sienten que las demandas del rol de cuidado las ponen al borde de la pérdida del control. De esta manera, por ejemplo, salen de la casa, o se encierran en su habitación o en el baño, dejando a sus hijos lidiar solos con su propia tensión o miedo. Es aquí donde encontramos la inversión de roles o parentalización: las madres describen a sus hijos como capaces de asumir responsabilidades parentales debido a cualidades "especiales" que tienen, de las cuales ellas se reconocen carentes. También describen una relación cuasi simbiótica, en la que ambos miembros de la díada son puestos en idéntico lugar: "nos entendemos, es como si fuéramos la misma persona". En cualquier caso, el niño como individuo separado del adulto queda invisibilizado.

Ante la activación del apego de sus hijos, estas madres se vuelven impermeables a las señales de sus hijos en busca de cuidado y atención. La experiencia para el infante/niño debe ser claramente desesperante. Para poder tener nosotros una idea un poco más vivencial de lo que puede ser esta experiencia, alcanza con ver los casi 3 minutos del video en que Tronick explica *The Still Face Experiment.*[19]

Muchos años antes de conocer ese video, a mí me tocó ver una escena similar en el Hogar de Madres Adolescentes donde trabajé algunos años, solo que

---

[19] https://www.youtube.com/watch?v=apzXGEbZht0

en este caso la mamá no estaba participando de un estudio de laboratorio, sino que regularmente interactuaba de esa forma con su hijo.

Vivi tenía 17 años y un hijo de 1 año, Max. Una mañana salió de su habitación cargando a Max en su carrito para ir a su escuela, donde había una guardería para los bebés de las alumnas. En los inmensos pasillos del Hogar, el llanto de Max retumbaba sin piedad. Vivi arrastraba el carrito con una mezcla de apuro y agresividad, y se le veía una expresión dura en la cara. Tocó a la puerta de la Dirección para pedir el dinero para su boleto de transporte, le abrieron y ella no entró, se quedó parada en la entrada de la oficina, esperando al lado del carrito de Max, que seguía llorando, levemente volteado de espaldas a ella, mirándola.

Max, al detenerse el carrito, agudizó su llanto, alzando sus brazos y tratando de zafarse de la correa que lo mantenía atado, para poder voltearse mejor en dirección a su mamá. Vivi ni siquiera lo miraba. Hasta que en un determinado momento se dio vuelta y lo miró sin decir una sola palabra, con la misma rigidez en su rostro que tenía desde que salió de su habitación. Max automáticamente paró de llorar, casi como si hubiera visto una aparición. La actitud de Vivi no cambió.

Unos segundos después Max se hizo un bollito en su carro de bebé y siguió llorando despacio, de manera casi imperceptible. Para cuando él y su mamá salieron del Hogar, apenas unos minutos después de esta escena, ya se había quedado dormido. Escuché a alguien a mis espaldas comentar: *"Pobrecito… era sueño lo que tenía…"*

Sin embargo, probablemente no fuera sueño lo que tenía, sino temor, y después de un rato de estar lidiando con su necesidad y al encontrarse con la no disponibilidad de su mamá, y con una expresión en su cara que comunicaba algo muy distinto a la sensibilidad, el auto consuelo terminó siendo lo único que lo podía liberar de semejante tensión.

*

Salvo en situaciones de laboratorio, como aquellas en las que se conducen las investigaciones que después alimentarán nuestro conocimiento sobre el apego, los clínicos no solemos tener acceso directo a *ver* las interacciones cotidianas que se dan entre los niños y sus cuidadores. Incluso cuando los citamos a nuestra consulta para tener un encuentro vincular, lo que vemos allí es una fotografía de escenas e historias que muchas veces suelen ser más complejas que lo que se puede adivinar en ese recorte.

Yo aprendí sobre el maltrato, sus causas, su evaluación y las intervenciones necesarias para trabajar con tales situaciones, en un centro especializado que ofrecía asistencia ambulatoria. Pero unos años más tarde me tocó pasar otros casi 10 años siendo testigo directo e involuntario de esas interacciones. Al trabajar en un Hogar para Madres Adolescentes primero, y en una Casa Refugio para mujeres víctimas de violencia y sus hijos después, me encontré con escenarios en los que se representaban muchas de las cosas que yo había aprendido que podían pasar, y sobre las cuales me habían enseñado a preguntar. En suma, toda mi experiencia en esos tres programas públicos me enseñó varias cosas: una de ellas es que las ideas de parentalidad que solemos tener son a veces bastante limitadas, y no suelen incluir aquello que nos cuesta más ver y tolerar.

Medianamente todos *sabemos* que hay violencia en algunas familias. Pero *imaginarnos* cómo se manifiesta esa violencia de manera más concreta es otra cosa. Saber no siempre alcanza. Cuando nosotros nos quedamos solo en el aspecto superficial del conocimiento de la violencia, no aprendemos a preguntar, ni a observar, y los instrumentos que utilizamos para evaluar dinámicas familiares, estilos de apego, etc., solo servirán para informarnos acerca de aspectos generales de cada situación en particular.

Si hay algo que me enseñó el temprano ejercicio de toparme con la violencia en las relaciones familiares, fue que los efectos de su exposición crónica son muchos, que se enmascaran o se expresan en síntomas que conocemos habitualmente con nombres más familiares y tolerables para nosotros, y que cuando ocurren durante el desarrollo se van depositando en distintas capas: nunca están todos juntos agrupados en una misma carpeta esperando a ser descubiertos por el terapeuta.

La psicoterapia infantil no va a ningún lado si no incorpora a los padres como parte de ella. En situaciones en las que el ejercicio de la función del cuidador reposa en otras personas, éstas también son parte fundamental en nuestro trabajo. Cuando nuestros pacientes son niños adoptados, sus padres adoptivos y las familias de origen -aunque ausentes desde hace muchos años o desconocidas por completo para el niño- son un componente fundamental de nuestro trabajo. La base segura del niño es un cuidador sensible, que cuide y que a la vez potencie la exploración. Que el terapeuta le aporte esto al niño en la consulta no basta si no hay un cimiento en su vida cotidiana sobre el cual edificar la experiencia de seguridad interna. Trabajar con el niño como sujeto aislado de su contexto, es como echar agua en un recipiente poroso o lleno de grietas. Su mente aún no es autónoma, su desarrollo no está completo. Y no es la terapia la encargada de completarlo, ni el terapeuta la figura que puede suplir al marco de referencia que constituyen los cuidadores.

Incluir en la terapia de estos niños a los adultos que ejercen el rol de cuidadores, sean los padres biológicos, sustitutos, adoptivos o el personal de casas hogares, va más allá de que estos estén o no presentes durante las sesiones del niño. Lo que fue dañado en el contexto de una relación, solo puede ser reparado en el contexto de otra relación, una que tenga o pueda generar las cualidades necesarias para permitir que el desarrollo continúe por donde debe continuar. La relación terapéutica es simplemente el contenedor transitorio de ese encuentro o desencuentro entre el niño y quienes cuidan de él. Y para sanar los efectos del trauma relacional, debemos conocer los vericuetos de esta relación entre un cuidador adulto y el niño que nos traen como objeto principal de la terapia.

Lo primero que deberemos tratar de conocer entonces es la relación de estos cuidadores con el trauma relacional sufrido por el niño.

### 6.2. Cuidadores agentes del trauma.

"El otro día entré al baño y la Fiore estaba tocándose, desnuda por completo. Le grité '¡Te vas a lastimar cochina de mierda!' Ya lo sé que está mal que le grite, pero no soporto verla tocarse doctora. Porque la veo y lo veo al otro haciéndole esa porquería a mi chiquita…"

Muchas situaciones de violencia que viven los niños, niñas y adolescentes protagonistas de este libro, no son sino acumulaciones de diversas acciones de daño y falta de cuidado. Es el caso de Fiore, que a los 9 años fue vista por su abuela materna acostada y desnuda en la cama de su mamá mientras su padrastro abusaba de ella. La abuela cerró la puerta tras ver esa escena, y el padrastro, luego de esa breve interrupción, continuó con lo que estaba haciendo. Nadie le dijo nada a la madre de Fiore, que estaba fuera de la casa trabajando, pero no pasó mucho tiempo hasta que ella misma descubrió lo que pasaba varias de las tardes en que no estaba en la casa, porque trabajaba limpiando casas ajenas. Una de esas tardes, regresó antes de tiempo porque se sentía descompuesta, y cuando abrió la puerta de su habitación se encontró con la misma escena.

La madre de Fiore recuerda haberse abalanzado sobre los dos mientras gritaba "¡Cochinos! ¡Asquerosos! ¿Qué le estás haciendo a mi hija degenerado de mierda? ¡Son los dos unos asquerosos!" El hombre logró zafarse de la furia de su mujer, agarrar su ropa y salir corriendo de la habitación. Mientras la madre de

Fiore seguía gritando, la niña seguía tendida en la cama, con la mirada fija en el cielorraso. La madre la sacudió para que reaccionara, pero con poco éxito, por lo cual terminó por llevarla a un hospital.

La madre de Fiore hizo la denuncia contra su pareja y siguió todas las indicaciones del equipo que la recibió y la atendió en el hospital. El foco de la intervención estaba puesto en el abuso sexual que Fiore había sufrido por parte de su padrastro. Pero su historia tenía más condimentos, como un padre alcohólico que golpeaba a su mamá y a su hermana 9 años mayor, y que las había echado de la casa cuando Fiore tenía 5 años. Tras esto la niña, su mamá y su hermana vivieron unos meses en una de las casas en las que trabajaba la mamá, hasta que ésta conoció al que sería su padrastro y se fueron a vivir con él. El hombre dejó de trabajar y la madre de Fiore comenzó a mantener la casa. La hermana había terminado la escuela secundaria y se había ido a vivir a la casa de su novio. Fiore quedaba casi siempre al cuidado de su padrastro.

Su abuela materna iba de vez en cuando a la casa de su hija: "Voy para ayudar y para poner un poco el ojo en lo que pasaba -manifestó en una entrevista- porque mi hija siempre fue una atolondrada para elegir a los hombres, y yo le dije que no tenía que dejar al marido solo con la nena, y no me equivoqué; al final yo tenía razón." Cuando se le preguntó a la abuela por qué se había ido sin interrumpir lo que estaba sucediendo, y por qué no había advertido a su hija sobre lo que había visto, la mujer esquivó la primera pregunta y respondió a la segunda sin que se le moviera un músculo: "Ella nunca quiso que yo me metiera en la crianza de sus hijas." Además de esto, la abuela contó con detalles cómo su hija se ponía violenta con frecuencia desde que el padre de Fiore la había echado de la casa: "Le puede pegar a cualquiera, si a ella la agarra el demonio se pone ciega y empieza a repartir golpes, con la mano o con lo que tenga... debe ser porque cuando ella era chica yo la dejé con las monjas y las monjas esas eran bravas también."

En las entrevistas que se hicieron en la sede judicial, la madre de Fiore reconoció que era demasiado "temperamental" y que a veces ni sabía lo que hacía, con qué pegaba ni a quién pegaba. Quienes la escucharon dedujeron que Fiore no tenía una red familiar contenedora, pero acordaron con la madre que, si ella hacía un tratamiento a la par de su hija, le permitirían mantener la custodia de la niña; en caso contrario, deberían enviarla a una Casa Hogar. La madre se comprometió y comenzó a llevar a su hija a la terapia todas las semanas, mientras ella también recibía sesiones individuales.

La historia de la madre de Fiore estaba plagada de situaciones traumáticas que -desde su propia infancia- no habían tenido pausa. Ella misma no había conocido los cuidados adecuados por parte de su madre y había padecido distintas formas de violencia. Su orgullo era haber crecido fuerte para defenderse de cualquiera, pero eso le había costado tomar los llantos y travesuras de sus hijas, como agresiones de las que debía defenderse igual que si la estuviera atacando un ladrón.

El abuso sexual de Fiore había sido el evento "punta de iceberg" para develar la violencia en la que la niña había vivido desde su gestación misma, pero no era el único evento traumático al que había estado expuesta: la violencia de su papá biológico, la violencia de su mamá y la negligencia de su abuela, contribuían equitativamente al cuadro sintomático de Fiore. Sin embargo, su mamá solo podía "ver" las consecuencias del abuso que a ella la retrotraían a la escena en la que había descubierto lo que estaba sucediendo: ver a su hija desnuda masturbándose la llevaba a verla nuevamente en idéntica situación, sobre su cama, y con su pareja tocándola. Y cuando veía esas consecuencias en la conducta de su hija, volvía a reaccionar de la misma manera en que lo había hecho cuando descubrió el abuso.

Si observamos detenidamente el relato que nos hace la mamá, de su reacción frente a lo que sucedió y frente a la conducta masturbatoria de su hija, podemos ver que, para ella, la niña es simultáneamente su hija y su enemiga, alguien a quien debe cuidar y a quien debe castigar al mismo tiempo: le grita que se va a lastimar mientras la insulta, le pregunta a su pareja qué le está haciendo a su hija mientras la incluye en el insulto que le propina a él. Sabe que no debe gritarle, pero no puede evitar verla "cochina" como el hombre que abusó de ella.

Para la madre de Fiore ver a su hija como víctima exclusiva de la situación, y a la conducta como una consecuencia derivada de una experiencia que la niña no buscó, es una tarea titánica. Pero lograrlo será lo único que permita a esta madre estar en mejores condiciones de aprender a modular su reacción violenta ante los síntomas de su hija, porque si no lo logra, su violencia hacia Fiore será exactamente igual de dañina que el abuso que esta sufrió a manos de su padrastro. El desafío es enorme, porque la violencia de la mamá de Fiore no comenzó cuando descubrió el abuso; por el contrario, es de larga data, y Fiore lleva más tiempo sufriendo esa violencia que el que pasó sufriendo el abuso sexual.

Muchas intervenciones en situaciones de este tipo buscan rescatar al niño del mal mayor -en el caso de Fiore sería el abuso sexual de su padrastro- y pierden de vista la compleja trama de violencia en que algunos niños crecen y se desarrollan. Cortar el chorro de una manguera de gasolina que está cerca de una fogata, no es suficiente para prevenir la explosión y el incendio si dejo a la manguera goteando o si no me encargo de limpiar la gasolina derramada.

Los sistemas de protección a la infancia en muchos países latinoamericanos, distan de ser ideales para encontrar sitios adecuados en los que albergar a estos niños, cuando sus casas no son lugares seguros para ellos. Pero se nos impone una serie de preguntas: ¿cuál sería la *situación extrema* que estos niños deberían vivir en sus familias de origen para que se recurriera a esa alternativa externa de cuidado? Y cuando esas situaciones extremas no se dan ¿qué hacemos para trabajar con las existentes y prevenir "la explosión y el incendio"?

En un caso como el que estamos viendo, un plan de trabajo integral debería incluir en simultáneo:

- El trabajo psicoterapéutico individual de la madre, con el objetivo de **procesar su propio pasado traumático** -que ha tenido peso en la elección de parejas violentas y abusivas, y en su propia violencia hacia sus hijas, esta última naturalizada y minimizada por ella cuando se define como "temperamental".
- Dentro de ese trabajo terapéutico deberá además abordarse **la experiencia traumática actual** de haber encontrado a su pareja abusando sexualmente de su hija, y será necesario ayudarla a diferenciar el rol del perpetrador como único responsable de la situación, del rol de víctima de su hija.
- **El trabajo psicoterapéutico de Fiore**, que deberá incluir las situaciones de abuso sexual por parte de su padrastro tanto como las situaciones de malos tratos físicos y emocionales vividos con su madre y su padre biológico.
- En la medida en que el trabajo psicoterapéutico de la madre de Fiore avance positivamente, se puede pensar en incluir **un trabajo vincular** que apunte a reparar las heridas del vínculo madre-hija.

*

En este apartado podemos incluir también aquellas situaciones en las que la justicia decide la revinculación de un progenitor con su/s hijo/s. Esto sucede cuando previamente hubo una *desvinculación* de dicho progenitor debido a situaciones de violencia y/o de abuso sexual; esa medida -que no decide ni ejecuta un terapeuta sino un Juez- originalmente tuvo por objetivo intervenir para disminuir el riesgo inminente de que el daño continuara.

Lo lógico sería que la restitución de esa vinculación -a lo que se denomina "revinculación"- se diera cuando existen garantías de que la situación de riesgo del pasado no se repetirá nuevamente. Sin embargo, eso no es necesariamente lo que sucede en una gran cantidad de casos. Muchas veces, el paso del tiempo o la presión ejercida por el progenitor que no puede ver a su/s hijo/s, funciona como resorte suficientemente poderoso para que la justicia decida ordenar que se reanude el contacto. El persistente reclamo del progenitor desvinculado puede activar al mismo sistema que anteriormente puso en marcha la acción opuesta. Esto puede suceder incluso cuando ese progenitor no hizo ningún tipo de tratamiento psicoterapéutico, aunque esa fuera una indicación del mismo Juez, o cuando sí hizo un tratamiento, pero con un profesional sin formación especializada en situaciones de violencia o abuso sexual.

Un subproducto de estas situaciones son los casos como el de Vanessa y su pequeña hija con el que ilustré el inicio del apartado anterior. A lo largo de mis años de trabajo me he encontrado con situaciones en que los niños quedaban al cuidado de sus abuelos -paternos o maternos-, de otros familiares o incluso institucionalizados, porque el progenitor a cargo estaba internado en un centro de rehabilitación por consumo de drogas. En todos los casos de este tipo en los que me tocó intervenir, el consumo de drogas era un componente de un problema mucho mayor: trastornos de personalidad, y/o relaciones de pareja violentas y adictas con quienes habían tenido a sus hijos, sobre los cuales ambos progenitores habían ejercido alguna forma de violencia, ya fuera por acción u omisión (desde abusar física y/o sexualmente de los niños, hasta privarlos de cuidados básicos por salir a buscar drogas o bajo los efectos de las drogas).

En todos estos casos, la justicia había intervenido para garantizar y monitorear el cuidado alternativo de los niños; pero la insistencia en que se reanudara el contacto de los progenitores internados con sus hijos no provenía esta vez de un Juez, sino de los equipos o profesionales a cargo de la atención de los padres y/o madres. Conversaciones con, e informes de, profesionales de la salud mental argumentando que "el contacto de la paciente [la madre, por ejemplo] con la niña sería sumamente provechoso para el progreso de su tratamiento", he escuchado y leído bastantes. Pero si el progreso del tratamiento de la madre depende de que retome el cuidado de su hijo/hija, y su hijo/hija ha sido expuesto a situaciones severas de negligencia o de violencia física, emocional o sexual como consecuencia del consumo de la madre ¿no tiene cierta lógica que nos aseguremos de que el estado actual de la madre *garantice* que la exposición a tales riesgos nunca vuelva a ocurrir? La respuesta del terapeuta de una madre ante esta pregunta fue: "Bueno, ¿quién puede predecir el futuro?"

En el caso de Vanessa se trabajó primero con sus padres para que ellos pudieran entender que su externación, no implicaba de manera automática que debía/podía hacerse cargo de una hija con la que jamás había tenido un vínculo. Fue necesario que pudieran aceptar que Vanessa dijera que no estaba segura de querer a la niña, y que no la forzaran a cumplir un rol para el que no estaba preparada. Con Vanessa y su terapeuta, fue necesario trabajar en un esquema de organización de rutinas en que ella pudiera colaborar mínimamente con el cuidado de la niña. La idea era que, en principio, esto sirviera para descomprimir a su propia madre -la abuela de la niña-, a la manera de un "trabajo en equipo", más que desde un mandato de responsabilidad parental que Vanessa no podía cumplir.

Acordamos con ella cuáles eran las tareas que le resultaban más tolerables de realizar, de manera tal que tuvieran menos chances de convertirse en disparadores de reacciones desorganizantes como la que me tocó presenciar en mi consultorio. Esta no fue una tarea fácil, porque las cosas que Vanessa sentía que podía hacer, colisionaban a veces con otros intereses que ella tenía. Por ejemplo, leerle un cuento a la hora de irse a dormir, podía colisionar con su deseo de salir a la noche. Acordamos que -dado que Vanessa debía retomar sus estudios como parte de su propio plan de tratamiento y todos los días de la semana se levantaba a la misma hora que Jacinta- se encargaría de peinarla y prepararla cada mañana para ir al Jardín de Niños.

Durante un tiempo se necesitó también del acompañamiento de la abuela, ya que Vanessa podía entrar en confrontaciones con Jacinta alrededor de la ropa que la niña debía vestir, como si ambas fueran dos criaturas de la misma edad. Paulatinamente Vanessa fue pudiendo compartir más espacios con Jacinta y haciéndose cargo de más cosas, incluso por decisión propia. Empezó a expresar que disfrutaba de pasar tiempo con Jacinta y pudo comenzar a anticiparle despedidas breves, por ejemplo, cuando salía con amigos. El trabajo con los padres de Vanessa fue sustancial para que pudieran acompañar este proceso sin forzarla a ocupar un rol que al principio no podía ocupar, ni quitándoselo por no poder hacerlo.

Para el último tiempo en que Jacinta concurrió a la terapia, quien la traía era su mamá. Vanessa podía compartir momentos en la terapia de su hija desde un lugar más cercano al rol del cuidador que Jacinta necesitaba, y pedía orientación para hacer determinadas cosas, para tomar decisiones o para entender comportamientos y contestaciones de su hija, y tratar de responder de la mejor manera.

*

No todos los casos de esta índole tienen resultados similares, porque como vemos, deben intervenir muchos actores, y coincidir en esa intervención, remando todos juntos en la misma dirección. Esto demanda tiempo, esfuerzo y trabajo, lo cual muchas veces empuja a que se tomen decisiones simplistas y rápidas, pero poco efectivas e incluso nocivas a mediano y largo plazo.

De ahí entonces que la detección temprana de situaciones de violencia y negligencia hacia los niños, o incluso de factores de riesgo para que estas sucedan, podría darnos un margen de acción más amplio que el que nos da trabajar cuando el incendio ya devastó buena parte de la estructura. En esa tarea de detección no están solamente quienes trabajan con niños, sino también quienes trabajan con adultos.

Para finalizar este apartado, cabe aclarar -aunque parezca que no es necesario- que el trabajo terapéutico con los niños depende de que sus cuidadores hayan podido modificar sus patrones de violencia y negligencia. No hay forma en la que podemos trabajar y avanzar en el trabajo con estos niños, si al volver a estar al cuidado de alguno de sus padres vuelven a estar expuestos al maltrato.

Esto nos obliga a recordar que nuestro trabajo en estas situaciones se enlaza con el trabajo de otras disciplinas e instituciones, en las que recae la responsabilidad de cuidado del niño cuando sus familias de origen no pueden ejercerlo adecuadamente.

### 6.3. Cuidadores que estuvieron expuestos al mismo trauma que el niño.

"Cuando Aldana me contó lo que le hacía el padre lo primero que pensé fue en denunciarlo. Pero después me paralicé. Él siempre fue muy impredecible. Una vez me dijo que tenía un arma escondida en la casa y que, si yo lo dejaba o lo denunciaba, me mataba a mí y a mi hija. Y yo le creí. Por eso no lo denuncié. Cuando Aldana se enoja conmigo y me escupe que yo me casé con un violador, a veces le revoleo un cachetazo, pero después le pido perdón y le digo que tiene razón, pero que yo no sabía y que él también me pegaba a mí, y yo no sabía cómo salir de eso… a veces creo que tiene razón en enojarse conmigo y a veces creo que es injusto."

La falta de cuidado y protección de un progenitor tiene múltiples y diferentes orígenes. Vamos a ver que en muchos casos varios de los escenarios que voy proponiendo de manera separada, pueden confluir, y podemos encontrar que, en cada uno de estos escenarios, hay de todo un poco.

En muchas situaciones como la de la viñeta, la negligencia de un progenitor es el producto de estar expuesto a situaciones de violencia por parte de la misma persona que está dañando al niño o niña. Estas situaciones dejan a los niños enfrentados a una paradoja compleja: "Si mi papá abusa de mí y mi mamá lo sabe y no hace nada... entonces ¿quién me puede cuidar?" En este tipo de situaciones puede haber distintos matices que es necesario distinguir:

**La hija es abusada por el padre, se lo cuenta a la madre, pero ésta es víctima de violencia por parte de ese padre y se siente demasiado atemorizada para actuar en pos de la protección de su hija**.

En estas situaciones -si llegan a nuestra consulta cuando el riesgo de daño ya cesó, es decir, con seguridad ambiental adquirida- es importante conocer cuál es el estado actual de esa madre respecto de lo que sucedió. Si ha podido trabajar en un proceso terapéutico propio, sanando las heridas de la violencia que sufrió - y probablemente otras heridas de la infancia de índole traumática relacional que pudiera haber sufrido- probablemente esté en mejores condiciones de sostener el proceso terapéutico de su hija desde un rol cuidador, y no desde un rol de "pares víctimas". En el rol de cuidador se trata de que pueda ubicarse en una posición del tipo "Hubiera deseado poder protegerte mejor, pero en ese momento estaba demasiado asustada y ese miedo me paralizaba; hoy me siento más fuerte para poder protegerte y cuidarte, hoy puedo escuchar tu dolor y acompañarte a sanar".

El lugar de "pares víctimas", por el contrario, desvirtúa el rol de cuidador, y coloca al adulto en igualdad de condiciones que el niño, quedando este último completamente desprotegido. Así lo manifestaba una madre respecto de su hija: "Cuando se enoja conmigo porque tardé en denunciar al padre, le digo que ella tiene que entender que estábamos las dos en igualdad de condiciones: las dos estábamos atadas a él, si ella no podía zafarse de lo que él le hacía, yo tampoco."

En otra ocasión, la madre de una niña de 10 años abusada por el padre primero, y por su padrastro después (ambos habían ejercido violencia física y emocional hacia la madre), decía lo siguiente: "Yo le dije que ahora estamos las dos juntitas y solas, y que así estamos bien, pero que ella me tiene que ayudar a no meterme con tipos malos, ella me tiene que ayudar a darme cuenta de si me estoy juntando con un violador." Claramente no es trabajo de la niña advertir a la mamá si se está juntando con alguien potencialmente dañino; pero si una madre coloca semejante peso sobre las espaldas de su hija, lo más probable es que ésta funcione desde el lugar desadaptativo de cambiar el rol de protegida por el de protectora, porque no puede exponerse al riesgo de perder a su mamá. Entonces, sacrificará su desarrollo para ejercer ella una función de cuidado que no le compete, y quedará a la vez como responsable del propio cuidado (porque si es abusada física o sexualmente por la siguiente pareja de su mamá, será más fácil para ella creer que *es su responsabilidad* por no haber advertido a su madre).

Como vemos, para un niño, niña o adolescente, el camino para asumir la creencia de *hice algo malo,* puede provenir de las más variadas experiencias. Cuando un cuidador se ubica en este rol de par víctima, el trabajo debe apuntar a separar la percepción que el adulto tiene de sí como igual del niño, niña o adolescente. Solo desde este lugar podrá ofrecer protección genuina y funcionar como un contenedor relacional seguro. Estas interacciones complejas enlazan con el triángulo dramático que comentábamos en el capítulo 4. Cuando la madre se ubica en el lugar de ser tan víctima o más que la niña ante el abusador/perseguidor, la niña se verá empujada al rol de rescatador, o a veces se verá ubicada en el lugar de la abusiva. Si la madre no hace su propio proceso para salir de la respuesta traumática, veremos diversas variantes de triangulaciones.

Es fundamental no caer nosotros también en este "triángulo de las Bermudas" relacional, convirtiéndonos en rescatadores del niño víctima ante la madre abusiva o insensible.

**La hija es abusada por el padre, se lo cuenta a la madre y la madre minimiza o descree de lo que la niña le cuenta.**

Cuando estas situaciones llegan a nuestra consulta lo primero que debemos hacer, es asegurarnos de que la actitud parental no siga poniendo a la niña en riesgo de seguir siendo dañada. En muchos de los casos en los que he intervenido, situaciones de este tipo han llevado también a que la justicia separe a estos niños no solo del padre que abusa, sino de la madre que no cree e incluso defiende al abusador, especialmente cuando la actitud de negación materna persiste, aunque exista evidencia indiscutible de que el abuso existió.

En otros casos, esta actitud parental puede llevar a una denuncia tardía de la situación, o a una actitud lábil, oscilante y a veces contradictoria entre creer y no creer. Una madre decía: "No es que yo no creyera en lo que me decía, es que yo necesitaba estar segura de que lo que me decía era lo que estaba pasando." Otra manifestaba: "Es fácil juzgar desde afuera, pero usted póngase en mi lugar: es difícil creer lo que dice una niña de 4 años que puede fantasear, y no creer en lo que dice un hombre de 60 años, que sabe lo que hace, y que fue todo para mí en estos años, no solo un marido, sino también un padre."

Claramente tomar conocimiento de que una hija está siendo abusada por su propio padre, o por la persona que ha ejercido ese rol durante gran parte de la vida de la niña, tiene un impacto traumático. En este tipo de situaciones es fundamental que las madres realicen un proceso terapéutico propio en el que puedan sanar las heridas de esta situación: si no puede ver a la niña, y solo puede verse a sí misma, la seguridad relacional está fuertemente comprometida, y la niña queda peligrosamente desprotegida.

Muchas veces el origen de estas actitudes en el cuidador está en una historia de carencias o violencia en la propia infancia; la vinculación a personas que terminan dañando a sus hijos, y la posterior negación de ese daño, les permite no perder un vínculo afectivo que, desde su perspectiva, les da aquello que no tuvieron en sus propios cuidadores.

Otra posibilidad es que el daño actual de los hijos reviva en estas madres recuerdos de un daño similar sufrido por ellas en su infancia, del que no fueron protegidas. Estas mamás quedan demasiado "pegadas" a su propia historia, y no pueden tomar la distancia mentalizadora que les permita ver que hoy tienen la opción de hacer por sus hijos, algo distinto de lo que hicieron otros por ellas siendo pequeñas. Pero para que puedan hacerlo es necesario curar la herida de la falta de cuidados que ellas mismas sufrieron en el pasado.

Solamente cuando los adultos hemos podido curar las heridas que sufrimos con nuestros cuidadores siendo niños, estamos en condiciones de funcionar para nuestros niños desde el lugar adulto que éstos necesitan.

**La hija es abusada sexualmente por el padre, la madre denuncia inmediatamente la situación y busca proteger a su hija, pero debe enfrentarse a un sistema judicial que toma su denuncia como una acción hostil y/o de venganza hacia el padre.**

Yo suelo decir que cuando de involucrarse con el sistema judicial se trata, uno sabe cuándo, cómo y por qué metió un pie en ese mundo, pero no puede ni anticipar ni predecir cuándo saldrá de él, ni cómo.

Son muchos los casos en los que el accionar materno para proteger al hijo o hija de un abuso o de la violencia del otro progenitor, se encuentra con un sistema que, en lugar de proteger, agrava el daño. Son muchos los casos en los cuales una madre denuncia el abuso sufrido por su hija a manos del padre, para encontrarse con que la Justicia no interrumpe los contactos de este padre con la niña, o habilita que ese contacto se reanude sin supervisión alguna luego de haberlo suspendido temporalmente.

No es el objetivo de este capítulo ni del libro ahondar en las razones por las que esto sucede, sino, más bien, tratar de entender qué dinámicas asociadas a estas situaciones, debemos atender los terapeutas de cara a trabajar en la seguridad relacional que nuestros pequeños pacientes necesitan.

Aunque cueste creerlo, incluso en situaciones como éstas es posible que un niño se sienta abandonado y desprotegido por su mamá. ¿Cómo es posible? ¿Entonces una actitud de descreimiento daña, pero una de creer también? Claramente no es la actitud de haber creído en la palabra infantil lo que daña. El impacto de estas situaciones en las madres es tan amplio que se puede manifestar de diversas formas, y no solo en sintomatología postraumática, ansiosa o depresiva; por ejemplo:

a) algunas madres asumen un rol activista en la lucha contra los abusos (entonces, desde la perspectiva infantil, la madre deriva parte de su energía en proteger a otros niños, y no solo al propio hijo)[20];

b) algunas madres sienten una desconfianza generalizada, por ejemplo, hacia los hombres si es que el abusador fue un hombre (desde la perspectiva infantil se aprende también a desconfiar de manera generalizada, y esto limita la capacidad de poder ajustar la percepción de peligro, a la vez que limita el acceso a fuentes de apoyo inocuas, o convierte en peligrosa la búsqueda de ayuda);

c) algunas madres muestran una preocupación persistente por la posibilidad de que a su hijo o hija pueda volver a sucederle algo malo, lo cual lleva a una sobreprotección desadaptativa (desde la perspectiva infantil se instala con facilidad la creencia generalizada de estar *siempre* en peligro si no se está bajo el cuidado de la mamá, o cerca de ella);

---

[20] Me parece importante aclarar que no estoy en contra del activismo parental contra las situaciones de violencia y abuso que sufren los niños. Pero considero que ese debiera ser un paso de resolución postraumática, y llevarse adelante cuando el impacto que la situación ha tenido en el adulto cuidador haya podido sanar a través de un proceso terapéutico. El activismo puede complementar los resultados de una psicoterapia, pero no puede reemplazarla.

d) algunas madres expanden las consecuencias del daño a múltiples áreas, conductas y manifestaciones, aun cuando no necesariamente se relacionen con el abuso sufrido, o incluso cuando se relacionan más con la conducta sobreprotectora que con el abuso; ese es el caso de una mamá que se preocupaba porque su hijo de 11 años no quería ir a pijamadas de sus amigos, y lo atribuía al miedo inconsciente que el niño debía tener de que el padre del amiguito anfitrión abusara de él (un miedo que por otro lado el niño nunca había manifestado), y no al temor generalizado que ella tenía y había expresado varias veces, de que su hijo no supiera cómo defenderse de futuros ataques.

En algunos casos la expansión de las consecuencias del daño se extiende además en el tiempo, y hace que absolutamente *todo* lo que le sucede al niño o adolescente *hoy*, sea leído como consecuencia directa y exclusiva de lo que le sucedió muchos años atrás, incluso cuando hay otras razones que expliquen lo que le aqueja.

Es claro que cuando nuestros hijos son dañados nuestra mayor preocupación es que nunca más les vuelva a suceder nada, ni siquiera caerse y lastimarse una rodilla, aun cuando es poco realista esperar que algo así suceda.

Pero *la sobreprotección no crea protección*; por el contrario, va erosionando en el niño la capacidad de desarrollar estrategias adaptativas de percepción y afrontamiento de la amenaza y el peligro. Cuando hablábamos del sistema de apego, hablábamos también de la importancia de la exploración, de poder desvincularse por un momento de la base segura del cuidador, para ir ensayando cómo funcionar de una manera autónoma. La seguridad solo puede desarrollarse cuando funcionan adecuadamente ambos componentes.

La sobreprotección consolida además la percepción de estar dañado para siempre, de estar indefenso, de ser incapaz de protegerse, de necesitar siempre de otro para estar bien y seguro, y de que el mundo en su totalidad es siempre mucho más peligroso de lo que uno se imagina. Ayudar a los cuidadores a regular la intensidad de sus preocupaciones será entonces, la tarea más importante a realizar con miras al tratamiento del niño que nos traen a la consulta. Para ello será fundamental que el adulto también esté dispuesto a embarcarse en un proceso terapéutico propio que le permita cicatrizar las heridas de lo que sucedió.

Una mamá decía una vez que no quería que cicatrizaran las heridas que le habían quedado por lo que su marido había hecho a sus hijos, ya que eso podía "bajarle la guardia" ante futuros predadores.

Recordar y recordar traumáticamente son dos procesos diferentes. El recuerdo de una situación dolorosa que hemos logrado dejar en el pasado, tiene el potencial de permitirnos un aprendizaje postraumático. Aprendemos la textura del dolor, su intensidad, y también aprendemos que esa intensidad puede variar; aprendemos que tenemos recursos de supervivencia que nos permiten salir de las situaciones dolorosas y continuar adelante; y lo más importante de todo, aprendemos que los significados que esas situaciones dejaron en nosotros, no nos definen. Somos plenamente conscientes de que no fuimos los culpables y de que hicimos lo mejor que podíamos hacer dadas las circunstancias.

El recuerdo postraumático, en cambio, anula todas esas posibilidades, y solo perpetúa el sufrimiento a través de un bucle de re experimentación. La misma mamá a la que me referí unos párrafos más arriba decía sobre el mayor de sus hijos: "Él *sabe* que no es culpable de lo que pasó, yo se lo digo todo el tiempo." Subyacente a esta constante repetición de la madre no está solo la culpa del hijo, sino la suya propia. Pero saber algo y tomar conciencia de eso que se sabe, también son dos procesos distintos. Esta mamá lo intuye, ya que pese a que afirma que el niño "sabe" que no es culpable, no para de repetirle constantemente lo contrario. El ejemplo más claro nos lo dan los sobrevivientes adultos cuando nos dicen "Yo *sé* que no tuve la culpa, pero no sé por qué no puedo dejar de sentirme culpable". Es en ese *sentirse* culpable donde residen los restos de la memoria traumática, y solo si vamos a ellos es que podemos ayudar a una genuina toma de conciencia del "no ser culpable de". En la terapia con niños, niñas y adolescentes el trabajo con los cuidadores es fundamental: ningún niño va a estar dispuesto a sanar sus propias heridas si las de su mamá, causadas por el mismo daño, siguen supurando a la vista.

*

Otras situaciones a las que debemos prestar atención incluyen aquellas en las que los niños, niñas o adolescentes se enojan con sus madres por el hombre con el cual se casaron, y que fuera responsable de la violencia sufrida. Este tipo de situaciones son bastante comunes, sobre todo en aquellas familias en las que los hijos han asumido varias veces roles parentales, percibiendo a uno de sus cuidadores extremadamente fuerte y peligroso, y al otro extremadamente débil e impotente, debiendo entonces lidiar con cuidarse a sí mismos, a hermanos menores si los hay, y a la madre.

En estas circunstancias, es importante ayudar a los adultos a que puedan validar el enojo de sus hijos, en lugar de responder reactivamente, ya sea confrontando (como por ejemplo esta madre que les dice a sus hijas adolescentes "Si hubieran hablado antes yo me hubiera separado, no sé por qué tardaron tanto en contarme", poniendo en ellas la responsabilidad del cuidado) o evitando (como el ejemplo de una adolescente que me decía: "Mi mamá quiere que yo le cuente cómo me siento, pero cuando le empiezo a contar enseguida me cambia de tema, entonces no entiendo qué quiere que le cuente").

Y nuevamente, es necesario alentarles a iniciar un proceso psicoterapéutico propio, porque muchas veces el sentimiento de culpa por "haber permitido", por "no haberse dado cuenta", por "haber elegido tan mal", además de permearse en actitudes sobreprotectoras, puede adquirir un aspecto reactivo que aumenta la desconexión con la hija dañada, y limita la reparación relacional.

Los terapeutas debemos recordar que, en estos casos, la confianza más importante que tenemos que lograr, es la que esa niña pueda depositar en su mamá. Su confianza en nosotros como terapeutas será importante para el proceso, pero la terapia corre el riesgo de ser ineficaz si no logra crear, fomentar o potenciar la sensación de seguridad que el niño pueda tener en su relación con el adulto cuidador.

## 6.4. Cuidadores que sufrieron traumas en la infancia o tuvieron un apego disfuncional con sus propios cuidadores.

Los cuidadores de estos niños, sean biológicos o adoptivos, también pueden tener sus propias historias de trauma relacional temprano, tal como nos lo muestran los siguientes ejemplos:

"Cuando a ella le agarran esos ataques yo le grito y le digo que a mí también me maltrataron de chica, y que no me ponía loca como ella. Ya le dije que, si ella hace eso, a mí me hace mal."

"Siempre quise tener hijos para demostrarle a mi mamá que a pesar de lo que me hizo, yo no era como ella. Cuando me dijeron que no podía quedar embarazada, me derrumbé. Pensé que ella era tan poderosa que hasta me había hecho infértil. Pero después la vencí, porque me dije a mí misma que si no eran míos, podía adoptar. Y adopté. Y no soy como ella. Pierdo la paciencia, es verdad, y me quiero ir de mi casa cuando ya no los aguanto más. Pero bueno… supongo que todos los padres somos así, ¿o no?"

Es posible que nos encontremos con adultos que fueron víctimas de malos tratos en alguna o varias de sus formas, o que tal vez crecieron con padres distantes, fríos, incapaces de responder a sus necesidades, negligentes, desregulados, deprimidos, alcohólicos. O que, siendo niños, vivieron otras situaciones traumáticas como accidentes, robos, la muerte repentina o la desaparición de un ser querido, y no fueron debidamente atendidos, confortados o protegidos por sus propios cuidadores, aprendiendo que uno debe levantarse rápido y no llorar sobre las heridas, o que la adversidad nos hace fuertes, o que es irrespetuoso quejarse cuando hay otros que están en peores condiciones.

Los escenarios posibles son múltiples y variados, y conforman el conjunto de memorias implícitas y explícitas de las relaciones que estos padres tuvieron como niños con sus propios cuidadores.

Me he encontrado con padres que minimizan los malos tratos que recibieron en su infancia "porque al menos de mí no abusaron", o "al menos pude crecer en mi casa y no tener que ir a una casa hogar". Tomar distancia absoluta de la propia historia o mezclarla indiscriminadamente con la del niño, como la primera viñeta con la que empecé este apartado, no favorecen la seguridad relacional. Así, los padres no pueden dar un sentido a su propia historia: al negarla, minimizarla, o justificar lo que vivieron, están más cerca de verse activados por comportamientos de sus hijos que despierten las memorias de sus propias experiencias infantiles no procesadas. De esta forma, responderán desde el proprio trauma, y no desde una parentalidad reflexiva y mentalizadora.

En el caso de los padres adoptivos, puede suceder que éstos tiendan a depositar de manera casi exclusiva en los padres biológicos, todo lo concerniente a lo que les sucede a sus hijos adoptivos, olvidando o pasando por alto que el tiempo que ellos llevan viviendo con sus hijos también ha contribuido a modelar la historia. Cuando lo que al niño le sucede es visto de modo exclusivo como producto de "la herencia biológica", esto suele llevar a los padres a tomar distancia de sus hijos, como si entre ambas partes de esta ecuación relacional se hubiera abierto un abismo y ningún puente pudiera ser alzado para unir los dos extremos. Entonces empiezan a ver a sus hijos como extraños a la familia, y eso puede disparar o potenciar dinámicas de rechazo.

Para los padres de nuestros pacientes, puede ser difícil comprender por qué nos importa conocer tantos detalles sobre sus vidas como niños, y pueden fácilmente sentirse juzgados si no somos cuidadosos en la manera en la que preguntamos y en lo que transmitimos. Muchas veces, de estas historias difíciles en las que los padres crecieron y de las que aprendieron a cuidar, a mal cuidar o a descuidar, no ha podido surgir un pensamiento reflexivo con el que explorar el vínculo entre su historia como hijo y su funcionamiento parental actual. En un apego seguro surgirían preguntas cómo "¿qué había detrás de la conducta de mis padres?" o "¿cómo puede mi historia estar influyendo en cómo funciono yo como padre/madre?". Pero, ya sabemos, en estos contextos no es tan frecuente encontrar cuidadores con un apego seguro.

De alguna manera, otro tipo de lógica, del tipo "todo o nada", se juega aquí. Algunos padres se borran de la ecuación: si "todo" es consecuencia de lo que las familias de origen hicieron mal o de lo que dejaron de hacer, entonces "nada" tiene que ver con ellos, lo cual los convierte en meros espectadores de la situación con escasa motivación para trabajar en la terapia de sus hijos.

Otra posibilidad -en el extremo opuesto- es que se sientan culpables de todo, y surjan autorreproches ("alguien me tendría que haber dicho que no estaba capacitada para esto", "nosotros adoptamos para hacer un bien y resulta ser que estamos empeorando la situación", etc.) que obstaculicen la posibilidad de mirar "la fotografía completa", y no solo una parte de ella.

En el trabajo con estos niños y sus familias nos encontraremos entonces armando una trama más compleja, en la que confluirán múltiples variables. En el caso de los niños que están a cargo de sus padres biológicos, se tratará de comprender cómo se entrelaza la historia del adulto como hijo, con su funcionamiento adulto como padre o madre.

En el caso de los niños adoptados, la ecuación se complejiza aún más, ya que deberemos agregar además la historia de la vinculación del niño a su familia de origen, la historia de su vinculación a cuidadores alternativos previos a la adopción, y la historia de su vinculación a los nuevos padres. Con estos últimos, si conocen poco y nada de la historia pre adoptiva del niño, será parecido a un rompecabezas al que le faltan muchas piezas, y tal vez explicarlo de esta forma a los padres sirva para comenzar a trazar el camino para nuestras preguntas. Para ello es importante poder transmitirles que la vinculación de un niño a sus cuidadores no es un proceso que va en una sola dirección -del niño a los padres solamente.

Y de la misma forma que el niño se vinculará en un principio acompañado de los "fantasmas" que carga en su mochila imaginaria, y que narran la historia de sus vínculos anteriores, los padres también se vincularán con ellos con la compañía de los inadvertidos fantasmas de sus propias mochilas imaginarias, en las que encontraremos la historia de ellos como hijos y los temores, fantasías y expectativas de ellos, ya adultos, como padres en general, y como padres adoptivos en particular.

*

El uso de la palabra "fantasmas" no es arbitrario. Está tomado de un artículo de la década del 70, que cinco décadas más tarde sigue siendo tan vigente como en aquel entonces, incluso con todo el bagaje de conocimientos nuevos que hemos adquirido.

En la búsqueda por comprender cuáles eran los factores que afectaban las relaciones tempranas entre un bebé y su mamá, y en el contexto de un incipiente Programa de Salud Mental pediátrica, un grupo de psicoanalistas comenzó a bucear en las historias de las madres que pasaban por ese Programa. Su objetivo era tratar de entender qué aspectos de su propia historia de crianza, eran los que estaban obstaculizando la posibilidad de relacionarse con sus bebés. A continuación, transcribo algunos párrafos del artículo -traducido por mí- porque encuentro en la forma en que lo narran las autoras, una metáfora excelente para trasladar al trabajo con las familias, sean estas biológicas, acogedoras o adoptivas, y aunque nuestros pacientes no sean bebés, sino ya niños, púberes o adolescentes (y por qué no, adultos):

"En el cuarto de todo bebé hay fantasmas. Son los visitantes del pasado olvidado de los padres, los visitantes no invitados al bautismo. En circunstancias favorables los espontáneos y antipáticos espíritus desaparecen del cuarto y retornan a su morada subterránea (…) Eso no significa que los fantasmas no puedan inventar travesuras desde los lugares donde están enterrados. Incluso en las familias en las que los vínculos de amor son estables y fuertes, los intrusos del pasado parental pueden irrumpir en ese círculo mágico en un momento de descuido, y un progenitor y su hijo pueden encontrarse recreando un momento o una escena de otro tiempo con otros protagonistas. (…) En otras familias tal vez haya eventos más problemáticos (…) causados por los intrusos del pasado [que] parecen hacer sus travesuras de acuerdo con las vulnerabilidades del pasado parental (…) Pero ¿cómo explicamos a ese otro grupo de familias que parecen estar poseídas por sus fantasmas? Los intrusos del pasado se han instalado en el cuarto del bebé y reclaman tradición y derechos de propiedad." (Fraiberg, Adelson & Shapiro, 1975, pgs. 387-388).

La parentalidad implica una enorme responsabilidad, es cierto, pero culturalmente la han cargado también de culpa ante el menor fallo. Trabajar desde la metáfora de los "fantasmas" -esos "intrusos del pasado que reclaman derecho de propiedad"- nos permite ayudar a los padres y cuidadores a mirar su historia desde una perspectiva curiosa.

Cuando los padres y cuidadores se muestran dispuestos a esta suerte de investigación, acompañados por un terapeuta que sintoniza con ellos, cuando pueden notar cómo han estado representando un papel influenciado por estos fantasmas, están en mejores condiciones de separarse de esta influencia del pasado que bloquea su conexión con el niño, niña o adolescente a su cargo.

Claro que eso no siempre es posible. A veces, esos fantasmas son poderosos y conllevan el mensaje de que si aquel que es acechado osara desprenderse de ellos, grandes maldiciones caerían sobre su cabeza. A veces, enfrentarse a estos fantasmas es también enfrentarse a la dolorosa evidencia de unos padres propios que fueron maltratantes, negligentes o abandónicos.

Y si una vida se construye alrededor de una imagen idealizada de los padres, lo suficientemente brillante como para que no se noten las fisuras, ir desarmando esa idealización es algo que excede la tarea del terapeuta del niño o adolescente. En tales circunstancias la terapia individual del adulto o incluso un espacio de terapia familiar puede ser un importante aliado de nuestro trabajo.

En el próximo capítulo intentaremos desentrañar la trama relacional en la que ocurre la terapia, allí donde confluyen el niño que nos traen a consulta, sus cuidadores y nosotros.

# Capítulo 7

## La trama relacional en el tratamiento.



Cuando tenía 8 años me enseñaron a tejer con dos agujas.

La destreza manual jamás fue lo mío, pero supongo que mi mamá debía pensar que esa actividad -que requería concentración y paciencia, dos atributos con los que yo no había nacido- podía aquietar la mente saltarina y fantasiosa de su hija menor. Nada más alejado de la realidad.

Sin embargo, esa breve experiencia me trajo otros aprendizajes que nada tenían que ver en sí con el tejido. Por ejemplo, que, si uno se "saltaba un punto", eso se podía corregir (lo mejor era darse cuenta lo más pronto posible, y no cuando el tejido estaba ya demasiado avanzado). Yo jamás aprendí a corregir un punto del tejido, pero miraba con curiosidad la magia con la que mi madre lo hacía.

Otra cosa que me resultaba sorprendente era que, durante toda la tarea, el tejido permanecía aferrado a las dos agujas, pero cuando se terminaba, se cerraba la obra, el tejido abandonaba las agujas deslizándose por ellas y ya estaba listo para su uso.

Y finalmente, estaba la ecuación por la que determinadas agujas eran para determinadas prendas y para determinada lana, y si uno escogía adecuadamente la combinación de aguja, lana y prenda a crear, el tejido podía parecer casi perfecto.

Muchos años después, llegó la psicoterapia. Y de su mano vino, inadvertidamente, la posibilidad de tejer y ayudar a tejer otras tramas.

---

[21] Drexler Prada, Jorge. (2010) La trama y el desenlace. ©Warner Chappell Music, Inc.

En el trabajo sobre el que trata este libro, el terapeuta maneja con destreza el ir y venir de las agujas que irán ayudando a crear o a reforzar -según sea el caso- la trama relacional más importante de un ser humano en desarrollo: la de su vínculo con sus cuidadores. El terapeuta-tejedor de esta trama debe prestar mucha atención a la correcta combinación de todos los elementos: las agujas son sus técnicas y procedimientos, y el ovillo de lana es la relación ya establecida entre el niño al que va a atender y sus cuidadores (aunque a veces la lana no llega en forma de ovillo, sino de madeja, y será necesario entonces tener más paciencia para ir desarmándola y preparándola adecuadamente para el tejido que vamos a realizar).

El terapeuta-tejedor debe ser paciente y corregir o ayudar a corregir los "puntos de la trama" que quedaron sueltos o abiertos; debe identificar los eventuales nudos que trae la lana y ver si es posible desanudarlos o si es factible integrarlos al tejido de la trama. El terapeuta-tejedor tal vez tenga que deshacer parte de lo ya hecho y retomar el tejido desde una nueva idea o perspectiva. Y una vez que su trabajo concluye, cierra el tejido, se desliza suavemente de él y se prepara para la siguiente trama que toque a su puerta.

Ese tejido que empezó y terminó será el "desenlace" de su trabajo. Ya no está aferrado a sus agujas. La trama que acaba de cerrar con el último punto se unirá a otras tramas, y estas a otras y así sucesivamente. Y en el mejor de los casos, se podrá armar una trama tan fuerte, tan sostenedora, que podrá resistir los embates mucho mejor que cuando era solo una madeja.

*

¿Qué tanto nos sentimos los terapeutas parte de la trama que se nos presenta a la consulta? Es muy fácil pensar que estamos viendo a un niño y a su familia, y hacer hipótesis sobre la manera en la que los vínculos se armaron en ese sistema. A veces no nos lleva mucho tiempo identificar unos padres evitativos, otros sobre preocupados, unos que se preguntan qué hicieron ellos y cómo podrían reparar el daño, y finalmente otros que están tan desbordados que les cuesta casi todo.

Desde ahí también es fácil hacer hipótesis referidas a la experiencia de ese niño en el contexto de esa familia. La pregunta es ¿hacemos hipótesis acerca de cómo estos niños, o sus padres, impactan en nosotros? Y si es así ¿qué tan seguido las hacemos? Y si no las hacemos ¿qué nos frena?

Los terapeutas hemos sido seres humanos desde mucho antes de convertirnos en el profesional que atiende a estos niños y sus familias. Creer que el diploma y nuestras formaciones posteriores nos inmunizan, es no solo una fantasía, sino también una peligrosa falta de responsabilidad. Cuando estamos hablando de seres humanos que fueron dañados en el contexto de las relaciones interpersonales más significativas, creer que nuestra capacidad de crear con ellos una relación interpersonal se asienta solamente en las habilidades que hemos desarrollado, es limitado e ineficaz.

A esto debemos agregar el hecho de que los niños que atendemos vienen con unos padres o cuidadores de las más variadas características: están los que fueron agentes del daño en el pasado, o los que no fueron capaces de proteger al niño del mismo; los que no pueden verse como parte de la historia de ese niño, ni como parte del problema, por lo cual no se ven como parte de la solución; los que se preguntan en qué fallaron y se dejan acompañar por el terapeuta; los que se declaran fallidos y no logran salir de ese lugar; los que no quieren saber de dónde vienen los problemas de sus hijos, y podríamos seguir la lista…

Algunos cuidadores pueden sentirse fácilmente juzgados por el terapeuta, sobre todo cuando sienten que no están haciendo las cosas bien, y el darse cuenta de eso es tan doloroso para ellos, que entonces proyectan las dificultades enteramente en sus hijos, para luego proyectar la ineficacia del tratamiento en el tratamiento mismo o en la figura del terapeuta. Otros pueden llegar muy dañados, acarreando décadas de sufrimiento sobre sus espaldas; son los que fueron "poseídos" por los fantasmas del pasado, como veíamos en el capítulo anterior. Estos parecen tan perdidos y desorientados que tienen habilidades aún muy frágiles para colaborar en la terapia y sostener esa colaboración en el tiempo. Algunos quizás estén asustados -aunque no se den cuenta- y sientan que enfrentar la terapia de sus hijos participando de ella, pondrá al descubierto aspectos propios que han intentado esconder de sí mismos y de los demás a lo largo de sus vidas.

Los terapeutas a su vez podemos sentirnos más cercanos a unos padres que a otros, y esto puede suceder por diversas razones e incluso ir cambiando con el paso del tiempo.

La trama relacional que se presenta al tratamiento no está solamente conformada por el niño, su familia y los eventuales fantasmas que vengan sin ser invitados. Durante el tratamiento, nosotros seremos parte fundamental de esa trama. Y no estaremos solos. Nos acompañarán nuestras vivencias como padres, nuestras decisiones o nuestros agujeros por no haberlo sido, nuestras experiencias como hijos, y nuestro propio crecimiento entre el nacimiento y el momento de nuestra autonomía.

¿Demasiado complejo? Ciertamente, pero pensemos que ignorar la complejidad no la simplifica, solo nos ciega ante factores clave que van influyendo en lo que está pasando ante nosotros.

Por eso yo propongo navegar a lo largo de cinco niveles de información (Baita, 2018), que son los que nos permitirán tener un mapa conceptual más acabado de esta trama relacional, recordando siempre que conocerla no es un trabajo circunscrito a las primeras sesiones o a los primeros meses del tratamiento. Más bien, es un enfoque que comienza desde el momento en que tenemos contacto por primera vez con el niño y sus cuidadores, y que puede aportarnos información valiosa incluso hasta el último encuentro con nuestros pacientes. Veamos entonces cuáles son esos niveles.

### 7.1. La relación del cuidador con el niño y de este con sus cuidadores.

La información que recabamos en este primer nivel suele venir caldeada por la temperatura del problema, por su antigüedad y por el éxito o fracaso de las intervenciones previas.

Cuanto más haya escalado el problema por el que nos consultan, más tiempo lleve, y menos respuestas satisfactorias hayan recibido los cuidadores, más focalizados estarán en ver al niño y a su comportamiento desde una perspectiva completamente actual, como si solo pudiera ser descrito por el problema que traen a consulta, como si ese problema hubiera existido siempre, como si nunca hubiera sido diferente. Tal vez, enfrentarse repetidamente a un problema sin solución active en estos cuidadores impotencia; tal vez focalizar en el niño como origen y portador del problema, les evite mirarse y encontrar así culpa o sentimientos de ineficacia intolerables.

Por ello, a lo primero que prestaremos atención es a cómo los cuidadores nos plantean el problema por el cual consultan: nos interesan los adjetivos que usan para describirlo y cómo estos adjetivos se trasladan al niño en su descripción, en especial cuando es una descripción negativa (del tipo "es manipuladora", "es rápida para entender solo lo que le conviene", "sabe cómo hacerse la víctima").

Nos interesa conocer la cronología del problema: ¿cuándo apareció, de qué forma, cambió a lo largo del tiempo desde que apareció y hasta el momento de la consulta con nosotros? Esta pregunta suele ser respondida muchas veces con una frase que los terapeutas encontramos bastante desalentadora: "desde siempre", o su variante "siempre fue así".

Es importante no quedarnos con esta respuesta. Incluso padres adoptivos que comentan que el comportamiento por el cual están consultando, estuvo presente en su hijo desde la adopción misma, pueden darnos información acerca de la *evolución* de ese comportamiento a lo largo del tiempo: ¿fue siempre igual, desapareció, mejoró o empeoró en algún momento, pueden identificar qué circunstancias rodearon la desaparición, la mejoría o el empeoramiento del comportamiento?

Por otro lado, los síntomas no son continuados. Es decir, no ocurren las 24 horas del día exactamente de la misma manera, por lo cual es importante que podamos conocer qué *dispara* la aparición de ese síntoma, y ser muy específicos en las preguntas. Veamos un ejemplo:

T: Usted me decía que su hijo tiene problemas para dormir en la noche, cuénteme un poco más de eso…

M: Bueno, no hay mucho más para decir, es así, tiene problemas… se pasa, o quiere que yo me pase a su cama… o tiene el sueño ligero a veces, entonces duerme inquieto…

T: ¿Siempre se pasa a su cama?

M: Sí… bueno, no, ahora ya no tanto, a lo mejor puede ser una o dos veces en la semana… antes era todos los días…

T: ¿Antes cuándo?

M: Desde que vino a vivir con nosotros y hasta que mi marido se fue de casa [Nota: el padre adoptivo de este niño era violento con él y la madre; ésta lo denunció, por lo cual fue separado del hogar]… en realidad se pasaba cuando mi marido estaba de guardia y no venía a dormir a casa, si no, me llamaba para que yo me pasara a su cama, y como mi marido me decía que a nuestra cama ni se le ocurriera venir… porque resulta que al principio a veces se hacía pis encima… y eso a él lo enfurecía…

T: Con lo cual entonces, cuando su marido se fue de la casa su hijo comenzó a pasarse menos a su cama…

M: Al principio siguió un poquito… tal vez un mes o más… no me acuerdo… me preguntaba ¿papá vuelve hoy? Y después dejó de preguntar. Ahí fue cuando empezó a pasarse menos. También yo le decía que estaba cansada ¿no? y creo que él lo entendió…

T: Entonces hoy, por ejemplo, ¿en qué situaciones nota usted que él se pasa a su cama? ¿Qué sucede ese día, tal vez antes de irse a dormir, o tal vez durante el día? No tiene que ser nada del otro mundo, a veces puede ser algo que a nosotros nos parece poco importante…

M: Bueno… no sé… puede ser cualquier cosa… que si hay tormenta… o si se corta la luz… en mi barrio se corta cada dos por tres… eso es lo peor para él… está aterrorizado cuando se corta la luz… y cuando nos vamos a alguna parte siempre me pregunta si vamos a volver de noche, y me pide que dejemos una luz encendida. Me parece un poco mucho para un nene de 10 años ¿no?

T: Es decir entonces que la oscuridad es algo que a él lo asusta mucho… ¿tal vez tuvo alguna experiencia en la que la oscuridad jugó un papel importante?

M: Bueno, sí, en el expediente yo leí que la mamá lo encerraba de chiquito en el baño a oscuras, y lo dejaba toda la noche ahí, parece que es cuando ella trabajaba con sus "clientes", me entiende ¿no? Ah… mire… ahora que le digo esto… Mi hermano tiene un negocio, y cuando el nene escucha al tío hablar de sus clientes se queda como duro… como que no reacciona…

T: ¿Y usted recuerda si alguna de las veces que estuvieron con su hermano, después a la noche su hijo se pasó a la cama?

M: La verdad que no lo sé, pero le voy a prestar más atención…

Aprender a reconocer qué dispara un síntoma o una conducta no necesariamente es algo fácil para los cuidadores, por eso nosotros tenemos que ayudarles a que se conviertan en observadores meticulosos, y que amplíen su mente: no tiene que parecerles *a ellos* algo relevante; a veces puede ser algo tan insignificante que se lo minimiza como posible causa de un síntoma disruptivo.

Pero lo cierto es que el significado profundo de ese síntoma es parte de lo que la terapia nos permitirá investigar.

Yo suelo decirles a padres y cuidadores que prefiero que me traigan una lista de situaciones posibles que hayan podido gatillar la aparición de ese síntoma, aunque sea larga y parezca no tener sentido. Desde allí estoy en mejores condiciones de empezar a rastrear e identificar posibles disparadores, y ayudarles a ellos a reconocerlos.

También deseo conocer las expectativas que los padres tienen con este tratamiento y cuánto entienden ellos la importancia de participar del mismo. Cuando las expectativas son demasiado amplias ("queremos que sea feliz") o reflejan más el pensamiento y la necesidad del adulto que la realidad interior del niño o adolescente ("queremos que aprenda a ser un poco más agradecida, tiene todo para estar bien"), lo que busco es que sean más específicos: ¿qué es para ellos que su hijo sea feliz? ¿O que "cambie"? ¿Qué debería "agradecer" y por qué creen que su comportamiento solo refleja falta de agradecimiento?

De alguna manera las expectativas de los cuidadores pueden reflejar a veces las creencias que han desarrollado sobre sus hijos, y no son conscientes de cuán limitantes pueden ser estas creencias. Es bastante habitual encontrarnos sobre todo con adolescentes que lo pueden articular muy bien: "¿Para qué voy a decir la verdad si ellos siempre piensan que miento?", o "Mis padres quieren una hija perfectita y como yo soy una hija falladita entonces eso no se va a solucionar nunca, nunca voy a ser la hija que ellos quieren".

Aun cuando nosotros no somos los terapeutas de los padres, prestar atención a estas creencias en ellos es vital para el trabajo con nuestros pacientes. No tiene sentido embarcarnos en tratar de modificar la mirada que estos niños y adolescentes tienen sobre sí mismos, si los adultos que los cuidan y crían no están dispuestos a revisar la mirada que ellos tienen sobre sus hijos. Cuando estas creencias son muy rígidas e inflexibles es posible que los padres se nieguen a participar del tratamiento: "Yo ya hice mucho, ya lo llevé a mil lugares, y nada cambia… hasta aquí llegué".

En estas circunstancias es necesario ser muy claros desde el principio: sin ellos a bordo, no hay tratamiento posible. Atender al niño o adolescente sin la participación activa de sus cuidadores, o al menos de uno de ellos, limita la terapia. Los cuidadores pueden reaccionar planteando que después de todo la terapia es aquello que el niño necesita para arreglar sus problemas, y nosotros debemos ser muy firmes a la hora de explicarles que, sin su participación, no hay posibilidad de "arreglar" nada. Una hora semanal de terapia no tiene el poder de contrarrestar días enteros de crianza por parte de ellos.

En estas situaciones tenemos distintas alternativas: invitarles a participar de un momento de juego con su hijo puede funcionar para los progenitores menos resistentes. Para aquellos que plantean cansancio y desesperanza, se los puede invitar a que "compartan" con el otro progenitor la tarea (o la carga, según como lo vean) de traer al niño a la terapia, viniendo por ejemplo una vez uno y otra vez el otro. Con progenitores más resistentes es probable que el terapeuta tenga que echar mano de distintos recursos.

Con un padre que ocasionalmente traía a su hijo y se quedaba esperándolo en el automóvil, comentarle "¡No sabe lo contento que está Felipe de que usted lo haya traído hoy! Sería estupendo que esto pudiera ser un programa entre ustedes", sirvió para que el padre aceptara la invitación de su hijo para conocer mi consultorio, y que posteriormente se comunicara conmigo algunas veces vía mensajes de texto para hacerme consultas cortas y concisas sobre cómo manejar algunas situaciones.

Y finalmente hay un grupo de cuidadores que -sin importar cuánto lo intentemos- no va a participar. En mi experiencia, si al menos uno de los miembros de la pareja parental participa del tratamiento, entonces tratamos de trabajar con ese miembro. Lo importante es monitorear si la no participación del otro miembro de la díada parental viene acompañada de acciones de boicot hacia el tratamiento (por ejemplo, descalificando lo que dice el terapeuta, o lo que el niño hace en la terapia), porque eso puede transformarse en un obstáculo importante que a veces termina por interferir en la continuidad de la terapia.

Volviendo al niño que vamos a atender, no solo nos importa que sus cuidadores nos cuenten lo negativo. Queremos saber también qué pueden decirnos sobre sus aspectos valorados o positivos, desde las cosas que le gustan, hasta las que hace bien. Y prestamos mucha atención a si "aquello que hace bien" es en realidad algo para conformar al adulto: "Es muy colaborador conmigo cuando estoy limpiando la casa, me dice que le gusta mucho limpiar", "Le gusta mucho acompañarme al médico, es muy compañera en ese sentido, me pregunta todo el tiempo si estoy bien."

En un escenario en el que el comportamiento de estos niños y adolescentes puede ser disruptivo, muchas veces los cuidadores identifican como "positivo" todo aquello en lo que estos niños y adolescentes *no son disruptivos* en la familia. Será importante entonces saber también si el cuidador identifica como positivas otras cosas que no necesariamente impliquen un beneficio para los adultos, algo positivo inherentemente propio del niño: ¿es bueno para hacer un deporte, pinta muy bien, es muy gracioso, arma rompecabezas complejos muy rápidamente, aprendió muy rápido a andar en bicicleta?

A veces, sobre todo si los cuidadores están sobrepasados y no pueden ver nada bueno, puede ser de utilidad preguntarles si otras personas, ya sea de la familia, amigos, el club o la escuela, ven cosas positivas en estos niños. Sin embargo, puede que a veces las respuestas a estas preguntas solo nos traigan más del modo negativo en el que los cuidadores ven a este niño, como en el caso de este padre: "Cuando va a casa de mi madre la ayuda bastante, pero en realidad lo hace porque después la abuela le da algo de dinero que ella se gasta en una sola mañana en golosinas. Con mi mujer estamos seguros de que, si un día mi madre no le diera más dinero, ella directamente dejaría de ir."

En este nivel de información nos interesa además conocer algunos aspectos relacionados con los inicios de la vinculación con este niño, comenzando por la historia del embarazo cuando se trata de un hijo biológico, o de la adopción cuando se trata de un hijo adoptivo.[22]

Queremos empezar a conocer la manera en que los cuidadores han ido viendo al niño a lo largo de su vida. Lo que nos cuentan sobre sus hijos o los niños a su cargo habla de las creencias que han ido forjando sobre ellos, pero también nos dice mucho sobre la rigidez o la permeabilidad de esas creencias.

Nos interesa saber cómo era el niño de bebé y durante los dos primeros años de vida: allí reside el núcleo de la formación de los modelos operativos internos del apego. Es en esa etapa de la vida en que comienzan a forjarse -o no- las capacidades de regulación del ser humano. También es importante conocer las habilidades de regulación del cuidador, no solo las actuales, sino la manera en que estas habilidades se han desplegado a lo largo de la vida del niño. Por ejemplo, una madre nos cuenta que durante el primer año de vida de su hijo ella estaba muy enferma y su capacidad de atenderlo era limitada, porque además su esposo trabajaba todo el día, ella estaba peleada con su familia de origen y sus suegros vivían muy lejos. Luego, cuando se repuso, comenzó una psicoterapia, y aunque

---

[22] En el capítulo 7 del libro "Rompecabezas. Una guía introductoria al trauma y la disociación en la infancia" podrán encontrar una guía exhaustiva de preguntas útiles para este nivel de información que buscamos recabar.

al principio se resistió, también tomó medicación durante un tiempo, y esto la ayudó mucho a no reaccionar desproporcionadamente ante los reclamos de su hijito. Este ejemplo nos muestra una madre que ha logrado trabajar sobre su desregulación, y es probable que la cualidad del vínculo a lo largo del desarrollo de su hijo haya cambiado positivamente.

Sin embargo, veamos qué sucede si hacemos un cambio en esta viñeta. Supongamos que esta mamá no hace psicoterapia, no recibe medicación, no recibe ningún tipo de ayuda externa y se ve cada vez más sobrepasada por las demandas de la crianza de su hijo. Probablemente su capacidad de regularse no se modifique por sí sola; probablemente tenga momentos mejores y momentos peores, pero incluso en este caso su capacidad de ayudar a la regulación de su hijo se verá altamente limitada, y esto tendrá impacto en él.

Cuando esto sucede, ayudar al adulto a buscar recursos que le permitan incrementar su capacidad de auto regulación, también será una tarea importante de nuestro trabajo. No significa que debamos convertirnos en los terapeutas de los padres, pero sí debemos revisar si podemos trabajar con ellos en sesiones mensuales, si es conveniente que otro colega tome ese trabajo específico, y si es necesario que se agregue además un espacio de trabajo personal del padre y/o de la madre en una psicoterapia.

Nos importará saber si las creencias que este cuidador tenía sobre el niño cuando era más pequeño han cambiado respecto de las creencias actuales, y en ese caso, necesitaremos saber por qué, qué las ha hecho cambiar: ¿el cuidador se siente "defraudado" en sus expectativas y eso queda depositado en el hijo/a? ¿El cambio en las creencias coincide con la aparición de conductas que el adulto no tolera o rechaza?

También queremos saber si además de hablar de los momentos de tensión, son capaces de hablar de momentos de disfrute, ya sea actuales o pasados. Aquí puede servir mucho pedirles que traigan y nos compartan fotografías que retraten esos momentos. (Wieland, S. op.cit.)

Es importante en la medida de lo posible, que en este relato que nos hace el adulto haya algo más que lo que se puede transmitir "racionalmente". Podemos preguntar a los cuidadores cómo se sienten en el cuerpo estas cosas que nos van contando, o señalarles respetuosamente lo que vemos mientras nos cuentan: las tensiones que su cuerpo o sus gestos reflejan; el dolor o el enojo que se manifiestan en el tono de voz, en la rigidez del cuerpo; la alegría que se muestra cuando comparten algo agradable, ya sea del presente como del pasado. No somos meros recolectores de datos: al hacer este trabajo estamos desarrollando una relación con estos cuidadores para saber en qué debemos ayudarles a mejorar, fortalecer o potenciar su relación con los niños que traen a nuestra consulta.

*

¿Y cómo hacemos para conocer la forma en la que los niños, niñas y adolescentes ven su vínculo con sus cuidadores?

Aquí podemos optar por la valoración del estilo de apego con instrumentos desarrollados de acuerdo con la edad del niño que vamos a atender. También podemos optar por enfoques que nos permitan ver la interacción directa con sus cuidadores, ya sea en entrevistas libres o semi estructuradas, en las que el cuidador y el niño se involucran en actividades conjuntas y/o en diálogos de intercambio sobre temas puntuales. Los dibujos de los niños sobre sí mismos en compañía de sus cuidadores, o sobre su familia, y las expresiones que acompañan estos dibujos también son informativos.

Por ejemplo, una niña hacía dibujos de sí misma y de su mamá, siempre acompañadas por otras personas significativas para ambas. Esta mamá tenía pocas capacidades para cuidar adecuadamente de su hijita, quien muchas veces terminaba ejerciendo un rol de cuidado hacia su mamá. De alguna manera colocar a otras personas en el dibujo hablaba de la necesidad de esta niña de que hubiera otra persona y no ella cuidando de su mamá, y que hubiera además alguien para cuidarla efectivamente a ella.

Un niño de 8 años, que había vivido con su papá y una prima durante varios años en que su madre trabajó en otro país, cuando le pedí que dibujara a su familia, llenó una hoja entera de personas, cada una de las cuales estaba a su vez encerrada dentro de un cuadrado. Él no estaba. Cuando le pregunté por qué no se había dibujado él, me contestó: "Ah… es que yo estoy un poco con cada uno de mis parientes entonces no sabía dónde dibujarme…" A simple vista parecía que en la vida de este niño había muchas personas, pero la cualidad de la presencia y la disponibilidad de esas personas para él -incluyendo a su papá- quedaba poco clara. Otro elemento llamativo es que, cuando comencé a atenderlo, su mamá ya había regresado a la Argentina, y él vivía con ella todos los días de la semana. Sin embargo, su mamá no estaba en el dibujo. Cuando le pregunté por esto me respondió: "Lo que pasa es que mi mamá se fue mucho tiempo desde que yo era chiquito, y además no se lleva bien con los parientes de mi papá", mostrando así no solo una dificultad para incorporar a su mamá como miembro de su propia familia, sino la conflictiva existente entre los adultos que lo dejaba en situación de tener o a su papá, o a su mamá, pero nunca a ambos a la vez como fuente de cuidado y soporte, aunque estuvieran separados.

Estos niños y niñas nos hablan todo el tiempo de sus vínculos con sus cuidadores y de cómo los perciben, y lo hacen a través de sus juegos y de sus dibujos:

- Una adolescente representó a su madre biológica eligiendo el muñeco de Pinocho "porque siempre nos mentía para mandarnos a conseguir lo que ella quería".

- Un adolescente representaba a su madre con la muñeca de Pucca "porque sonríe siempre, pero en realidad su amor es falso".

- Una niña dibujó a su familia de vacaciones, pero en el dibujo faltaba su mamá: "no la hice porque está durmiendo todo el día".

- Una niña colocaba en la casa de muñecas a su mamá durmiendo, y a ella misma fuera de la casa y al cuidado de otro niño, apenas un poco más grande que ella, que solía pasar tiempo en su casa. Al preguntarle quién iba a responder a sus necesidades, por ejemplo, si tenía miedo, o si tenía hambre, me respondió: "no, esa niña no tiene miedo nunca, y sabe cocinar solita para ella".

- Un niño dibujó la cara de su mamá abarcando casi toda la hoja; la expresión era terrorífica, sin embargo, él dijo: "aquí parece mala, pero en realidad está nerviosa".

- Una niña dibujó a su papá como Drácula y dijo: "mi papá es un vampiro como Drácula, mi mamá dice que es un chupasangre".

- Un niño jugaba repetidamente una escena con la casa de muñecas, en la que su mamá, que no vivía con él por orden judicial, pero sí podía visitarlo, fallaba reiteradamente en cuidarlo; por ejemplo, el niño se caía porque la madre lo empujaba, el niño lloraba y la mamá "se escapaba" de la casa; el niño se lastimaba y lloraba, pero la mamá no hacía nada por él.

Con los adolescentes a veces hago el ejercicio de preguntarles qué dibujarían ellos para representar cómo se llevan con su familia. Una adolescente se dibujó a sí misma con una expresión alerta y los pensamientos contradictorios que le venían a la cabeza cada vez que estaba con su mamá: alejarse, acercarse y estar atenta. Otra se dibujó buscando a su mamá, aunque había estado hablando hasta un instante atrás de que su mamá no la quería.

Muchos lo pueden expresar de manera clara: no me ven, siento que no le importo, es buena con mis hermanos, pero conmigo no. Cualquiera de estas expresiones conlleva la siguiente pregunta de nuestra parte: A ver ¿me darías un ejemplo de cómo es eso para que yo pueda entender mejor? Preguntar por un ejemplo concreto nos permite entender mejor de qué forma quedan guardadas estas experiencias, y cómo se va forjando el significado que el niño les atribuye. Veamos un ejemplo:

T: ¿Qué quiere decir que tu mamá es buena con tus hermanos, pero contigo no?

P: A ellos les sonríe, a mí no. Si te sonríen es porque te quieren ¿o no?

T: ¿Eso quiere decir que si no te sonríe no te quiere?

P: Es que yo sé que a mí no me quiere… ella no es igual conmigo que con ellos, yo con ella me siento como un perro abandonado al que de vez en cuando le dan un hueso.

T: Ya sé que puedo ser pesada haciéndote todas estas preguntas, pero me gustaría poder entender un poco mejor ¿cómo te das cuenta de que no te quiere?

P: Por lo que te dije y además por el tono de voz, conmigo es siempre seria, con mis hermanos es más… como… no sé cómo decirlo… como más dulce…

T: Y ese tono de voz serio ¿lo usa todo el tiempo o solo en algunas situaciones?

P: Bueno, lo usa más cuando está enojada conmigo.

T: Y ¿con tus hermanos no se enoja nunca?

P: Sí, con ellos también se enoja.

T: Y cuando se enoja con ellos ¿les habla dulce?

P: Sí, bueno, no sé… a lo mejor no, no sé, no le presto atención a eso.

T: Y cuando no se enoja contigo ¿cómo te habla?

P: (mostrando impaciencia) Bueno no sé, tampoco le presto atención, además está todo el tiempo enojada conmigo…

Preguntar es importante porque a veces los ejemplos nos muestran las distorsiones que el trauma interpersonal ha ido modelando en la manera en que estos niños y adolescentes ven sus relaciones interpersonales.

Una adolescente que marcaba la diferencia entre la manera en que su madre la trataba a ella y a su hermana menor, respondió lo siguiente cuando le pedí que me diera un ejemplo: "Por ejemplo, el otro día le pedí permiso para ir al parque con una amiga y ella me contestó, pero no me miró a la cara para contestarme. En cambio, a mi hermana la mira siempre a la cara".

Cuando se me ocurrió preguntarle qué estaba haciendo su mamá cuando ella le hizo esa pregunta, esta adolescente me fulminó con la mirada: "Eso no tiene nada que ver, eso no importa… mi mamá se defiende con eso también…". Decidí preguntarle a la madre por ese episodio, que había ocurrido recientemente, y esto es lo que cuenta: "Yo estaba arrodillada en el suelo limpiando el horno porque se había derramado comida… le dije si podía esperar a que terminara y me dijo que no podía esperar, aunque al parque iban a ir a la tarde, y esa conversación fue al mediodía… ella empezó a hablar igual, yo creo que le pregunté quiénes iban y le dije que si estaba de regreso a las 7 podía ir… es decir, ella habló cuando quiso y además consiguió el permiso que estaba buscando… no sé qué más esperaba…"

La clave del asunto está en esto que la madre dice: *no sé qué más esperaba*. Muchos de estos niños y adolescentes tampoco pueden descifrar correctamente qué esperan, pero sus comportamientos nos señalan que esperan *todo*. Y "todo" abarca lo bueno y lo malo: toda la atención y toda la agresión, todo el amor y todo el rechazo, toda la conexión y toda la desconexión.

En sus relaciones interpersonales tempranas solo han conocido los excesos: excesos de violencia, excesos de desatención. En los momentos en que no había violencia, se aferraban con fuerza a cualquier expresión del adulto que les hiciera sentir valiosos, por efímera que fuera.

Tiene sentido entonces que, además de esperar lo que ya conocen y han tenido en exceso, esperen eso otro que les han dado a cuentagotas (y que es además el núcleo de su necesidad). Pero, además, sus cerebros se han adaptado a una lectura veloz de los signos del medio ambiente, y, aunque muchas veces esa lectura veloz los lleve a malinterpretaciones, estas malinterpretaciones priman, y se muestran resistentes al cambio: así, la adolescente del último ejemplo toma el pedido de su mamá de esperar a que ella se desocupe como una excusa. Ella *no ve* que su mamá está por los suelos contorsionando con medio cuerpo dentro del horno para limpiarlo; solo *ve* que su mamá no la mira para hablarle, y deduce de allí que si no lo hace es porque ella como hija no le importa.

La adolescente del ejemplo anterior a este no presta atención a si la madre también les habla con tono serio a sus hermanos cuando se enoja con ellos; solo puede prestar atención al tono que usa con ella, y lo extiende a *todo el tiempo*, cuando en realidad lo usa cuando se enoja con ella.

El amor que estos niños esperan de sus cuidadores se asemeja a un acto de heroísmo, y por lo tanto cualquier acción que esté por debajo de ese estándar, no califica. Esta es una razón poderosa para investigar con estos niños y adolescentes, las imágenes y escenas detrás de estas frases contundentes que usan para describir su relación con sus cuidadores. A veces nos van a dar ejemplos que reflejan de manera concreta y clara lo que nos están comunicando, pero otras veces sus ejemplos reflejarán las distorsiones que el trauma interpersonal ha moldeado en su concepción de las relaciones más significativas.

### 7.1.1 Los disparadores relacionales.

Un disparador es un estímulo que desencadena una conducta, el surgimiento de una emoción que parece salida de la nada, un recuerdo o un fragmento de recuerdo. El disparador tiene un vínculo muy fuerte con la memoria, y si miramos detenidamente, encontraremos que nuestra vida cotidiana está plagada de disparadores, que no necesariamente estarán vinculados a algo traumático. Por ejemplo, recientemente un amigo me envió un video en el que se escucha a una persona hablando en el dialecto de mis padres. Ese video "disparó" en mí los recuerdos de palabras y entonaciones con las que yo crecí en mi familia nuclear y extensa. Ese video funcionó como un estímulo *actual* que llamó a la puerta de un recuerdo *pasado*.

Los terapeutas formados en el modelo EMDR estamos acostumbrados a hablar de disparadores y a buscarlos, porque entendemos que son una vía de acceso al material traumático. Tan importantes son, que los convertimos en objeto de reprocesamiento, porque en ellos pueden quedar guardados resabios ocultos de las memorias traumáticas.

A los pacientes traumatizados, un disparador no les trae un recuerdo: los hace revivir una experiencia como si la frontera entre el pasado y el presente se hubiera borrado. Los disparadores traumáticos no permiten que los pacientes tomen conciencia plena de que están aquí-hoy y no allí-en aquel entonces.

Para aquellos que han vivido situaciones de trauma interpersonal temprano, hay dos tipos de disparadores: contextuales y relacionales. Veamos un ejemplo de disparador **contextual**: para una adolescente la distribución del espacio y el color de las paredes de mi consultorio fue un disparador *del lugar* en el cual ella era abusada sexualmente por su tío. En ese momento, aun cuando ella *sabía* que no estaba en ese otro lugar, no podía evitar sentirse como cuando era más pequeña y su tío abusaba de ella.

Un ejemplo de disparador **relacional** es una paciente que ve en la forma en que muevo mis brazos para gesticular, un disparador de memorias asociadas a diversos ataques físicos que sufrió a mano de sus padres y de sus parejas a lo largo del tiempo. Ella sabe racionalmente que yo no soy ninguna de las personas que la atacó, pero no puede evitar sentir el mismo pánico que sentía con cada una de ellas. Los disparadores relacionales suelen abundar en pacientes de todas las edades que estuvieron expuestos a situaciones de trauma interpersonal temprano, incluso a veces mucho más que los disparadores contextuales.

En el trabajo con niños, adolescentes y sus familias es imprescindible ayudarles a identificar qué elemento de las interacciones gatilla la aparición de material traumático. Pero para eso primero es necesario que hagamos un poco de psicoeducación, porque generalmente los niños que atendemos no pueden decir claramente "Esto me hace acordar a cuando me pegaron por querer comer más postre", y si los cuidadores no conocen toda la historia y los pormenores de la vida que estos niños tuvieron que vivir, tampoco podrán saber qué es lo que gatilla una determinada acción o emoción. La terapia es entonces el ámbito en el cual comienzan a revelarse las conexiones "ocultas" entre determinados estímulos del presente y determinados acontecimientos del pasado.

Veamos un ejemplo:

Un niño adoptado a temprana edad ha mostrado desde el inicio de la vinculación con sus padres adoptivos una reticencia importante a ser tocado (desde caricias, hasta tomarle la mano para cruzar una calle, hasta alzarlo para llevarlo a la cama), irrumpiendo en llanto y gritos que a los padres se les hacía difícil consolar. Los padres, que no contaban con ningún tipo de información que les permitiera entender el nexo que probablemente había entre esta actitud y la historia del niño previa a su adopción, entendieron su comportamiento como una muestra de rechazo hacia ellos y entonces empezaron a dejar de tocarlo.

A medida que este niño fue creciendo y notando el contraste entre la manera en que sus papás se acercaban a sus hermanos y la forma en la que se acercaban a él, comenzó a leer esta diferencia desde la creencia "no me quieren". Acercándose a la pubertad comenzó a desarrollar actitudes abiertamente desafiantes hacia sus padres, que estos leían como un ataque hacia ellos, y como un "no ser queridos" por no ser sus padres de origen. A esta altura del partido la desconexión relacional se había instalado en el vínculo de este niño con sus padres, y de éstos con su hijo, y cada parte de la relación veía el problema desde la misma etiqueta "no soy/somos querible/queribles".

Lo primero que es necesario despejar, especialmente en el trabajo con los cuidadores, es la idea de que lo que el niño hace está "dedicado" a ellos. Cuando los adultos personalizan lo que sienten como un ataque hacia ellos, les resulta mucho más difícil salirse del lugar del enfrentamiento, reforzando inadvertidamente las creencias negativas que se fueron forjando en la cabecita del niño. El cerebro del niño, les explicamos, está tratando de reproducir el esquema de relaciones que conoce, y ese esquema no cambia de la noche a la mañana porque la exposición a las situaciones traumáticas haya cesado. De la misma manera que el cerebro forjó una manera de ver la realidad a través de múltiples y repetidas experiencias de maltrato y abandono, necesitará de múltiples y repetidas experiencias de cuidado y buen trato para adaptarse al nuevo mundo en el que el peligro es lo que debiera ser: una excepción y no la regla.

Tratamos de explicarles a los adultos que lo que para nosotros es algo abrupto, "salido de la nada" o sin sentido, para estos niños sigue una lógica particular: la lógica del trauma, que es más laberíntica que lineal. Por eso es necesario comenzar a identificar todos los sucesos previos a la aparición de la conducta, estallido emocional o situación que nosotros debamos trabajar en la terapia. Es el "qué sucedió antes de" llevado a una extensión temporal más amplia (no solo inmediatamente antes de la conducta, por ejemplo, sino todo el día, o incluso el día previo) y a una dimensión más amplia de estímulos que hayan podido funcionar como disparadores, que incluya no solo lo obvio, sino también lo que resulte más insignificante a la mirada del observador externo.

A veces los padres o cuidadores vienen con una hipótesis de aquello que funciona como disparador de las conductas de sus hijos. Es muy habitual que nos digan "Alcanza con que le digamos que *no* a algo." Incluso en esas situaciones yo sugiero invitarles a hacer el experimento de observar y tomar nota a lo largo de al menos dos semanas, de todas aquellas situaciones en las que le hayan dicho que no a su hijo o hija, y anoten sus reacciones. Más de una vez ese ejercicio sirve para identificar situaciones puntuales (por ejemplo, que se le diga que no a algo que quiere comer) o circunstancias específicas (por ejemplo, si se le dice que no a algo que quiere cuando está muy cansado o ansioso) en las que se dispara la conducta o el estallido emocional frente al "no". A veces este rastreo permite identificar otros disparadores, como veremos en el siguiente ejemplo:

La madre de Agustín, de 8 años, luego de aprender a rastrear los disparadores de los desbordes conductuales de su hijo, cuenta que descubrió que el niño no solo se desbordaba si se le decía que no a algo, sino también *cuando no se le anticipaba lo que iban a hacer*: "Anoche, por ejemplo, él estaba jugando en su cuarto, y el padre entró y le dijo que tenía que terminar para irse a bañar. Fue como si hubiéramos tocado un botón: saltó hecho una furia y empezó a golpear la puerta con los dos puños… y antes de eso lo vi también un día en que íbamos a ir al cine. No conseguimos boletos, entonces le dijimos que íbamos a ir a ver otra película: no pudimos sacarlo de casa, tal era el estado de nervios en el que estaba."

El estallido es el mismo, pero lo que lo provoca no. Muchas veces los padres identifican con mayor rapidez los estallidos que sobrevienen a una puesta de límites, porque prestan más atención a aquellas situaciones en las que sienten que el niño no obedece y está minando su autoridad. El estallido que se produce porque se alteró el programa de lo que iba a hacer, o porque tuvo que terminar con algo que estaba haciendo para pasar a otra cosa, no obtiene la misma consideración porque muchas veces los padres lo ven como un capricho o como una manera de manipularlos, salirse con la suya y hacer lo que quieren.

Sin embargo, sabemos que para estos niños las transiciones entre actividades son fuente de mucha perturbación. Acostumbrados a lo caótico, a lo impredecible, no aprenden a responder a pequeños imprevistos, y sienten que estos son el preludio de algo más grave; o simplemente, por su dificultad para la anticipación, se encuentran perdidos en eso que "viene después".

Cuando nos encontramos con estas situaciones y les explicamos a los padres lo que sucede con las transiciones, podemos ayudarles a pensar en articular transiciones más "suaves", por ejemplo, avisándoles unos minutos antes qué es lo que va a suceder luego de lo que están haciendo, y repitiendo este aviso una o dos veces más. Si bien el niño no va a modificar de inmediato su patrón de respuesta, la práctica sostenida por parte del adulto de esta **transición anticipada** va a ir generando en el niño una rudimentaria experiencia de predictibilidad, que sus experiencias pasadas jamás le permitieron incorporar.

La práctica de transiciones anticipadas es igual de válida para nuestro trabajo en el consultorio con el niño, en especial con el momento de cierre de la sesión, que puede ser muy perturbador para muchos de estos pacientitos. Por ejemplo, yo suelo cerrar el trabajo concreto con ellos unos 10 a 15 minutos antes de que finalice la sesión, y dedico esos últimos minutos a que el niño pueda conectar con alguna actividad lúdica que le proporcione placer y pueda funcionar como estrategia de regulación.

Cuando empiezo a trabajar con ellos les aviso que esa es la forma en la que vamos a estar juntos cada vez que nos veamos, y les cuento que la manera en la que vamos a saber cuándo es tiempo de hacer esa pausa previa a despedirnos, nos la avisará una alarma que pongo en mi celular (los teléfonos tienen distintos sonidos para poner una alarma; podemos elegir nosotros, o elegir con el niño cuál es el sonido que le gustaría escuchar y que le anticipe que nos quedan unos minutos para jugar antes de despedirnos).

Lo ideal es que cuando la alarma suena por primera vez dando comienzo a nuestra pausa previa a la despedida, la podamos posponer de modo tal que la siguiente vez que suene podamos utilizar ese sonido como aviso de que ha llegado el momento de despedirnos.

*

Con el niño, niña o adolescente que atendemos buscaremos hacer el mismo tipo de rastreo puntilloso de disparadores. Es recomendable plantearles el desafío como si fuéramos a la búsqueda de un tesoro o como si fuéramos detectives. Este argumento es especialmente atractivo para los niños más pequeños, y podemos alentarles a crear juntos un camino de "pistas" que nos van a permitir entender mejor cómo se une lo que les pasó en el pasado, con la manera en la que reaccionan, sienten, piensan o se comportan en el presente. A veces nos puede servir la información que los padres han podido recabar de su observación y trasladarla a la sesión con el niño. Veamos un ejemplo:

T: El otro día tus papás hicieron un descubrimiento muy importante que quisieron compartir conmigo… ellos pensaban que te daba la *chiripiorca*[23] cada vez que te decían que no a algo, pero descubrieron que no siempre es así… parece ser que también te da cuando ellos sienten que les estás pidiendo algo que pediría una niña más pequeña…

P: Como cuando les pedí que me compraran el unicornio de peluche…

T: ¡Exacto! Parece ser que hay algo dentro tuyo que se siente más pequeño y que necesita las mismas cosas que necesita una niña más pequeña y cuando no se lo dan, llora, grita y hace pataletas…

P: Ellos me dicen que no me haga la bebita y yo me pongo peor por eso…

Este descubrimiento conjunto -con los padres y con la niña- nos permitió trabajar con ella en "¿Cómo se te ocurre que les podríamos enseñar a papá y a mamá a responder cuando sucede esto?" Esta es la lista que elaboró esta paciente:

"Primero que no me digan que me pongo como bebita. Después que vean si me pueden dar eso que yo quiero, y si no pueden que no me digan que estoy pidiendo siempre cosas… por ejemplo, me tienen que hablar como se les habla a los bebés… a los bebés no se les grita, se les dice las cosas con dulzura… y si lloro… no sé, que prueben cantándome…"

El primer paso es ayudar a los padres a poner en práctica esta nueva estrategia, mientras en las sesiones indagamos con nuestra paciente cómo es esta experiencia de sentir que quiere cosas como si fuera una niña más pequeña. Un trabajo en esta doble vía será seguramente más productivo que trabajar solo con la niña o solo con los padres, porque estamos trabajando *en la relación*.

*

Los terapeutas no estamos exentos de ser disparadores del niño o de los padres, ni estamos exentos de que ellos sean disparadores para nosotros. Esto es

---

[23] "Chiripiorca" es un término que se familiarizó en el lenguaje popular en Argentina a partir del programa de TV mexicano "El Chavo del 8" y hace referencia a que a alguien le dé un ataque de nervios o rabieta.

así porque somos parte de la trama relacional en la que se asienta el tratamiento, y que suceda no habla ni de nuestras habilidades ni de nuestro conocimiento académico, antes bien habla de nuestra humanidad y de nuestra historia. Tal como es información valiosa lo que sucede en la relación entre el niño y sus cuidadores, es información valiosa lo que nos sucede a nosotros, y lo que nosotros podemos inadvertidamente causar en el otro.

En una primera (y única) entrevista que tuve con un niño por el cual me consultaron sus padres, estando estos presentes en la sesión con él, luego de presentarme y de tratar de llevar la conversación durante los primeros minutos (una conversación que a todas luces él no quería mantener), yo le dije que le agradecía mucho que estuviera allí conmigo, porque sabía que él tenía programas más interesantes que hacer. El niño había negociado hasta el cansancio con sus padres que iba a aceptar esa entrevista conmigo siempre y cuando luego lo dejaran ir a jugar al parque más tiempo que el habitual; yo verbalicé esto -para mostrarle que sabía qué era aquello más importante que él quería hacer- y acto seguido le pregunté en qué creía él que podía ayudarlo.

La respuesta fue contundente: se levantó de su silla y se fue (estábamos teniendo una sesión online en plena pandemia COVID-19, con lo cual él tenía la ventaja de irse cuando y donde quisiera). Posteriormente les dijo a sus padres que no iba a volver a hablar conmigo nunca más, porque él no tenía ningún problema por el cual necesitara ayuda. La palabra "ayuda" fue lo que funcionó aquí como un fuerte disparador relacional y cerró las puertas a iniciar un espacio de tratamiento. A veces esas rupturas podrán ser reparadas, otras no. Pero tanto en uno como en otro caso, serán una oportunidad para que nosotros sigamos aprendiendo.

Más adelante en este mismo capítulo voy a retomar nuestro lugar en la trama relacional.

## 7.2. Relación del cuidador con sus propias figuras de cuidado: el adulto como niño.

Nuestra historia como padres no está separada de nuestra historia como hijos. Incluso cuando crecemos proponiéndonos ya sea "no repetir", ya sea "hacer lo mismo" que lo que nuestros padres o cuidadores hicieron con nosotros, mucha información sobre la vinculación con nuestros cuidadores primarios no está accesible de manera explícita.

Ninguno de nosotros puede *recordar* explícitamente cómo o quién nos consolaba cuando éramos bebés. Tampoco podemos *recordar* explícitamente si nuestra mamá estaba feliz, triste o desbordada cuando nos amamantaba. Tal vez, algunas de las anécdotas de esos primeros tiempos, las conozcamos porque forman parte de los relatos construidos alrededor de nuestro crecimiento, pero nosotros no vamos a tener la fotografía mental de lo que sucedió.

Algunos padres y cuidadores pueden sentirse incómodos o renuentes a responder preguntas sobre su propia experiencia como hijos, pueden creer que eso quita tiempo del verdadero problema (que es el que tienen *sus* hijos), pueden considerar que esa información no va a aportar demasiado a la solución que ellos están buscando, pueden no tener elaboradas historias de abandono, maltrato o descuidos, pueden temer que nosotros los juzguemos negativamente, o sencillamente, adentrarnos en esa área de lo relacional y lo emocional se siente para ellos como entrar en territorio pantanoso o amenazante.

Ya desde el inicio yo sugiero que seamos claros a la hora de explicarles a los padres que ellos *son una parte vital del equipo terapéutico*. Me importa más empezar por darles un lugar de valor en el cambio que esperan para sus hijos, que recalcarles su "responsabilidad" parental, y explicarles que en la vida de sus hijos ellos estarán de manera mucho más permanente que yo. Suelo decirles que si pudiera activarse un chip adentro nuestro cuando tenemos un hijo por primera vez, sería todo mucho más fácil, porque el chip se encargaría de interpretar el llanto del bebé y de direccionar nuestras acciones sin margen de error, y porque seguramente encontraría las palabras justas que se supone debemos decir en cada oportunidad. Pero como ese chip no existe, lo cierto es que nuestro trabajo parental es complejo, y que podemos cometer errores; pero de la misma manera que los podemos cometer, también los podemos reparar.

Muchos padres pueden explicar su intención de no involucrarse demasiado en la terapia de sus hijos, porque ya intentaron muchas otras terapias y el resultado fue poco satisfactorio. Valido su cansancio y hago lugar a que ellos puedan compartir sus frustraciones y sus temores, volviendo a valorizar el rol que tienen en la crianza de sus hijos y en acompañarlos en el proceso que van a iniciar conmigo.

Algunos padres pueden necesitar más tiempo de conocernos para sentirse lo suficientemente cómodos y confiados con nosotros y hablarnos de su propia historia. Otros, tal vez hayan tenido experiencias previas poco felices en este ámbito, y entonces declaran de antemano que no desean que les preguntemos nada de su historia. Así me sucedió una vez con la mamá de una paciente. En la segunda entrevista que tuve con ella y mientras le preguntaba cuestiones relacionadas con los primeros meses de vida de su hija, me contó que la terapeuta anterior le había preguntado de manera directa si ella había sido abusada sexualmente por su padre en su infancia. La madre se sorprendió, no comprendió el sentido de la pregunta y luego de responder que no, le preguntó a la terapeuta por qué le importaba saberlo, a lo cual la terapeuta le dijo que era una pregunta que ella hacía rutinariamente a todas las madres que consultaban por sus hijos.

La manera en la que nosotros podemos acceder a información sobre la historia de los padres como hijos es variada, y lo que hagamos dependerá de una serie de factores, entre los cuales pueden estar el tiempo del que dispongamos, las herramientas que manejemos o con las que nos podamos sentir más cómodos, y la actitud y disposición del cuidador para abrirnos su historia.

Se puede utilizar la entrevista de apego adulto (AAI)[24], que es el instrumento estandarizado más empleado; ésta se compone de preguntas abiertas sobre la relación del adulto con sus cuidadores cuando era niño. No se analizan las situaciones en sí, sino la narrativa con la que se describen, y los ejemplos que se aportan.

Un adulto con apego distanciante dará poca información, dirá que no recuerda, como apartando lo que pueda llevarle al ignoto mundo de las emociones. Sus descripciones de los cuidadores serán idealizadas (los ejemplos no encajarán con ellas), normalizadoras o descalificadoras del vínculo o del cuidador.

Una persona con apego preocupado se sumergirá en descripciones relacionales confusas, enfadadas o desbordadas. Buscará la aquiescencia del entrevistador, y puede verse atrapado en relaciones invertidas en las que como niño los que le cuidaban tiraban de él para regularse. Al hablar de pérdidas o traumas, el discurso puede desorganizarse, o bien todo el relato ser caótico y desorganizado, apuntando a un estilo de apego inclasificable en ninguna de las categorías estables de apego.

El adulto con apego seguro puede haber tenido experiencias de cuidado muy negativas, pero es capaz de reflexionar sobre ellas, puede plantearse preguntas como "¿qué llevó a mis padres a actuar como lo hicieron?" o "¿Cómo

---

[24] Adult Attachment Interview, desarrollada por Carol George, Nancy Kaplan y Mary Main.

me sigue influyendo todo esto ahora?", con verdadera curiosidad. El relato es coherente, hay una visión central, global, con matices y realista de lo ocurrido.

Otras veces el simple hecho de armar el genograma familiar permite ir teniendo acceso a información valiosa. Por ejemplo, partiendo del genograma, podemos hacer preguntas que nos permitan conocer quiénes fueron las personas más significativas para estos cuidadores en su crecimiento y desarrollo: quiénes los calmaban, quiénes les enseñaban cosas valiosas y cómo lo hacían, quiénes los atendían, quiénes los alentaban, quiénes los disciplinaban y cómo lo hacían. Es importante conocer qué creen ellos que aprendieron de estas experiencias y de qué forma trasladaron estos aprendizajes a la crianza de sus hijos: por eso puede ser de utilidad también, saber si esas personas significativas los acompañaron en algún momento del proceso en convertirse en padres, y en ese caso, cómo lo hicieron. Veamos algunos relatos que servirán como ejemplos:

"Mi mamá no estaba de acuerdo con que adoptara. Ella me decía que, si no se pueden tener hijos naturalmente, Dios sabrá por qué lo hace… entonces cuando adopté a mi hija ella me dijo que, si yo me había encaprichado, que no le pidiera ayuda". Esta mamá se sentía muy sola en la crianza de su hija adoptiva, y de alguna manera la falta de apoyo de su propia madre la hacía sentir vergüenza de pedir ayuda a otras personas, como podían ser amigas cercanas o incluso profesionales. Por eso, con ella fue importante trabajar en que pudiera reconocer lazos de apoyo cercanos y pedir ayuda cuando la necesitaba, ya que la crianza en soledad de una niña que presentaba enormes desafíos conductuales, tendía a desbordarla, y su propia desregulación se agregaba a la de su hija, creando un panorama caótico.

Otra madre cuenta: "Para mi mamá las cosas fueron siempre blancas o negras. Ella siempre nos crió a mis hermanos y a mí con mucha rigidez. Entonces cuando la vamos a visitar está pendiente todo el tiempo de lo que hace Tomás, y lo corrige igual que nos corregía a nosotros, porque dice que somos unos blandos. Mi esposo no quiere que vayamos porque lo ofende que nos trate de esa manera. A mí mucho no me gusta, pero bueno… ella crió 5 hijos, y tan mal no salimos… a lo mejor tiene razón en las cosas que me marca y las estamos haciendo mal". Con esta mamá fue necesario trabajar en la inseguridad que le provocaba todo lo que hacía con su hijo, y que muchas veces le traía conflictos con su esposo, ya que dudaba hasta de la escuela en la que podía ser más conveniente inscribir al niño. Entender que esta inseguridad le venía de la manera en la que había sido criada, y de la manera en la que su madre seguía impactando en la crianza actual de su propio hijo, permitió abrir el camino para que pudiera comenzar un proceso terapéutico propio.

Muchas veces los padres nos cuentan naturalmente algunas creencias relacionadas con la crianza de sus hijos (*la vida es dura y hay que aprender a no quejarse tanto, el dolor fortalece, hay que aprender a dejar atrás las cosas que duelen, yo crecí solo y salí bueno*) que pueden obstaculizar la conexión que los niños necesitan para ser contenidos y acompañados en su propio proceso de curar las heridas de los traumas que vivieron. Entonces nos interesará saber de dónde aprendieron los padres estas creencias.

Si estas creencias están a su vez relacionadas con experiencias traumáticas que ellos vivieron como niños con sus propias figuras de cuidado, nos interesará indagar si en ese momento de su infancia les hubiera gustado que alguien hiciera o les dijera algo diferente, y en ese caso, qué.

No son pocos los padres que han tenido una historia de violencia o negligencia en su infancia y siguen en contacto con sus cuidadores. Muchas veces nos encontramos con situaciones como la que sigue:

"Mi mamá a mí de chica me molía a palos por cualquier cosa… en cambio, con mi hijo es más dulce que la miel, y si me escucha gritarle, enseguida viene a frenarme y se lleva al niño… hace con él lo que nunca hizo conmigo…"

En estos casos es sumamente importante chequear a fondo cómo repercute esta situación en la relación de esta mamá con el niño que vamos a atender, como podemos ver a continuación:

T: Y cuando su mamá actúa así con Brian, esto que usted dice "hace con él lo que nunca hizo conmigo", ¿qué hace?

M: A veces le digo que no se meta, que no es su hijo, otras la dejo que se lo lleve… (con tono irónico) ya que ellos dos se entienden tanto…

T: Imagino que a veces debe sentir amargura, como en este momento que me lo cuenta ¿puede ser?

M: Es que no es justo… no es justo que él se lleve lo bueno de ella que no me dio a mí…

T: ¿Esto la enoja con Brian o con su mamá?

M: (piensa)… Con los dos… él también se aprovecha de eso…

Como vemos en este ejemplo, la mamá de Brian se siente desplazada de su rol parental, pero además se reeditan en ella sentimientos de rabia y abandono por sus propias experiencias infantiles con su propia madre, la abuela de su hijo. Se coloca a la par de este cuando se queja de lo injusto de que "se lleve" lo que ella como niña nunca tuvo, y además le atribuye cierta "responsabilidad" en el desplazamiento que sufre: "él también se aprovecha de eso".

En este tipo de escenarios es importante en la medida de lo posible incorporar a esta abuela al tratamiento del niño. Claramente esta abuela puede hacer hoy algo que como madre no pudo hacer en el pasado, y el que trate de evitar que su nieto sea maltratado por su hija la convierte en un factor de protección para el niño. Pero si no se trabajan las heridas del pasado en la vinculación de la mamá de Brian con su propia madre, se corre el riesgo de que la relación de Brian con su mamá se siga deteriorando, porque ella no puede sino verlo como un rival con el que debe competir por un cariño que en su momento no tuvo.

También deberemos trabajar para que esta mamá pueda ver a su hijo como un *niño* en esas interacciones con su abuela: un niño aprovecha siempre las muestras de cariño, las espera con ansia, se nutre de ellas, no se pregunta si su abuela fue igual de amorosa con su mamá, ni se pregunta si a su mamá le molestará que la abuela lo mime tanto. Y no es que no lo haga por egoísmo: no lo hace porque a su edad eso es justamente lo que se necesita para crecer bien.

### 7.3. Relación del cuidador con nosotros, los terapeutas de su hijo.

Cuando nos convertimos en padres, logramos, con el tiempo, un conocimiento de nuestros hijos que muchos otros no tendrán. Eso puede crear en algunos padres una ilusión de poder y control sobre sus hijos, que se ve desafiado cuando deben acudir a un terapeuta. Algunos padres pueden ponerse a la defensiva porque sienten temor de que los terapeutas minemos su autoridad con el niño. Otros pueden resentirse si notan que el niño es simpático y abierto con nosotros ("Claro, es que usted no tiene que soportarlo todo el tiempo"), o incluso que nos muestra afecto ("Es increíble… Cada vez que la traigo me dice que le tenemos que comprar flores, no importa si llegamos tarde o si no tengo dinero suficiente").

Algunos padres pueden sentirse fácilmente juzgados por nosotros, atribuyéndonos una suerte de "autoridad en crianza", y desde ese lugar puede que no deseen revelar información acerca de sus propios estados afectivos, de sus desafíos como padres, de sus temores (por ejemplo, dando respuestas vagas y poco precisas, o focalizando solo en situaciones que desde su perspectiva los hacen "verse bien"). Otra posibilidad es que disientan con nosotros en cada cosa que les decimos o preguntamos, descalificándonos sutilmente.

Algunos padres depositan una confianza ciega en nosotros, hasta el punto de buscar nuestra opinión o aprobación para una infinidad de decisiones que deben tomar con sus hijos. Suelen sentir tanto temor a equivocarse, que recostarse en nuestra opinión los hace sentir más seguros; pero esto se logra a costa de que sea el niño quien no pueda sentirse seguro con el progenitor si nota que todo depende del terapeuta, y esto puede incluso resentir la relación del niño con nosotros.

Así sucedió una vez con una adolescente que empezó a faltar a la terapia con diversas excusas. Cuando abordamos estas faltas reiteradas ella terminó por decirme que estaba "poniendo a prueba" a su mamá: "Quiero ver si alguna vez es capaz de decidir algo o de aconsejarme sin decir 'Habría que preguntarle a Sandra'... Es ella mi mamá, ¿no?".

Algunos padres pueden sentir celos si notan que tenemos una relación cálida con sus hijos, como la que ellos nunca tuvieron con sus propios cuidadores ("¡No es justo! Ya quisiera yo tener una terapeuta tan buena como usted"; "Cuando me ve triste me dice que me puede prestar a su Sandra, y yo le digo que sería genial, que le podemos preguntar"). En algunas ocasiones puede incluso suceder que, si el niño comienza a mejorar, el adulto pregunte si no podría comenzar él terapia con nosotros.

Y finalmente hay padres que pueden mantener el equilibrio entre la propia responsabilidad en el cuidado de sus hijos, y la responsabilidad que le atribuyen al terapeuta en la terapia de estos, que no compiten con el terapeuta ni sienten que este compita con ellos, que pueden discernir cuándo debe primar su propio criterio, y cuándo necesitan la opinión del profesional, que entienden que la ayuda que les proveemos es transitoria, y que lo permanente en la vida de sus hijos, serán ellos. Claramente, estos son los padres con los que todo terapeuta desea trabajar, porque suelen presentarnos pocos desafíos relacionales.

Pero también debemos trabajar con el resto del universo que describí al principio de este apartado, y es en ese universo donde pueden aparecer interferencias que los terapeutas debemos tratar de anticipar si es posible, y de reparar.

Siempre debemos tener en mente que nuestra presencia en esta trama relacional es tan transitoria como las agujas en un tejido. Los niños que atendemos ya dependían de estos adultos antes de conocernos, y seguirán dependiendo de ellos mucho tiempo después de que nosotros hayamos terminado nuestro trabajo.

Si los padres colocan un peso excesivo en lo que decimos, debemos ayudarles a desarrollar y dar espacio y valor a su propio pensamiento, fomentando la mentalización: ¿por qué cree que su hijo hace lo que hace/se siente de esta forma? ¿Qué le gustaría poder decirle en esos momentos, distinto a lo que le dice hoy? ¿Qué cree que necesitaría usted para poder hacerlo? Algunos padres nos muestran su sensación de ineficacia de distintas formas, como vemos en el siguiente ejemplo:

M: Sería todo más fácil si yo pudiera hablar con sus mismas palabras y con ese tono tan tranquilo que usted usa…

T: Muchas veces deseamos poder ser como otro o hacer las cosas como las hace otro, pero si nos quedamos solo con esa idea puede ser frustrante y perdemos de vista lo que nosotros sí podemos hacer, que es lo más auténtico… A ver, veamos juntas… ¿cómo se le ocurriría a usted decirle a su hija esto mismo de lo que estamos hablando, pero usando sus propias palabras?

M: (dubitativa) Pero si me equivoco usted me lo va a decir ¿no?

T: Tranquila. Estoy aquí para ayudarla a que veamos *juntas* cuál es la mejor forma en la que usted siente que puede decirle esto a su hija.

El énfasis en la palabra "juntas" es importante porque nos coloca en una relación colaborativa con esta mamá, y no en una relación de autoridad o superioridad. Se trata de que ella pueda sentirse segura de ser la madre de su hija, y no que su seguridad recaiga en que sea yo quien haga lo que su hija necesita.

En el otro extremo están los padres que -de manera más o menos sutil- se ponen a la defensiva:

"Yo entiendo que usted es la profesional aquí, la que sabe, pero lo que usted dice ¿nunca falla? Porque no me conoce tanto a mí, ni conoce tanto a mi hijo, usted se está manejando con poca información… entonces ¿cómo sé yo que lo que usted me dice va a dar resultado con nosotros? A lo mejor dio resultado con otra gente, pero no tiene por qué ser así con todo el mundo ¿o me equivoco?"

Cuando me encuentro con este tipo de observaciones, trato de devolverle al cuidador la importancia de su rol en la vida de su hijo. Le explico que nada de lo que yo propongo es una "verdad revelada", antes bien es precisamente una sugerencia para tratar de poner en práctica y observar: ¿nos resulta fácil o difícil ponerla en práctica? Y en cualquiera de los dos casos ¿por qué? Si noto que tal vez algo de lo que dije pudo sonar como un juicio de valores, me disculpo, porque *no es mi función emitir juicios de valores*. Aun así, siempre existirá la posibilidad de que mi mirada de la situación no encaje en la mirada que puede tener el cuidador en ese momento, como podemos ver en el ejemplo siguiente:

"Yo no creo que todo lo que le pasa a Mario tenga que ver con el pasado que vivió… y honestamente, me parece que, si ponemos mucho el acento en eso, él va a terminar aprovechándose y va a buscar todo el tiempo hacerse la víctima. Yo creo que la terapia tiene que ser mirar para adelante, no para atrás. Lo de atrás no se puede cambiar."

Esto refleja lo que un papá pensaba acerca de su hijo a quien había adoptado dos años atrás, teniendo el niño 8 años. Tanto él como su esposa no habían querido conocer detalles de la vida del niño antes de la adopción ("Con los títulos generales nos alcanza", había dicho la madre), y si bien la madre se había mostrado más abierta a comprender la manera en la que la historia de Mario influía en su comportamiento actual -sobre todo en la relación con sus padres adoptivos- para el padre esto siempre había sido más difícil, hasta el punto de que la simple pregunta "Cuénteme su idea acerca de por qué Mario se comporta de la manera en que lo hace", lo ponía en alerta y lo empujaba a querer mover el foco de conversación del pasado al futuro de su hijo. En este caso, los padres decidieron dar por terminada la terapia del niño aduciendo que sus dificultades en el aprendizaje hacían necesario que tuviera más horas de apoyo escolar, y no querían además "sobrecargarlo con la terapia".

*

Sería imprudente pensar que las dificultades que surjan en nuestra relación con los cuidadores del niño que vamos a atender, provienen solo de lo complejos que puedan ser tales cuidadores.

Cada uno de nosotros como terapeutas tiene un estilo, fortalezas y costados vulnerables, y todo eso está en juego en nuestro trabajo todo el tiempo. Entender si algo de la relación con los cuidadores del niño que vamos a atender, resuena con nuestra propia historia, no nos hace más vulnerables ni menos efectivos como terapeutas. Por el contrario: nos informa acerca de la relación, y nos da la posibilidad de poner en marcha nuestras herramientas y conocimientos para destrabar aquello que parece haberse atascado.

Aunque no lo hagan de manera explícita, a veces podemos sentir que los cuidadores nos están pidiendo "algo más" que tratar a sus hijos y a los problemas o situaciones que les preocupan sobre ellos. Por ello es también importante prestar atención a nuestros propios estilos: ¿tendemos a ser "instructores" explicando al otro lo que debe hacer? En ese caso debemos ser muy cuidadosos, porque algunos cuidadores pueden sentirse incompetentes con un terapeuta que les enseña algo que ellos no saben o que sienten que hacen mal, mientras que otros pueden sentir que sin la asistencia del terapeuta de sus hijos son incapaces de ejercer su rol.

¿Tendemos a proveer confort y consuelo? También debemos ser cautos: algunos cuidadores pueden haber hecho un gran esfuerzo para mostrar sus sentimientos, y verse vulnerables en presencia de otro no necesariamente los hará sentirse mejor; mientras tanto, otros cuidadores tal vez crean que nuestra capacidad de empatizar con ellos es una puerta abierta para justificar acciones que, en realidad, deberían cambiar por el bienestar del niño que estamos atendiendo.

Debemos ser también muy cautos con la sobre utilización de la validación. La sobre utilización de la validación se da cuando solo miramos un aspecto de la complejidad que se nos abre por delante: una madre que se siente permanentemente atacada por su hijo, frustrada, e incompetente en su rol parental, puede despertar empatía; pero si su reacción a ese ataque es un ataque aún peor, este no puede ser validado: es el adulto quien tiene que hacer el mayor esfuerzo para la auto regulación, para la auto observación y la reflexión, ya que solo desde ahí podrá ser un pilar de contención para el niño. "Entiéndame, yo siempre fui así, para mí no es fácil cambiar a esta edad… el niño/la niña debiera poner de su parte…" son algunas de las cosas que los padres y madres nos pueden decir desde su lugar de profundo malestar.

Sintonizar del todo es pegoteo y sobre identificación, y no sintonizar para nada es absoluta desconexión, y ninguna de las dos instancias nos ayudará a ser efectivos.

De la misma manera, una adolescente que sufre descalificaciones de parte de su madre con la que tiene una pésima relación, puede generar en nosotros una profunda empatía; pero si esa misma adolescente comienza a devolver la agresión, descalificando a su vez a su madre y amenazándola, esa acción no puede ser incondicionalmente validada.

Podemos entender de dónde viene la reacción, pero bajo ningún punto de vista podemos aceptarla ni permitirla.

Algunos de los que están leyendo esto sabrán de qué hablo: muchas veces es muy difícil mantener el equilibrio en estas situaciones, y suele ser muy fácil enojarse con el cuidador "por no estar a la altura de las circunstancias".

Bien, entonces prestemos atención a la intensidad de lo que sea que estemos sintiendo: tanto *mucho* enojo, como *mucha* compasión, si por su intensidad nublan en nosotros una mirada más amplia a la complejidad del problema, entonces, deben ser puestos bajo la lente del microscopio para que puedan decirnos *¿por qué nos estamos sintiendo de la manera en la que nos sentimos en esta situación puntual, con estos cuidadores en particular?*

*

Ser testigos indirectos de la violencia es muy penoso. Y muchas veces, también nos violenta. Hace muchos años, cuando trabajaba en un Programa de Asistencia al Maltrato Infantil en la Ciudad de Buenos Aires, me tocó coordinar durante un tiempo un grupo de padres y madres con problemas de maltrato hacia sus hijos.

En una ocasión, los padres de una adolescente habían sido referidos por el Juzgado de Familia que había decidido la desvinculación temporal de la hija, quien había quedado al cuidado de unos tíos. En una de las reuniones, el padre justificó su maltrato físico y verbal como parte de acciones educativas que -según él- tenía todo el derecho de implementar en la crianza de su hija, y para resaltar su postura agregó: *"La letra con sangre entra."*[25] Para este padre, utilizar un precepto atribuido

---

[25] *La letra con sangre entra* es el nombre de una obra del artista español Francisco de Goya. En la Argentina se le atribuye a Domingo Faustino Sarmiento -considerado el padre de la

al padre de la educación argentina, era motivo de orgullo. Pero a mí me generó un rapto de violencia: sentí la rabia crecer dentro de mí como un fuego en el centro del abdomen. Hubiera querido levantarme e irme, hubiera querido gritarle, es decir, devolverle a él la misma violencia que él se jactaba de ejercer sobre su hija como forma de educación. Porque esto es lo que podemos sentir a veces, y es genuino sentirlo: es señal de que tenemos sangre corriendo por las venas, y de que estamos vivos.

Pero precisamente cuando nos encontramos con estas situaciones, debemos estar atentos a nuestro propio impulso por reaccionar. Reaccionar contra estos padres no servirá para proteger mejor a estos niños; pero poder explicar a quienes tienen en sus manos la potestad de protegerlos, por qué si un niño sigue viviendo con estos padres está en serio riesgo, eso sí es algo que podemos, y debemos, hacer.

Y después de haber hecho nuestro trabajo, no debemos olvidar ofrecernos un tiempo para aliviar el inmenso sufrimiento que nos causó haber estado en contacto con esa violencia.

### 7.4. Nosotros como padres.

¿Es necesario ser padres para ser terapeutas de niños? No.

¿Ser padres nos ayuda de alguna manera a comprender a los cuidadores de nuestros pacientitos? A veces sí, otras no necesariamente.

Lo cierto es que nuestra relación con la parentalidad, también puede ser una fuente de información, sea que hayamos decidido ser padres o no, sea que hayamos podido ser padres o no, sea que hayamos tenido hijos biológicos, adoptivos o ambos. Nuestra propia experiencia como padres puede ayudarnos a resonar con estos cuidadores, pero a veces puede alejarnos como si hubiéramos recibido un shock eléctrico. Si el amor profundo que siento por mis hijas se encuentra con el rechazo manifiesto de unos padres hacia su hijo, es probable que se me dificulte más conectar con ellos que con otros padres cuyos sentimientos son más afines a los míos.

Una pregunta que a veces puede ayudarnos a recuperar la perspectiva es: si yo estuviera en el lugar de este padre o de esta madre, ¿cómo sería para mí lidiar

---

educación argentina- el haber utilizado esa frase, que se popularizó como una forma de justificar el uso de los castigos físicos como modo aceptable de disciplinar a los niños.

con lo que él o ella debe lidiar hoy? Lo importante es no respondernos esa pregunta con la lista de lo que haríamos de manera diferente. Debemos llevar el foco de nuestra atención a *cómo nos sentiríamos* si estuviéramos en esa misma situación, debemos poder notar si resonamos, aunque solo sea un poco, con la frustración, con el miedo, con la impotencia, con la rabia o con la desilusión. Probablemente sea incómodo resonar con esos estados, pero seguramente será mucho más útil para entender dónde están los riesgos de desconectarnos de estos padres, y qué podemos hacer para no perder la conexión que necesitamos para trabajar con ellos como cuidadores de nuestros pequeños pacientes.

Con los niños y adolescentes con los que trabajamos, el ser nosotros padres o madres también puede funcionar como un facilitador o como una interferencia, y en este último caso es donde mayor atención debemos prestar.

Es probable que nos encontremos con niños que nos pidan que los llevemos con nosotros a nuestras casas, o que comenten en voz alta qué afortunados son nuestros hijos por tenernos como padres. Escuchar decir esto a alguien que no ha conocido la experiencia de ser amado y mirado con ojos de amor, puede resultar demoledor incluso para el más duro de los terapeutas, y hacernos difícil mantener el equilibrio. Una opción puede ser, por ejemplo, preguntarles ¿qué se imaginan que hay en nuestras casas? ¿Cómo se imaginan que somos nosotros como papás o mamás? Algunos de nuestros pacientes nos pueden contestar con una visión idealizada de nosotros mismos como progenitores:

Al finalizar una sesión vincular con su mamá, Teresita se dirigió a esta y le dijo: *Tendrías que ser tan buena madre como Sandra.* Algo de lo que habíamos hablado durante la sesión se relacionaba con la negativa de Teresita a cumplir con las tareas domésticas que tenía asignadas "cuando no tenía ganas de hacerlas". Teresita estaba en una postura que encontramos muchas veces en estos niños y adolescentes, en especial cuando están en familias de acogimiento o adoptivas: me tienen que dar todo y no me pueden pedir nada.

Decidí entonces preguntarle cómo se imaginaba ella que era yo en mi casa con mis hijas. Teresita me miró y respondió simplemente: *Buena.* Seguí un poco más: ¿buena de qué forma? Teresita contestó: *No sé, buena y comprensiva como eres conmigo, seguro que no les estás exigiendo todo el tiempo que hagan cosas que a ellas no les gusta hacer…* A lo cual le respondí que, en mi casa, al igual que en la suya y en tantas otras, había algunas cosas que cada uno debía hacer, y que a mis hijas no les pedía que hicieran algo que claramente no podían hacer, como salir a trabajar si eran pequeñas para eso, pero si dejaban su ropa tirada en el baño luego de bañarse y no la recogían, yo les iba a decir que lo hicieran, y si probablemente seguían sin hacerlo, yo iba a seguir insistiendo hasta que lo hicieran. Y probablemente alguna vez insistiera de una manera no muy paciente. A lo cual me respondió: *Yo pensé que tus hijas tenían suerte teniendo una madre psicóloga, pero me equivoqué.*

Terminé diciéndole que ser psicóloga me ayudaba a entender algunas cosas y tal vez a darles a mis hijas algunas herramientas que yo había aprendido a usar, pero que en mi casa yo no era la psicóloga de mis hijas, ni debía serlo, porque lo que ellas necesitaban de mí era una mamá, una que a veces incluso les dijera que debían hacer cosas que a ellas no les agradaban, como recoger la ropa tirada después de bañarse.

### 7.5. Nosotros como hijos.

Y aunque no seamos padres hay una experiencia de la que ninguno de nosotros ha escapado: todos hemos sido -somos- los hijos de unos padres que fueron (son) con nosotros amables o no, presentes o ausentes, cálidos o fríos, protectores o maltratantes, cercanos o distantes.

Puede que sigan viviendo y los sintamos como una presencia sabia y necesaria, o como una carga. Puede que hayan muerto y los añoremos, y si murieron cuando éramos pequeños es posible que esa añoranza haya nacido con nuestra pérdida.

Tal vez hayamos tenido historias infantiles parecidas a las de los niños y adolescentes que atendemos. Tal vez jamás hayamos conocido la violencia antes de toparnos con este trabajo. Tal vez califiquemos a nuestra infancia como feliz, normal, dura, triste, solitaria, y un solo calificativo no alcance para describir nuestra experiencia de esa infancia que tuvimos.

Lo cierto es que un día miramos al mundo de una manera muy similar -al menos en algunas cosas- a la que estos niños que atendemos lo miran hoy delante nuestro. Luego crecimos, y tal vez hayamos hecho un gran esfuerzo por olvidarnos de esa forma de entender las cosas que pasaban a nuestro alrededor. Después de todo, en la edad adulta no está tan bien visto ser inocente e ingenuo.

Pero nuestra infancia y nuestra experiencia como hijos está ahí, con nosotros, presente todo el tiempo, ya sea que la hayamos explorado profundamente en un proceso terapéutico (lo cual es no solo aconsejable, sino **imprescindible** si queremos ser psicoterapeutas), o que sintamos que tal vez hay piezas sueltas por ahí que necesitamos terminar de ubicar. A veces algo de esas experiencias se cuela imperceptiblemente en nuestro trabajo y activa una emoción que no sabemos bien de dónde viene.

A investigar pues: recuerden que todo lo que sucede en ese espacio de a dos que es la terapia con estos niños, y de a varios, que implica el incluir a sus cuidadores, es *información*.

¿Qué me dice de mí esto que estoy sintiendo? ¿De qué momento de mi vida proviene? ¿Hubo algún momento en mi infancia o en mi adolescencia en que me haya sentido de esta forma? Temor, una rabia que siento que no puedo expresar, descalificación, humillación, vergüenza, soledad, desesperanza: ¿algo de esto se parece a algún momento de mi propia experiencia como hijo o hija, niño o adolescente? Si se activa en el trabajo con nuestros pacientes: ¿qué debemos hacer para no quedar pegados a esa emoción o al recuerdo de esa experiencia, y en cambio usar esa resonancia como un trampolín que nos permita saltar desde nuestra propia vivencia infantil -pero siendo ya adultos- a la vivencia de quien tenemos enfrente? Solo si nos atrevemos a navegar esas preguntas podremos conectar verdadera y genuinamente con ese niño o niña que tenemos delante.

Si en aquella oportunidad en que nosotros, siendo hijos, nos sentimos de una manera similar a esto que resuena hoy con nuestros pequeños pacientes, y alguien respondió a nuestro malestar ¿cómo podemos hacer para llevar esa misma respuesta al espacio actual en el que estamos trabajando con el niño?

Pongamos el ejemplo de Iván. Iván tiene 6 años y tuvo una rabieta importante porque en la casa hogar en la que se encuentra no lo dejaron elegir el trozo de pastel que a él le gustaba, cuando estaban festejando el cumpleaños de otro niño. Luego de la rabieta lo mandaron a su habitación "hasta que se le pasara".

Podemos responder diciéndole que tal vez no le dieron a él la posibilidad de elegir porque eso es algo que se hace con quien cumple años, y que cuando él cumpla años seguramente van a hacer lo mismo con él y le permitirán elegir. Ahí estamos completamente conectados con un rol adulto: explicamos.

Podemos responder diciéndole que tiene toda la razón del mundo en estar enojado y en haber hecho esa rabieta, porque es injusto que no le den lo que él desea, si después de todo se lo merece. Ahí estamos completamente conectados con el niño que fuimos: sabemos lo que se siente, porque nos sucedía todo el tiempo siendo el hermano menor de una familia numerosa, donde parecía que nada de lo que queríamos tenía valor.

Podemos responder diciéndole: *Me imagino cómo te debes haber sentido… tal vez no solo enojado… ¿un poco triste quizá? Y luego se enojaron porque hiciste la rabieta y eso tal vez te haya hecho sentir peor ¿verdad? Recuerdo que una vez me pasó algo parecido… y me mandaron a mi habitación por hacer un berrinche… pero entonces vino una tía y me abrazó y me dijo que todo iba a estar bien, y que ella se iba a encargar de que nadie se comiera mi parte del pastel… y después volví a la sala con ella y ya no me sentía tan mal… me gustó que ella me hablara así… ¿Cómo te hubiera gustado que te consolaran cuando te mandaron a tu habitación? ¿Qué te parece si elegimos aquí a alguno de los muñecos y jugamos a que ese muñeco te consuela porque te mandaron a tu habitación?*

Aquí estamos utilizando la información de nuestra propia experiencia infantil, y la estamos trasladando en una suerte de túnel imaginario hasta la actualidad: validamos la emoción del niño, reconocemos su necesidad de consuelo y le proponemos imaginar una manera de consuelo para esa situación, prestándole toda nuestra experiencia, pero modelada por las habilidades que hemos podido desarrollar como adultos. Luego podemos agregar: *"Tal vez podemos pedir que cuando sea tu cumpleaños recuerden dejarte elegir el trozo de pastel que más te guste… ¿qué te parece? Estoy segura de que eso es lo que hicieron en el cumpleaños del otro niño".* Aquí entonces aportamos la mirada adulta que ofrece una explicación posible a la situación que tanto disgustó a Iván.

A mí me gusta mucho decirles a mis pacientes que a veces cuando nos hacemos grandes nos olvidamos de cuando una vez fuimos pequeños, y que, cuando nos olvidamos, puede ser que como grandes cometamos errores y no entendamos qué siente un niño, pero que yo puedo también tratar de ayudar a los grandes que están a su alrededor a que ellos puedan entender.

*

Pero algo de nuestro pasado como hijos también se puede activar en el trabajo con los cuidadores, y llevarnos a responder desde esa memoria infantil activada, habiendo perdido la conexión con el adulto que somos hoy. ¿Cómo podemos usar esa información?

Veamos el ejemplo de la madre de Jana. Jana tiene 15 años y su madre está relatando la última pelea que tuvo con su hija. A medida que lo va haciendo su voz se va agitando, mueve enérgica las manos y repite textualmente algunas de las cosas hirientes que le dijo a su hija. Es como si la madre de Jana estuviera literalmente reviviendo esa pelea. Sentimos una opresión en el pecho y una necesidad de que se termine esa entrevista cuanto antes. Supongamos que esto activa en nosotros una memoria antigua de una vez en que nos sentimos de manera similar, pero mientras estamos con la mamá de Jana, la emoción es tan intensa que no podemos hacer la conexión de este hecho puntual con nuestro pasado. Instintivamente tratamos de cambiar de tema para aplacar a la madre, y cuando lo logramos nos mostramos complacientes y amables: nuestro objetivo es mantener la calma de esta mujer *a toda costa*.

Luego nos sentamos a observar y allí viene el recuerdo: hemos actuado de manera similar a como actuábamos con nuestra propia madre, y nuestra reacción fue muy similar a la que solíamos implementar en aquel entonces. Volvemos a citar a la madre de Jana a una entrevista:

T: En nuestro último encuentro usted me estaba relatando sus peleas con Jana y por un momento casi sentí que estaba en esa misma escena que usted me estaba relatando… usted estaba realmente muy enojada… y no pude evitar preguntarme ¿cómo cree usted que se sentía Jana viéndola así?

Aquí estamos apelando a una intervención mentalizadora: ¿es capaz esta madre de considerar qué estaba sucediendo adentro de su hija mientras esta pelea tenía lugar? Veamos la respuesta:

MJ: Bueno… a ver… no sé… a veces me responde como una igual y eso a mí me pone peor… entonces grito más… para que quede claro quién manda ¿no?

T: ¿Y qué sucede entonces?

MJ: Se queda callada…

T: ¿Usted podría relatarme cuál es su expresión? ¿Es indiferente, baja la cabeza, desvía la mirada como si la quisiera desafiar…?

MJ: Bueno, se queda dura… quieta… me mira fijo, pero a veces creo que no está ahí, que es como que se fue volando, entonces le pregunto si me está escuchando y si me dice que sí, depende… si tengo algo más para decir sigo, si no termino ahí. Pero la verdad es que creo que le entra por un oído y le sale por el otro…

La capacidad mentalizadora de la madre de Jana se muestra limitada: solo puede describir lo que "ve", pero no lo que cree que puede estar sintiendo su hija.

Por un momento parece que se acerca a cierta comprensión *-a veces creo que no está ahí, que es como que se fue volando-* pero nuevamente surge una atribución negativa a eso que ve *-la verdad es que creo que le entra por un oído y le sale por el otro...-*

> T: Le voy a contar qué me pasó a mí el otro día cuando usted me contaba esto, estaba usted tan enojada que por un instante yo también me paralicé... y después pensé que lo mejor era cambiar de tema para que usted se tranquilizara, pero no estoy segura de haberla ayudado haciendo eso... Creo que tal vez a Jana le suceda lo mismo... se queda muda y quieta no porque la esté escuchando sino porque algo la atemorizó... y si eso es así lo que usted le está diciendo claramente no lo puede entender... el miedo "mata" a la razón... A veces si uno desea que el otro entienda algo, lo mejor es poder explicarlo en calma... las emociones intensas no colaboran con el entendimiento... y es probable que a Jana solo le haya quedado que usted estaba terriblemente enojada, pero no el por qué...

Aquí usamos nuestra propia experiencia para narrar lo que creemos que tal vez le estuviera sucediendo a Jana, y en este sentido le "prestamos" nuestra capacidad mentalizadora a la madre de Jana, intentando que ella pueda ver aquello que no vio, y que nosotros, en la primera entrevista, sentimos y experimentamos sin poder terminar de entender qué era ni de dónde venía. Al haber ganado una mayor comprensión, esta información que nosotros tomamos de nuestra propia experiencia puede ser utilizada como un recurso dentro de la terapia.

*

Una paciente adulta se queda mirando unos muñecos que están en una mesita baja, delante de ella. *¿Son nuevos?*, me pregunta. Le explico que no, que en realidad suelo ponerlos en otro lado, pero que acabo de terminar de trabajar con una niña que los usó en esa mesita baja y quedaron allí. Entonces me dice que ella siempre presta atención a lo que ve en los estantes de mis bibliotecas, porque le gustan mucho los muñequitos. Pero a veces se pregunta si es correcto que, siendo ella adulta, le guste algo infantil. Le explico entonces que, cuando somos niños, muchas veces en nuestros juegos encarnamos un rol adulto: somos doctores, maestras, papás, mamás, héroes, villanos, y mientras estamos en ese personaje, jugamos a ser adultos por un rato. Nadie ve nada raro ni anormal en eso: no es un problema que el niño "juegue" a ser adulto. El problema es si un niño debe *funcionar como si fuera* un adulto. Del mismo modo, los adultos podemos seguir "jugando como si fuéramos niños" y en eso no habría ningún problema. Lo complejo sería que, siendo adultos, siguiéramos *funcionando como si* fuéramos niños.

Para poder seguir siendo adultos y tener la flexibilidad de entrar y salir del mundo infantil necesitamos ser capaces de haber desarrollado un interés por la mente (lo que hay adentro) y no solo por la conducta (lo que se ve por fuera), y de conservar una actitud curiosa (Midgley et al., 2019). Y digo *conservar* porque la curiosidad es parte del legado que nos deja la infancia (si es que no hemos decidido despojarnos de todo lo que fuimos en aquel entones).

Si tienen ganas les propongo un ejercicio. Busquen una libreta y anoten allí todas las cosas que les conectan con esa época de la vida en la que fueron hijos/niños. Seleccionen páginas para anotar las memorias que desean conservar y recordar de tanto en tanto voluntariamente, y otras páginas para narrar aquellas memorias que dejaron heridas y cicatrices, pero en estas páginas no dejen de anotar *¿qué aprendí de esto que viví?*

¿Conservan ustedes algún juguete o libro de aquel entonces? ¿Qué recuerdos les traen? ¿Qué hacen hoy con ellos?

Y finalmente, busquen una fotografía suya de aquel entonces, una que les permita evocar con rapidez aquello que sienten que les vendría bien recordar de tanto en tanto en medio de su trabajo con estas problemáticas. Puede ser una fotografía en la que estaban en brazos de un ser querido para recordar la sensación de abrigo y de ser vistos; puede ser una fotografía de ustedes con una mascota, o siendo premiados o aplaudidos por un logro, o disfrazados, o jugando, o con amigos o primos.

Tengan siempre a mano algo que les recuerde cómo era mirar la vida cuando apenas se despegaban del suelo, cuando no llegaban al metro de altura, cuando empezaron a perder sus dientes.

Permítanse recordar la vulnerabilidad y la dependencia de entonces, pero también la curiosidad, la ingenuidad y la fantasía.

Lo primero les permitirá comprender mejor la experiencia de sus pacientes. Lo segundo les ayudará a transitar con ellos los caminos turbulentos de sus experiencias más dolorosas, sin que ninguno, ni ustedes ni sus pacientes, se hunda por completo en el dolor de lo que no debió ser.

Este ejercicio les dará un poco más de entrenamiento para navegar el capítulo que sigue. En él vamos a sumergirnos en el mayor de los desafíos relacionales que estos niños, niñas, y adolescentes pueden enfrentar: ¿cómo es ser adoptado por alguien desconocido que viene a reemplazar a aquellos que me dañaron? ¿Cómo es adoptar a alguien que viene con una historia de relaciones cargada de heridas? Y ¿cómo es permitirse adoptar una nueva familia, y confiar en que esta no será igual que la que ya conocí?

# Capítulo 8

## El mayor desafío para la seguridad relacional. Adoptarse mutuamente: el trabajo con niños y adolescentes separados de sus familias de origen.



*Toni parecía un extraterrestre (…) Sus recursos personales*
*y sociales pertenecían a otra realidad que nada tenía*
*que ver con la nuestra y le iban a servir bien poco*
*para iniciar la nueva aventura a la que se incorporaba (…)*
*Nos resultaba extraño y curioso encontrarnos*
*con un pensamiento tan distinto al nuestro…*

*José Angel Gimenez Alvira*[26]

Sus recuerdos empiezan a los 3 años. Y empiezan a esa edad porque es cuando empezó otra parte de su vida. Es cierto que la vida de todo ser humano tiene etapas. Pero en la vida de Andrés los 3 años marcan un antes y un después claro y contundente. Tan contundente que, para él, antes de esa edad, ni siquiera existía: para Andrés, él había nacido a los 3 años. Tenía una explicación clara para un fenómeno que incluso a él le parecía extraño: había nacido a los 3 años porque nunca había sido bebé.

Es decir, nunca había necesitado de otro estando en un estado de máxima vulnerabilidad y dependencia. Nunca había lidiado con tratar de comunicarse con otro a través de su llanto. Nunca había sentido frío y no ser abrigado, nunca había sentido hambre y no ser alimentado, nunca había sentido miedo y no ser consolado. Nunca había pasado de dos manos conocidas que lo cuidaban mal, a mil manos desconocidas que lo cuidaban mejor. Desconociendo esa realidad, pretendiendo que no existía, había logrado deshacerse de una experiencia de dolor, descuido, maltrato, tensión y soledad.

Solo que Andrés *sí había sido un bebé.* Y como tal, había necesitado desesperadamente de la atención y el consuelo de otro, y solo había contado con su llanto para pedirlos. Y había sentido frío, hambre y miedo. Y no había sido

---

[26] Gimenez Alvira, J.A. (2010). Indómito y entrañable. El hijo que vino de afuera. España, Gedisa Editorial (pg.85)

adecuadamente abrigado ni alimentado ni consolado. Y había pasado de dos manos conocidas que lo cuidaban mal -las manos de su madre biológica- a mil manos desconocidas que lo cuidaban mejor -las manos de las múltiples cuidadoras que trabajaban en la casa hogar en la que vivió hasta que fue adoptado.

Algún despistado podría preguntarse ¿por qué sería necesario pretender no haber vivido una parte de la vida que ni siquiera se puede recordar bien? Bueno, ya sabemos que la memoria no es solo la que se puede describir como una foto descolorida, o como retazos de un álbum de imágenes. Hay otra memoria que habla el lenguaje de las sensaciones, de las emociones, de acciones que parecen descontextualizadas y por lo tanto incomprensibles, pero que de todos modos narran nuestra historia, esa que transcurrió mucho antes de que nuestro cerebro fuera capaz de sacar una fotografía de las escenas de nuestra vida para ser contadas.

Mientras los observadores externos podemos asistir desconcertados a la aparición de esos fragmentos de jeroglíficos que no sabemos de dónde salen ni qué significan, los niños y adolescentes de los que salen esos fragmentos no son inmunes a ellos ni al significado que encarnan. Tampoco saben de dónde salen ni qué significan: lo que sí saben es que duelen, molestan, incomodan, enojan, asustan, avergüenzan, entristecen.

Cuando Andrés resolvió que había nacido teniendo ya 3 años, encontró la forma de hacer de cuenta que el malestar experimentado previo a esa edad, nunca había existido.

Solo que ese malestar se las ingenió para filtrarse en su vida cotidiana *haciéndolo funcionar como si fuera un bebé cada vez que las situaciones le generaban una tensión que él no sabía cómo manejar.*

El papá y la mamá que adoptaron a Andrés querían mucho a su hijo. Lidiaban pacientemente con múltiples dificultades escolares, que luego traían consigo dificultades sociales y multiplicaban las incógnitas acerca de qué era lo mejor que se podía hacer. No entendían por qué su hijo se chupaba el dedo si ya estaba grande para eso, y mucho menos entendían por qué eso podía suceder en la casa o en la escuela indistintamente.

Y cuando Andrés les decía que él nunca había sido bebé, ellos trataban de convencerlo con la realidad irrefutable de que ningún ser humano no ha sido bebé jamás. Inútil. Para Andrés, la suya, era una verdad indiscutible.

*

Tamara tiene 12 años y va a empezar el último grado de la escuela primaria. Durante el verano, al igual que muchos otros chicos, asistió a una colonia de vacaciones. Pero no la disfrutó, y dice que en realidad la odia porque, para colmo de males le dijeron que cuando tenga 13 años irá a ayudar a los profesores con los más chiquitines. Peor. Le pregunto por qué eso es aún peor. Porque son los más chiquitines, de 3 o 4 años y ella odia a los chiquitines. Dice que son tontos, como discapacitados, que se babean y hacen estupideces por las que la gente se ríe y ella no entiende por qué. Reflexiono en voz alta: se nota que le caen mal. Me corrige: no es que le caen mal, los odia. Para ella un niño más chico es "aceptable" cuando llega a los 6 años. Sin embargo, su hermana menor tiene justo esa edad y aun así Tamara no la acepta: dice que a ella también la odia.

Para entender por qué, es necesario comenzar por entender su historia. Tamara vivió en la calle desde que nació, al cuidado de una mamá adicta a la que hoy, cuando habla de ella, solo llama por su nombre de pila.

Tamara recuerda el hambre, el no tener comida, el ver a su mamá comer sin darle a ella, el salir a buscar comida, incluso entre la basura. Lo cuenta con naturalidad, y esto hace al relato más crudo, hasta el punto de que es imposible imaginarse a esa criatura en la soledad y la hostilidad de las calles de esta ciudad. Un día el Estado la ve y la saca de la calle, y allí empieza un peregrinaje por distintas casas hogares. Cuenta que Silvia -jamás la llama mamá- la visitaba, de manera irregular, pero la visitaba. Ella confiesa que la esperaba porque "veía que a los otros chicos los venían a visitar y yo no quería sentirme una huérfana, quería que alguien también viniera a verme a mí. Me traía golosinas. Pero un día llegó Luana, llegó desde bebé. Yo nunca la consideré mi hermana, hasta el día de hoy, y se lo digo; para mí ella es una desconocida, no la quiero como hermana." Luana es la última hija que dio a luz Silvia. Esta vez el Estado, por las dudas, decidió actuar con más rapidez, y del hospital donde nació, mandó a la bebé directamente a la casa hogar en la que vivía Tamara.

Tamara cuenta que cuando Luana nació, Silvia seguía visitándola, pero solo le prestaba atención a Luana, solo traía cosas para la bebé, y para ella, nada: ni atención, ni golosinas. Nada. "Entonces ahí dije 'ah no… ¿esta chica qué hace aquí? Sáquenla ahora mismo", cuenta Tamara con rabia en la voz. No puedo evitar reflexionar en voz alta una vez más y le digo -se me escapa en realidad- que justamente después de eso Silvia se fue… "Sí, bueno no es que se fue, no la dejaban entrar porque ya nos habían puesto en la lista para que nos adoptaran, pero igualmente ella trataba de vernos por la ventana." Sigo reflexionando en voz alta: es decir que entonces primero Luana le quitó a su mamá biológica y después solo quedó Luana en lugar de ella. "Exacto" me contesta con crudeza.

Le pregunto si ella extrañaba a Silvia cuando no iba a verla. Me dice que no se acuerda, pero que puede ser. Me aclara rápidamente que ahora no le pasa nada de eso, pero que en aquel entonces sí la quería ver. Le digo entonces que me parece que adentro suyo esa niña que ella fue, se quedó congelada en ese momento en que su mamá dejó de verla, de mirarla, de visitarla a ella, y solo se concentró en su hermana, y que tal vez nuestro trabajo sea consolarla y ayudarla a curar ese dolor que siente.

Se me ocurre poner esta historia en una cronología y hacer un dibujo sobre los "casilleros" de su vida. Le cuento que primero hubo un casillero de "la calle", donde ella vivió con su mamá, "Sí, dice, no sé cómo no me morí"; le digo que es cierto, que sobrevivió a un ambiente muy duro, y que tal vez sea porque los seres humanos venimos preparados para adaptarnos a muchas situaciones, incluso algunas muy anormales, aunque esa adaptación no es gratuita, tiene costos para nosotros.

Sigo narrando en voz alta que en ese casillero ella estaba en la calle, pero estaba con su mamá, y que los seres humanos estamos preparados para buscar a nuestras mamás o a las personas que nos cuidan, y a hacerlo más allá de lo que nos rodea, como si el cerebro hubiera dicho, no importa que se drogue y a veces no te vea, pero sabes que, de tanto en tanto, está. Después llegó el casillero "casas hogares". Allí ella conoció algo que no había conocido viviendo en la calle con su mamá: conoció lo que era dormir en una cama, taparse por el frío, comer bien y regularmente, bañarse, estar siempre resguardada bajo un techo. Ese era un lugar que tenía una seguridad que la calle no le daba, pero igual el cerebro se iba a buscar eso que conocía y a lo que se había adaptado, que era su mamá. Aceptó estar en un lugar tranquilo, con comida y abrigo, que era algo que necesitaba, pero también seguía necesitando a su mamá.

Después, cuando ella tenía 6 años, solo quedó ese casillero y su mamá desapareció. Y lo único que quedó de ella fue esa hermanita recién nacida, que además le recordaba que su mamá, antes de no estar más, ya no estaba para ella, porque solo estaba para Luana.

Tamara asiente mientras le hablo. Agrego que tal vez sea importante que esa niña que quedó congelada dentro suyo pueda entender que Luana no es culpable de lo que le pasó, pues era tan solo una bebé.... Dispara sin piedad: "Sí tiene la culpa, si no hubiera nacido no la tendría que odiar" Pero los bebés no deciden nacer, le digo. "Yo la hubiera abortado", continúa con idéntica rabia.... Pero esa era una decisión que solo Silvia podía tomar, tampoco la podía tomar Luana…

Tamara se queda mirándome por un minuto eterno y luego vuelve a la carga: "Bueno, pero ahora sí tiene la culpa. En mi casa hay un cuadro con fotos, pero hay dos de Luana y solo una mía, una noche yo las saqué y puse dos mías, a la mañana siguiente habían vuelto a cambiar las fotos. Yo sé que eso es de niña de 6 años, pero bueno, parece una cosa tonta, pero para mí no lo es."

Tamara odia a su hermana menor porque siente que le quitó primero a la madre que las trajo al mundo, y luego a la madre que las adoptó. Dice no sentir nada hacia su madre biológica, pero toda la rabia que desapareció de ese casillero está depositada en el casillero de su hermana y de su "nueva mamá".

Una mamá que con genuino dolor se lamenta por no poder terminar de conectar con esta hija grande, que adoptó el día en que el Estado se dio cuenta de que casi la deja olvidada también en las casas hogares.

*

En la adopción hay un hueco que se debe rellenar.

Los padres que adoptan están seguros de que lo podrán rellenar con amor.

Los niños que son adoptados no tienen idea de cómo se rellena, solo saben que lo sienten, que es intenso, que no le pueden poner palabras y que de ahí adentro salen -a veces- cosas espeluznantes.

Es que la adopción es como los viejos discos de vinilo: tiene dos lados, un lado A y un lado B, y en cada uno suena un conjunto de melodías diferentes. El lado A de la adopción es el más visible y conocido: luego de ser desvinculado de su familia de origen debido a los malos tratos sufridos en ese entorno, un niño o niña es declarado en estado de adoptabilidad. Entonces comienza el proceso de búsqueda de el o los cuidadores que se convertirán en su nueva familia, su familia adoptiva. En el mejor de los casos -porque, aunque parezca mentira no siempre es así- se iniciará un proceso de vinculación progresiva que irá de las presentaciones y el conocimiento mutuo, hasta la permanencia del niño o niña en su nuevo hogar.

Hasta que finalmente se corona el proceso -la última melodía del lado A- con la forma que define finalmente que este niño o niña se ha convertido -legalmente y para la sociedad- en un hijo o hija de estos nuevos padres.

El lado B, por el contrario, es el menos conocido. Las melodías que allí se escuchan suelen sonar en escenarios solitarios, lejos de los focos que iluminaron los sonidos envolventes del lado A. Ya no hay tantos testigos: los nuevos padres y el nuevo hijo han quedado solos en la casa familiar, y es entonces cuando comienza la *verdadera* adopción.

Ese proceso de adopción suele ser más trabajoso y prolongado que el que se gestó en el lado A de este disco. Y no alcanza con que uno o dos adultos hayan sellado su compromiso legal de prohijar a ese niño. Porque la adopción es antes que nada un proceso relacional, y en ese sentido debe ser mutuo y recíproco para que se complete verdaderamente.

Veamos cuáles son los términos de esta compleja ecuación.

Hemos visto a lo largo de este libro, que el corazón del trauma interpersonal temprano es una profunda herida en la matriz relacional primaria: aquellos que debieran haber cuidado y protegido, descuidaron, maltrataron, no protegieron del maltrato. El cerebro de este niño se ha visto forzado a alterar su desarrollo: equipado para vivir en un contexto en el que el peligro debiera ser una excepción, cuando este termina convirtiéndose en la regla, el cerebro debe apoyarse fuertemente en sus estructuras más primitivas para asegurarse de estar listo a la hora de enfrentar las amenazas constantes de golpes, gritos, descuidos graves y/o abusos sexuales (Teicher & Samson, 2016).

Lo *adaptativo* para este cerebro es estar en guardia, en especial allí donde se repita una dinámica relacional en la que quede al cuidado de uno o más adultos: la hiperreactividad, el miedo, la desregulación emocional, las conductas desajustadas, son formas de gritar *¡Tengo miedo! ¡Estoy en peligro! ¡Me vas a abandonar! ¡Me vas a pegar!* Pero también, lo *adaptativo* para este cerebro puede ser dejar de esperar.

En contextos plagados de carencias, la respuesta defensiva va tendiendo a desactivar reacciones que es sabido que no llevarán a ningún sitio. ¿Para qué llorar si no hay nadie que escuche o que responda protegiendo y cuidando? ¿Para qué explorar si nadie acompaña? ¿Para qué intentar si nunca llega? El organismo entero pasa a priorizar la economía energética, pasa a un estado de pura subsistencia de mínimos, en el que la emoción se aplasta o se anestesia. Sin la emoción, la necesidad deja de ser imperiosa y uno puede llegar a creer que no necesita. Es el único modo posible en un mundo sin puertas.

Pero en esas relaciones primarias en las que el cerebro del niño se tuvo que adaptar a lo que debería ser la excepción y no la regla, además de malos tratos, hubo otras cosas. Probablemente gestos de cariño o momentos sin tensión que sirvieron como el ancla para aferrarse a esa figura de apego, única para ese niño en ese momento, vital y necesaria para subsistir. El niño, en ese escenario, desconoce que entre bambalinas estamos todos nosotros: no "sabe" que está en peligro -aunque su sistema nervioso lo detecte- y esto es así simple y llanamente porque el peligro se ha convertido en lo normal. Tampoco sabe que hay otros escenarios posibles y que existe la posibilidad de que alguien lo "vea" y lo "rescate" de ese escenario de violencia en algún momento. Dado que el peligro no se asocia externamente a que alguien proteja, la asociación entre peligro y búsqueda de protección se vuelve contraintuitiva.

Para muchos de estos niños, la experiencia de haber sido desvinculados de sus familias de origen es traumática, aun cuando en esa acción se esté buscando rescatarlos del peligro, tal como nos lo muestra el reprocesamiento del recuerdo de ese momento en esta púber de 13 años:


"Me acuerdo de la camioneta en la que me llevan, pero no me subo, me suben… no entendía nada… sentía miedo… me salteo un montón de partes… ahora tengo 8 años, me estoy yendo con mis papás… no entendía nada… miedo a lo desconocido… yo no estaba del todo feliz… miedo… miedo a que no me quieran… a veces está y aparece de golpe…"


Una niña de 9 años cuenta de manera desgarradora uno de los peores momentos del día en que la fueron a buscar a la casa en la que vivía con unos padres maltratadores y negligentes: para ella, que no la dejaran llevarse un recuerdo de su casa se convirtió en un agujero que le perforaron en medio del alma.


Estos niños han conocido la enloquecedora danza de necesitar alejarse de sus cuidadores maltratantes, y al mismo tiempo necesitar desesperadamente tenerlos cerca. Cuando salen de esos ambientes, nos muestran esta misma danza a través de sus interacciones con sus nuevos cuidadores y con otros adultos.

Cuando los padres adoptivos no han recibido toda la información acerca de aquello con lo que se pueden encontrar, cuando no se ha acompañado adecuadamente el proceso de conocerse mutuamente y vincularse, es solo cuestión de tiempo que comiencen a aparecer los primeros desajustes en la relación. Cuando los adultos responden a esos desajustes con iguales niveles de desregulación, el niño queda expuesto a una inevitable continuidad del trauma relacional al que estuvo inicialmente expuesto en su familia de origen. Si ya de por sí el cerebro traumatizado no puede distinguir a priori lo viejo de lo nuevo, esto se agrava cuando los padres reaccionan con hostilidad o incluso con violencia a los patrones conductuales del niño; cuando lo amenazan con "devolverlo" por sus malas conductas y sus desafíos -que son una muestra descarnada de lo arduo que les está resultando adaptarse a esa nueva realidad-, o cuando de manera implícita o explícita rechazan al niño por sus conductas o por su olor corporal, su desaliño, su desprolijidad, su torpeza, etc.

Es entonces que el cerebro del niño encontrará aún menos razones para adaptarse a la realidad actual, porque percibe que ésta termina pareciéndose peligrosamente a la que ya conoció.

Pero a veces, incluso cuando no se dan estas reacciones por parte de los padres adoptivos, los desajustes también pueden aparecer. Para muchos de estos niños, escenas comunes de la vida cotidiana son disparadores de recuerdos traumáticos: la hora de irse a dormir, de bañarse, la hora de comer, o incluso querer repetir una porción de comida cuando ya comieron suficiente, pueden ser momentos asociados a situaciones de malos tratos vividos. Pero ellos no les pueden decir a sus papás "A la hora de comer me acuerdo de que mi otro papá me quitaba el plato si yo hacía algo que a él no le gustaba, entonces ahora quiero que entiendas que sentarme a la mesa me hace acordar de eso, y no puedo evitar sentir el mismo miedo, y por eso grito y escupo la comida que me das".

Algunos padres ni siquiera saben que eso es parte de la historia de sus hijos, y otros, si fueron informados, probablemente no hayan sido ayudados a comprender el nexo existente entre aquellos eventos y las conductas actuales.

Ante estas situaciones los padres reaccionan desconcertados, y eso es más que lógico: les faltan piezas de este rompecabezas para entender la figura final, entonces no entienden y en consecuencia no saben bien qué es lo que deben hacer. Si no cuentan con un apoyo adecuado, hacen lo que pueden, pero si lo que hacen no resulta, el desconcierto y la frustración aumentan. Desorientados, asustados, confundidos, impacientes, cansados, su estado anímico se ve desafiado, y los niños empiezan a percibirlo, solo que en lugar de leerlo como "Tiene sentido, mis papás no saben qué hacer conmigo y por eso están perdiendo la paciencia", lo leen como "Estos dos son iguales a los que ya conozco… En cualquier momento vienen más gritos y tal vez hasta golpes…" Entonces, ya no solo esas acciones de la cotidianeidad se convertirán en disparadores, sino que elementos de la dinámica relacional con estos nuevos papás se agregarán a la larga lista de estímulos que gatillen la respuesta de alarma completa, con el repertorio afectivo y conductual correspondiente.

Sin una intervención efectiva que ayude a estos padres y a este niño, el circuito corre el riesgo de autoperpetuarse.

A esto hay que sumarle además dos posibilidades que complejizan la ecuación: por un lado, que la reacción del niño o algo de su comportamiento, evoque en los padres adoptivos memorias traumáticas o patrones relacionales desajustados de su propia infancia, que no fueron debidamente elaborados. Por otro, si la reacción o el comportamiento del niño es leído por el adulto como una forma de "rechazo", esto puede provocar el surgimiento de creencias negativas sobre la propia capacidad parental ("Soy una mala madre", "No tendrían que habernos permitido adoptar a este niño, no estamos capacitados") creando memorias traumáticas asociadas a la parentalidad adoptiva (y probablemente incluso a la imposibilidad de haber tenido hijos biológicos) que se van acumulando y retroalimentan las interferencias en la relación.

¿Hay forma de resolver semejante ecuación? Veamos.

## 8.1. ¿Qué sabemos hasta ahora sobre la adopción?

En una ocasión estaba hablando con un psicólogo que formaba parte de un servicio de protección a la infancia, acerca de un paciente mío que había sido adoptado a los 3 años y medio, cuyas dificultades relacionales con su familia adoptiva eran importantes. En medio de esta conversación le expliqué a este colega que, cuando un niño es adoptado tardíamente, la posibilidad de que se inserte armoniosamente en su familia adoptiva se ve limitada, y que las posibilidades de que se presenten dificultades importantes de vinculación son más bien altas.

El colega se quedó mirándome, y acto seguido me preguntó por qué consideraba yo que este niño había sido adoptado "tardíamente", si después de todo tenía poco más de 3 años en aquel entonces.

Distintos estudios han demostrado que los niños que fueron adoptados antes de cumplir el primer año suelen desarrollar un estilo de apego seguro al igual que sus pares no adoptados (Van den Dries et al. 2009; Lionetti, 2014). Una de las razones para esto, es que los niños menores de un año probablemente hayan estado expuestos a menos experiencias adversas y durante menos tiempo que niños adoptados con posterioridad a esa edad. Otra es que al ser adoptados antes de cumplir su primer año tienen la oportunidad de recibir cuidados y una respuesta sensible por parte de sus padres adoptivos en un momento cronológico en el que el apego aún se está desarrollando (Bowlby, 2009; Ainsworth et al. 1978).

Ya desde mediados de los 80 empezaron a surgir estudios que revelaban que una adopción tardía se relacionaba con un aumento en la probabilidad de que el niño adoptado presentara problemas socioemocionales, conductuales y de adaptación. Esos estudios se siguen replicando hasta el día de hoy, aunque aún no se puede terminar de concluir cuánto de estos problemas se debe al hecho de haber sido adoptados tardíamente, y cuánto al impacto de las experiencias adversas tempranas que estos niños sufrieron.

Por otro lado, es necesario tener en cuenta que muchos niños adoptados tardíamente ya han establecido un vínculo de apego con sus progenitores biológicos antes de su adopción, mientras que otros han pasado por múltiples estructuras de acogimiento (incluyendo adopciones fallidas) que les impidieron desarrollar un apego selectivo a una única figura, todo lo cual impacta de lleno en la posibilidad de establecer nuevas vinculaciones con los padres adoptivos.

En el caso de los niños que han estado institucionalizados, la calidad de las instituciones de acogida en las que estuvieron también podría tener incidencia en estos problemas, al igual que el tiempo de permanencia en las mismas (Zeanah et al. 2017; Julian, 2013; Zeanah et al., 2003). Gunnar (2001) describió tres tipos de instituciones:

- **Las globalmente privativas**: aquellas en las cuales los cuidados que reciben los niños son deficientes en la mayoría de los aspectos (salud, emocional, higiene, nutrición, estimulación);

- **Las socioemocionalmente privativas**: aquellas en las que los niños reciben cuidados adecuados a nivel nutricional y de salud, pero deficientes a nivel de la respuesta del adulto a sus señales de tensión o búsqueda de afecto;

- **Las adecuadas**: aquellas que tienen un funcionamiento globalmente adecuado en cuanto a responder a las necesidades de los niños; estas pueden, sin embargo, tener una alta y frecuente rotación de nuevos cuidadores, lo que puede impactar en la calidad de la respuesta adulta, y crear en el niño una expectativa de que sus necesidades no siempre serán satisfechas adecuadamente.

El problema puede que sea más complejo aún, ya que es absolutamente necesario considerar otra variable: los padres adoptivos. La historia de trauma interpersonal previa de los niños, el tiempo de exposición a estas experiencias, la institucionalización o no, el tiempo de permanencia en el sistema y la cualidad de cuidados recibidos durante esta permanencia, son todas variables que aparecen en distintos estudios reflejando algún nivel de impacto en el posterior vínculo de apego que estos niños pueden -o no- desarrollar con sus progenitores adoptivos.

Pero si pensamos que los favorecedores de un vínculo de seguridad son los adultos, y queremos entender qué debemos evaluar y fortalecer en los padres adoptantes, para que éstos puedan convertirse genuinamente en un pilar de seguridad relacional para estos niños, será necesario prestar atención a lo que las investigaciones han ido encontrando en este punto.

Estudios realizados a inicios del milenio concluyeron que un apego inseguro en las madres, 3 meses después de haber adoptado a sus hijos, se relacionaba con el desarrollo en estos niños de narrativas desorganizadas, bizarras o con contenidos catastróficos (Steele et al., 2007). Otros estudios concluyeron que un apego inseguro en ambos progenitores se asociaba fuertemente con altos niveles de inseguridad o incluso de desorganización en el apego de sus hijos adoptivos (Steele et al., 2003).

En un estudio que se llevó a cabo para evaluar la relación entre el apego de adolescentes adoptados tardíamente (siendo niños aún) y sus madres adoptivas, Pace y colaboradores (2015) encontraron una alta correspondencia entre madres adoptivas con estado mental autónomo (77% de la muestra) y apego seguro en sus hijos adolescentes adoptados tardíamente (67% de la muestra). Las autoras concluyeron que un estado mental materno autónomo puede ser beneficioso para el desarrollo de un vínculo de apego seguro en sus hijos adoptivos a través de distintas vías:

- Por un lado, estas madres pueden aportar una mayor disponibilidad tanto física como emocional, así como una actitud sensible, cooperativa y de aceptación en relación con sus hijos, sus estados afectivos, conductas e historia. Este tipo de actitudes maternas podrían facilitar y enseñar a los hijos adoptados, a confiar en que sus propios sentimientos serán tenidos en cuenta, lo cual colabora en la construcción de una sensación interna de seguridad.

- Por otro lado, el estado mental autónomo de estas madres les permitiría estar en mejores condiciones de manejar y tolerar el proceso de individuación que se da en la adolescencia, favoreciendo un incremento en la sensación de autonomía y confianza en sus hijos.

- Finalmente, y no menos importante, al haber sido estas madres capaces de integrar de manera coherente su propia historia de apego, estarían en mejores condiciones de ayudar a sus hijos a procesar sus propias experiencias traumáticas, y a integrarlas en su historia personal.

En contraste con estos hallazgos, en el mismo estudio las madres con un estado mental inseguro distanciante (*dismissing*) o no resuelto (*unresolved*) se correspondieron mayormente con hijos con apego inseguro, lo cual indicaría que las madres con escasa coherencia narrativa sobre sus propias historias de apego, o con pérdidas no resueltas, podrían fallar a la hora de transmitir seguridad a sus hijos adoptivos. A su vez, estas madres tendrían más dificultades para ayudarles a reducir el impacto negativo de sus experiencias pasadas en sus vidas. De manera interesante, en este estudio hallaron que 3 adolescentes clasificados con apego seguro tenían madres adoptivas con estado mental no resuelto. Para explicar esta diferencia, las autoras hicieron hincapié en dos factores protectores: por el lado materno, las tres madres habían recibido tratamiento psicoterapéutico en su juventud, y por el lado de los hijos, éstos no habían experimentado institucionalizaciones luego del abandono de sus padres biológicos.

*

En 2010, Steele y colaboradores desarrollaron un estudio para determinar qué factores se asociaban al cambio de las representaciones mentales de niños adoptados tardíamente. El estudio se basó en evaluar a un grupo de padres/madres adoptivos y sus hijos -que habían sido adoptados entre los 4 y los 8 años- y realizar un seguimiento dos años más tarde. Los adultos fueron evaluados con la Entrevista de Apego Adulto de George, Kaplan y Main (1996) (Adult Attachment Interview- AAI), y los niños con la Story Stem Assessment Profile (Hillman, 2011).[27]

En las historias elaboradas por los niños adoptados entre los 4 y los 8 años, los investigadores encontraron una mayor preponderancia de temas negativos

---

[27] La SSAP comprende 13 historias en las que se evalúan cuatro constructos: seguridad, inseguridad, [patrón] defensivo/evitativo, y desorganización. En cada una se le presenta al niño el guion de una historia que deberá completar, y que gira alrededor de escenarios familiares y cotidianos. Las narrativas son analizadas en base a distintas variables que se corresponden con los constructos evaluados (por ejemplo: la presencia de adultos que ayudan se relaciona con seguridad; la presencia de adultos rechazantes y/o si el niño se encuentra en una situación de riesgo, se relaciona con inseguridad; temas de desconexión o conclusión prematura de la historia se relaciona con evitación, y agresión extrema, contenidos catastróficos o respuestas atípicas o bizarras, con desorganización). El uso de este instrumento permite evaluar la percepción y las expectativas que el niño tiene respecto de su familia, así como de los distintos roles y relaciones, sin tener que hablar directamente de sus propios padres.

(evitación, desorganización, agresión extrema, respuestas atípicas y bizarras, fantasías de catástrofe), en comparación con el grupo control de niños que habían sido adoptados antes de los 12 meses. En el seguimiento que hicieron dos años más tarde, la presencia de temas negativos persistía, pero los investigadores notaron que había habido un incremento de las representaciones de seguridad incluidas en las narrativas, tales como búsqueda de ayuda, dominio realista de las situaciones, recepción de afecto por parte de los adultos y reconocimiento del malestar.

Los niños que sí habían mostrado una disminución de temas negativos habían sido adoptados por padres cuya categoría en la AAI era seguro-autónomo. Esto aporta evidencia al hecho de que un estilo parental facilitador de un vínculo de apego seguro, puede ayudar a la modulación de los estados negativos del niño, así como a la progresiva toma de conciencia de que las interferencias en la comunicación y en las relaciones pueden ser reconocidas y reparadas, que las emociones intensas pueden ser aliviadas, y que se puede mantener la conexión a pesar de los desajustes transitorios. Todas estas experiencias relacionales serían nuevas para estos niños, ya que no las conocieron ni en sus familias de origen ni en contextos de institucionalización.

Los investigadores destacan dos cuestiones que resultan relevantes para el trabajo clínico. En primer lugar, identifican que las conductas facilitadoras del apego por parte de los padres adoptivos, son aquellas en las que éstos pueden mantener un intercambio emocional positivo con los niños tanto a nivel gestual/facial como verbal, y pueden hacer referencia a la historia compartida incluso cuando el tiempo que lleven juntos haya sido breve.

Aquí puede ser de gran ayuda para el clínico preguntar a los padres qué actividades suelen disfrutar de realizar juntos, y en especial qué recuerdos positivos atesoran desde el momento en que sus hijos fueron a vivir con ellos, y de qué manera los atesoran. Los niños suelen responder de manera muy positiva cuando se les asigna la tarea de armar junto con sus papás un álbum o caja de recuerdos familiares, ya que esto funciona como un catalizador de la experiencia de pertenencia.

En segundo lugar, sugieren que es importante ayudar a los padres a comprender las conductas esperables de evitación que los niños pueden desplegar, de manera que no sean sentidas por los adultos como muestra de rechazo de su hijo hacia ellos. Esta experiencia suele ser muy común sobre todo en niños adoptados tardíamente, que pueden reaccionar, incluso a cuestiones menores, con verbalizaciones tales como "En la casa hogar estaba mejor" o "Yo no tengo que obedecerles porque no son mis padres".

Un material de mucha utilidad para usar con padres adoptivos y sus hijos puede ser el libro *Un mono a prueba de tormentas*, de Paula Moreno (2019)[28], en que un mono de peluche cuenta el periplo que se inicia con la historia de desvinculación que él vivió junto a su dueño, Fede, un niño de 5 años, pasando por una casa hogar y posteriormente siendo adoptados por una pareja. En esta historia, el mono cuenta que él y su dueño tienen "telepatía", y que esta no nació por arte de magia, sino que debieron ir construyéndola a medida que se conocían. Esta telepatía, al igual que la confianza, es la que él y Fede tienen que ir construyendo con sus padres adoptivos. Esta enseñanza nos ayuda a comprender por qué el amor no funciona en las adopciones como un adhesivo de secado inmediato.

Para muchos padres puede ser difícil entender que es la relación y no la persona en particular, lo que funciona como un disparador de memorias traumáticas (siempre y cuando, obviamente, el progenitor adoptivo no reproduzca patrones de relación alarmantemente similares a los que el niño conoció en su familia de origen). En el apartado que sigue haremos foco de manera más precisa en los padres adoptivos. Por ahora veamos qué más nos aportan las investigaciones con relación a los niños adoptados.

Más recientemente, los mismos investigadores de los que hablaba previamente, realizaron un nuevo estudio que, utilizando la *Story Stem Assessment Profile (SSAP)*, comparaba las representaciones internas de un grupo de niños adoptados tardíamente con historia de maltrato, un grupo de niños adoptados antes de los 12 meses sin historia de maltrato y un grupo control de niños no adoptados y sin historia de maltrato. Este estudio, al igual que el de 2010, confirma que los niños con historia de malos tratos adoptados tardíamente, tienen representaciones mentales significativamente menos positivas y más inseguras - en especial con temas de evitación y desorganización- que los niños no adoptados sin historias de malos tratos (Hillman et al., 2020).

Según los investigadores, comparados con los niños no maltratados, aquellos que habían sufrido maltrato desplegaban estrategias evitativas en su narrativa cuando debían enfrentar las situaciones conflictivas que se presentaban en las historias. Por ejemplo, tendían a evitar las cuestiones interpersonales en la

---

[28] https://www.paulamoreno.org/un-mono-a-prueba-de-tormentas

narrativa, focalizando mayormente en detalles irrelevantes, lo cual los llevaba a producir historias incoherentes, contradictorias, desorganizadas y confusas. Según los investigadores esto sugiere que las experiencias adversas tempranas vividas con sus figuras primarias previas a la adopción, los habrían llevado a evitar el contacto con las representaciones de figuras de apego en las historias, como una manera "simbólica" de proteger al self de eventuales abusos.

En el seguimiento realizado dos años más tarde, el grupo de niños adoptados tardíamente y con historia de malos tratos mostró un aumento de las representaciones positivas y una disminución de las representaciones negativas con contenidos defensivos/evitativos. Posiblemente la disminución de los contenidos evitativos que se encontró en el seguimiento, se deba a que estos niños habrían ganado más seguridad en la relación con sus padres adoptivos. Este estudio, a diferencia del de 2010, solo hizo foco en los niños, y no en sus padres adoptivos.

Tomados globalmente, estos estudios ponen en evidencia que los estados mentales autónomos de los padres adoptivos podrían ser un factor de primer orden a la hora de posibilitar una adopción exitosa en términos de:

– Facilitar el desarrollo de un vínculo de apego seguro

– Favorecer el desarrollo de la mentalización en los niños a partir de la propia función reflexiva, y

– Acompañar de manera sensible y coherente la integración de las memorias traumáticas de estos niños, asociadas a la violencia interpersonal y a la negligencia sufridas en sus familias de origen.

## 8.2. ¿De qué manera impacta en los padres adoptivos la historia traumática de sus hijos?

Muchos niños adoptados tienen historias cargadas de dolor, en las que quienes debieran haberlos cuidado los maltrataron y desprotegieron de maneras que, a veces, cuesta terminar de imaginar. Muchos padres adoptivos llegan al momento de conocer al niño o a los niños que van a adoptar, con la idea general de que éstos probablemente hayan tenido una vida dura. Pero todo lo que cabe en una vida dura puede ser mucho.

En mi experiencia en el trabajo clínico y en la supervisión a otros colegas que trabajan con estas familias, he encontrado una amplia variedad en lo que respecta al nivel de conocimiento que los padres adoptivos tienen de la historia de sus hijos, sobre todo en lo que respecta a cuánto y de qué forma se les informa, y/o en cuánto desean conocer los padres sobre esta historia. He conocido familias a las que les han dado el legajo de sus hijos diciéndoles simplemente "Todo lo que necesitan saber está ahí".

Una familia que le había pedido a la trabajadora social del Juzgado que llevaba el expediente de sus hijos, que no les contara más que "lo general", se fue enterando de la historia a través de los relatos espontáneos que los niños hacían a la hora de cenar en la mesa familiar. Una madre que había adoptado a un niño de 7 años y había recibido información general sobre la familia de origen de su hijo, se enteró a través de relatos que él le fue haciendo, acerca de situaciones que había vivido en la casa hogar en la que había estado albergado los dos años previos a la adopción, pero, según palabras de esta madre "Era tan fuerte lo que me contaba que yo pensaba que estaba fantaseando o tratando de llamar la atención".

He trabajado con padres a quienes les entregaron el legajo con la historia de sus hijos como si solo se tratara de un mero trámite administrativo, y otros a quienes se lo negaron rotundamente planteándoles que esa historia "no les pertenecía". En otro caso una madre contaba que le habían sugerido que "era mejor que me fuera enterando de a poco, para poder digerirlo mejor". Pero sin un adecuado acompañamiento ¿cómo se "digiere" algo que genera terror, angustia o incluso rechazo?

Que los padres adoptivos conozcan la historia de sus hijos les permitirá acompañarlos mejor en el proceso de elaborar las heridas de su pasado traumático, así como comprender los patrones relacionales que se repiten en la interacción con ellos.

Pero los padres adoptivos … ¡son seres humanos! Y si a nosotros mismos nos impacta muchas veces conocer lo que estos niños han vivido, ¿no sería lógico que también les impactara a ellos? Distintos estudios demuestran que ese impacto *existe*, y resaltan la necesidad de prestarle atención si pretendemos que el ingreso de un niño a una nueva familia sane las heridas producidas por la vida que tuvo con otra familia.

*

Steele y colaboradores (2003b) encontraron que los padres de niños adoptados tardíamente y de niños con múltiples ubicaciones alternativas previas a la adopción, experimentan mayores niveles de enojo y hostilidad hacia sus hijos, así como una mayor necesidad de apoyo, a la vez que reportan mayores niveles de agresión, rechazo y conductas controladoras por parte de sus hijos. Por su parte Cairns (2008) plantea que las experiencias traumáticas de los hijos pueden tener impacto negativo en los padres adoptivos, generando en ellos un estrés traumático secundario.

En líneas similares, otros estudios hacen referencia a que la confrontación con la historia del trauma de los hijos puede tener un impacto tal en los padres como para producir una disrupción en el proceso de filiación (Guivarch et al., 2017), y que el impacto de las experiencias adversas pre-adoptivas está mediado por la cualidad de la relación parento-filial (Balenzano et al., 2018) y por el estrés parental (Gagnon-Oosterwaal et al., 2012). El impacto en los padres de la historia traumática de sus hijos adoptivos -en especial una historia de abuso sexual-también se ha asociado a mayor cantidad de cambios de familias acogedoras, adopciones fallidas y a un compromiso parental inconsistente (Nalavani et al., 2008).

Skandrani y colaboradores (2019) llevaron adelante en Francia un estudio con 41 padres que habían adoptado al menos un niño por adopción internacional, con un rango de edades al momento de la adopción de entre 2 semanas y 7 años. En las entrevistas mantenidas con los padres cuyos hijos habían tenido diversas experiencias traumáticas interpersonales antes de la adopción, los investigadores identificaron una serie de patrones que se repetían en los adultos:

a)  Ausencia de afecto en la narrativa al referirse a las experiencias traumáticas vividas por sus hijos, incluyendo el no referirse al posible impacto de tales vivencias en los niños.

b)  Negación del impacto traumático en sus hijos, manifestada como negación del pasado, de problemas de salud con los cuales los niños habían llegado a ellos (cuando los había) y del sufrimiento ligado a tales problemas, así como dificultad o incapacidad para hablar de la historia de sus hijos.

c)  Percepción de algo "siniestro", oculto o raro en sus hijos, expresado a través de rechazo hacia el niño (por ejemplo, una madre decía que debía "protegerse" de su hijo) o desvalorización cultural (por ejemplo, atribuir la experiencia traumática del niño a la cultura o costumbres de su lugar de origen, lo cual a su vez se percibía negativamente de manera más o menos explícita). En general las respuestas parentales ponían en evidencia que los padres veían en el comportamiento de sus hijos algo "sórdido" y fuera de lo natural, que atribuían al contexto sociocultural más que a las experiencias del trauma interpersonal sufrido. En situaciones similares que me tocó atender de manera directa o supervisar, esta atribución a lo sociocultural hacía más difícil que los padres aceptaran que un cambio positivo era posible a través de la elaboración de las experiencias traumáticas vividas por sus hijos.

Los investigadores concluyeron que las estrategias implementadas por estos padres parecían estar al servicio de negar no solo el pasado traumático del niño, sino su impacto en este y en ellos mismos. Estos hallazgos, junto con la presencia de narrativas incoherentes, desorganizadas, acompañadas de expresiones emocionales incongruentes con el relato (por ejemplo, un padre se reía mientras hablaba del pasado traumático de su hijo), pondrían en evidencia una pobre función reflexiva parental. Sin embargo, de manera llamativa, cuando estos padres debían hablar sobre momentos difíciles en la vida de sus hijos posteriores a la adopción, presentaban una función reflexiva adecuada y sintonizada con sus hijos. Esto llevó a los investigadores a concluir que esta repentina, temporaria y focalizada pérdida de la función reflexiva parental podría ser una señal del impacto traumático que podía tener en los padres el pasado pre-adoptivo de sus hijos, recalcando entonces la importancia de trabajar en la elaboración de dicho impacto en los cuidadores.

En un estudio previo (Harf et al., 2013), el mismo equipo de investigadores, analizó las experiencias del primer encuentro de los padres con sus hijos adoptivos. Algunos padres mostraban indicios de traumatización ligada a ese primer encuentro, asociados con:

- Sentirse solos y ansiosos frente al encuentro.

- Falta de preparación adecuada y/o de información sobre el niño que habían adoptado.

- Impacto al enfrentarse a imágenes perturbadoras de las pobres condiciones de vida del niño (pobreza estructural, hacinamiento, falta de limpieza).

- Impacto al tomar conciencia del pobre estado de salud del niño, y preocupación a futuro por su evolución (temor al daño permanente, a la necesidad de cuidados extraordinarios, etc.).

- Rechazo hacia el niño.

- Impacto por la reacción agresiva o de rechazo por parte del niño hacia ellos.

- Fuerte contraste entre las expectativas y la realidad.

- Preocupación por el cuerpo del niño, en especial cuando éste reflejaba el pobre estado de salud en que se encontraba (incluyendo presencia de marcas viejas derivadas de las experiencias de maltrato vividas).

En nuestro trabajo clínico con esta población es importante evaluar el impacto que puede haber tenido para los padres tanto el conocer la historia pre-adoptiva como el primer encuentro con el niño que adoptaron, ya que allí podrían encontrarse memorias traumáticas que es importante procesar para que el adulto esté en mejores condiciones de facilitar la seguridad relacional que el niño necesita.

Debemos recordar que muchos padres tal vez no se atrevan a compartir estas experiencias dolorosas, temiendo ser juzgados por nosotros, o tratando de evitar su propia percepción negativa acerca de su rol parental.

*

Los hallazgos de las distintas investigaciones que hemos recorrido hasta el momento nos muestran algo que podemos ver en la clínica con mucha claridad: si el hecho de convertirnos en padres biológicos no nos inmuniza contra el dolor al que puedan enfrentarse nuestros hijos, ¿por qué debería ser diferente al convertirnos en padres adoptivos?

Las formaciones en psicoterapias para el trauma suelen utilizar una metáfora que a muchos lectores les resultará familiar: si en un avión hay una repentina despresurización de la cabina y caen las máscaras de oxígeno, el adulto que viaja con un niño debe colocarse primero la mascarilla, para luego hacer lo mismo con el niño. Si no lo hace primero consigo mismo, corre el riesgo de no llegar a hacerlo con el niño, y entonces ambos estarían en peligro.

En el trabajo con niños, niñas y adolescentes que han vivido situaciones de trauma interpersonal temprano, consideramos imprescindible trabajar en la regulación del cuidador para poder avanzar efectivamente en la regulación del niño. Una hora de terapia semanal no es suficiente para ayudar a un sistema nervioso en permanente estado de alarma a resetearse, en especial si ese niño debe volver a una relación de cuidado donde hay razones para que persista, cuanto menos, un estado de alerta ante la desregulación del adulto.

El mismo énfasis debemos poner entonces en ayudar a los cuidadores a trabajar el impacto de encontrarse con la intensidad de las manifestaciones conductuales y afectivas de los hijos que han adoptado, y con la historia dolorosa que les dio origen.

En los apartados que siguen vamos a acercarnos a algunas ideas que podemos implementar.

### 8.3. Qué necesitan estos padres. Paso 1: información.

Una herramienta fundamental en la terapia del trauma y la disociación es la psicoeducación. Acompaña al terapeuta desde el inicio y hasta el final de la terapia, no tiene un único modo de llevarse a cabo, y debe pensarse desde dos lugares: ¿qué tipo de información necesitamos dar, y de qué manera la damos?

En cuanto al tipo de información que debemos dar, hablamos por un lado de poder explicar qué es el trauma y qué es la disociación, y cómo se relacionan con las experiencias vividas por el niño, y por otro lado de poder conectar las actuales manifestaciones conductuales y afectivas del niño, con esas experiencias. Dicho así suena simple, pero requiere del terapeuta una capacidad de sintonía fina con la familia que tiene delante: no todas las familias pueden procesar la información de la misma manera, por lo cual será necesario tener en cuenta una serie de cuestiones:

**a) ¿Cuánto tiempo lleva la familia buscando soluciones para lo que le sucede a su hijo?**

Cuanto más tiempo llevan estos padres circulando por distintos espacios terapéuticos, técnicas, abordajes y tipo de profesionales, sin sentir que haya habido cambios significativos, más frustración y desesperanza cargan con ellos. Suelen presentar una combinación de altas expectativas con pocas esperanzas, y pueden sentir que involucrarse en la terapia del niño conlleva para ellos un costo demasiado alto. A veces, explicarles a estos padres cómo lo que ven en sus hijos, son manifestaciones de las múltiples y complejas adaptaciones que éstos debieron hacer para vivir en un ambiente hostil y abusivo, abre en ellos una puerta a comprender lo que viven desde una perspectiva diferente.

Pero si bien muchas veces esto trae cierto alivio a los padres, no alcanza para modificar el panorama que tienen por delante, lo cual puede provocar que el efecto positivo de la psicoeducación se diluya rápidamente. A veces los terapeutas reaccionamos… ¡agregando más psicoeducación! Y los padres empiezan a sentirse frustrados con nosotros también.

Una opción al llegar a este punto podría ser sintonizar con el estado de estos padres, así como con sus necesidades: "Noto que esto fue algo que les sirvió en un principio, pero es como si en este momento necesitaran algo más… ¿estoy en lo correcto? ¿Qué creen ustedes que les podría servir más en este momento? Me gustaría que me ayudaran a ayudarles mejor".

**b) ¿Qué tan rígida y negativa es la mirada con la que llegan estos padres acerca de lo que le sucede al niño?**

Cuando los padres llegan cansados, frustrados y desesperanzados, es fácil escucharlos hablar de sus hijos con una alta carga de negatividad que al terapeuta se le puede hacer difícil tolerar. Tal como plantean Midgley y colaboradores (2019, op.cit.) "Nuestra capacidad de mentalización es frágil, expuesta a romperse, al menos temporalmente, sobre todo, cuando estamos bajo presión o en un estado de activación emocional." (pg. 75).

Es decir, que incluso padres con una óptima capacidad mentalizadora pueden verse abrumados e incurrir en modos no mentalizadores cuando deben enfrentar cotidianamente la desregulación de sus hijos. Muchas veces la rigidez en la mirada que estos padres tienen de sus hijos, nos da información acerca de qué tan fácil o difícil puede ser ayudarles a cambiar paulatinamente su mirada negativa: esa rigidez y esa dificultad para mentalizar probablemente sean parte de su estilo mucho antes de haberse convertido en padres. En estos casos es muy importante indagar con curiosidad (y mucha cautela) dónde aprendieron estos padres ese estilo de funcionamiento.

Por ejemplo, si un padre plantea de manera tajante que una falta de respeto en su casa es *inadmisible*, puede servir preguntarle qué cosas constituyen para él una falta de respeto por parte de su hijo, y cómo aprendió él que lo eran. Para un padre, una falta de respeto puede ser que su hijo le insulte, y para otro, además de eso, puede serlo que el niño coma con los codos apoyados sobre la mesa. Una mayor rigidez en el estilo parental atenta contra un buen funcionamiento reflexivo, y puede hacer más compleja nuestra tarea si el padre siente que estamos criticando o juzgando su estilo de crianza. Más adelante veremos una secuencia de preguntas que podemos hacer para ayudar a los padres a mirar a sus hijos desde una perspectiva diferente.

**c) ¿Qué impacto tiene o ha tenido en los cuidadores lo que le sucede al niño, y cómo gestionan o han gestionado los adultos ese impacto?**

Para bien o para mal, guiándose por sus propias ideas o por consejos profesionales (o incluso por consejos de otros familiares), los padres que llegan a nosotros han tratado de gestionar de alguna manera (o de varias) el impacto que tiene en ellos la desregulación afectiva y conductual de sus hijos. Es posible que en un principio no se sientan cómodos compartiendo con nosotros los profundos sentimientos de impotencia, rechazo, rabia o desesperanza que han tenido al enfrentar la desregulación de sus hijos. Cuando nos dan información escasa o difusa ("se hace lo que se puede, uno se pone mal, no es fácil") o cuando nos dan información "de recetario" ("hice lo que aprendí en la anterior internación de mi hija: busqué algo que ella pudiera cortar y se lo acerqué recordándole que eso era lo que le iba a hacer sentir mejor"), es posible que estén evitando tanto tomar contacto con lo que sintieron en esos momentos complejos, como compartirlo con nosotros, por temor a ser juzgados.

En esas circunstancias, antes que seguir insistiendo con preguntas referidas a cómo se sintieron en ese momento, puede ser mejor que el terapeuta reflexione en voz alta acerca de lo difícil que puede ser estar en esa situación, hablando incluso en tercera persona sin referirse directamente al progenitor con quien está hablando ("Creo que en una situación así cualquier persona sentiría miedo/rabia/frustración") dando pie a que este escuche que estamos en sintonía y resonamos con esos sentimientos potentes e intolerables. Algunos padres pueden necesitar más tiempo de trabajo con nosotros para compartir sentimientos que pueden ver como inaceptables, por lo cual debemos ser pacientes.

En otras ocasiones, es posible que los padres compartan con nosotros sus maneras de gestionar ese impacto en ellos mismos: "Me fui a dar una vuelta", "Me puse a limpiar la casa", "Le grité y luego me arrepentí y le pedí disculpas", "Lo metí bajo el agua fría". Cuando nos abren la puerta a estas estrategias, nosotros tenemos la oportunidad de ayudarles a corregirlas si fuera necesario, a revisar su éxito o fracaso, y/o a modificarlas.

Unos padres que debían enfrentar reiterados episodios de agresión verbal por parte de su hija, habían acordado que el que estuviera más "activado" saldría de la casa a dar una vuelta, y la niña quedaría con el progenitor que estuviera más calmado. Esto sucedía mayoritariamente con la mamá. Cuando les pedí que me contaran con más detalle cómo lo hacían y qué sucedía cuando uno de los dos salía de la escena, el padre me respondió que no terminaba siendo muy efectivo: "Ella [la niña] se pone peor… va a la puerta y empieza a golpearla y va del llanto al insulto, pidiendo que la madre vuelva… Entonces yo le digo que su mamá se fue por lo que ella estaba haciendo, y que si ella no la insultaba más la mamá no se iba a ir".

En principio que la madre saliera de la escena servía para frenar en ella un impulso a responderle a su hija con la misma agresividad que recibía. Pero la explicación que la niña recibía para comprender esto, no era muy afortunada, ya que reforzaba la idea de que ella estaba haciendo algo mal y que era la única responsable de la reacción de su mamá. Por eso fue necesario trabajar con los padres una estrategia alternativa para que implementaran durante un tiempo, en la que -cuando la niña estaba tranquila- ellos le explicaran que cuando salían de la casa a dar una vuelta en medio de una discusión con ella, era para que el aire fresco les permitiera calmarse, pero que eso no significaba que no la quisieran o que fueran a abandonarla. Ambos padres le plantearon como alternativa que ella saliera a dar una vuelta con alguno de ellos y así "sacar a pasear su enojo". Esta idea le gustó más a la niña, y comenzaron a hacerlo de esta manera y a ponerle un nombre concreto: el que salía de la casa en medio de una discusión debía anunciar que se iba "a pasear su enojo", y todos debían comprometerse a no seguir haciendo que el enojo creciera a sus anchas.

Muchas veces los padres sienten que deben seguir explicándoles a sus hijos que reaccionaron, dijeron o hicieron algo que está mal, y esto, lejos de tranquilizar el ambiente, lo caldea aún más.

**d) ¿Cuánto saben de la historia de sus hijos, cuánto están dispuestos a conocer si es que conocen poco o nada, y cuánto están dispuestos a que se trabaje la historia pre-adoptiva en la terapia del niño?**

Las respuestas a estas preguntas nos presentan un universo muy amplio de padres adoptivos. Están los que saben mucho de la historia, pero no pueden reconocer o comprender el nexo con las manifestaciones actuales. Están los que saben poco y nada, pero tienen miedo de saber o evitan activamente tocar ese tema y buscan concentrarse en el hoy, en el futuro y/o en "todo lo que el niño tiene, y en que sea feliz". Están los que atribuyen todo lo que le pasa al niño exclusivamente a su historia de origen, y tienen dificultad en colocarse como parte de la ecuación relacional. Esto hace difícil que puedan aceptar y reconocer que hay patrones en ellos que es necesario cambiar para que algo de la relación con sus hijos, cambie también en el sentido esperado.

Muchas veces las historias traumáticas de estos niños resultan intolerables. Los relatos de la negligencia y los abusos sufridos pueden ser a veces tan explícitos que la mente trata de protegernos de ellos de distintas formas: tomando distancia y procesándolos solo a nivel cognitivo ("El niño sufrió malos tratos porque venía de una familia sin posibilidades ni educación"), evitándolos ("Eso es parte del pasado y hay que mirar hacia adelante"), minimizándolos ("Bueno, hay que ver si eso sucedió así como ella lo cuenta porque siempre fue muy fantasiosa"), e incluso disociándolos ("Yo recuerdo estar con mi esposa escuchando a la trabajadora social contarnos la historia de los chicos, pero si usted me pregunta, es como si se me hubiera esfumado todo…Mi esposa sí se acuerda… Yo igualmente pienso que, conque uno de los dos se acuerde, ya es suficiente").

Si los padres se sienten atemorizados de conocer la historia de sus hijos, nuestro trabajo puede complicarse. En estos casos la psicoeducación acerca de cómo la historia de sus hijos contiene la clave para "desactivar" los comportamientos que a ellos les preocupan, puede ser una buena puerta de entrada. Incluso en algunos casos, yo les pido a los padres su autorización para leer los informes que relatan la historia de sus hijos -aun cuando ellos no los hayan leído- para poder tener una idea de lo que les ha sucedido y comprender cómo debo armar mi hoja de ruta para trabajar con ellos. Desde ahí puede ser más fácil avanzar en trabajar con estos padres para que puedan conocer paulatinamente la historia de sus hijos.

Tal como mencionaba más arriba, hay otra situación que se da en el extremo opuesto, y es cuando los padres adoptivos hacen referencia exclusivamente a la historia pre-adoptiva de sus hijos, resistiéndose a revisar su propia intervención como progenitores en el desarrollo o potenciación de la sintomatología del niño.

Por eso es importante recordar que en la psicoeducación debemos explicar que *todas las experiencias del contexto* tienen impacto en el desarrollo de los niños. Así como las historias del origen pudieron gestar el funcionamiento desajustado de los niños, las de la crianza posterior también pueden haber colaborado en potenciar ese funcionamiento. La buena noticia es que tenemos la oportunidad de modificar el rumbo de esas experiencias, y transformar el funcionamiento desadaptativo del niño en uno más ajustado a su realidad no traumática.

*

Este esquema preliminar funciona como un termómetro que le permite al terapeuta revisar qué, cuánto y cómo puede cada familia tolerar y procesar, ya que no se trata solo de que reciban información, sino de que puedan integrarla a su modo de funcionar como cuidadores. Esto puede requerir de un tiempo -no es inmediato- y probablemente de intervenciones específicas que van desde entrevistas del terapeuta del niño con los cuidadores, un espacio regular de orientación a padres que lleve adelante otro terapeuta, terapia familiar y/o terapia individual para los padres.

El tipo de intervención sugerida dependerá a su vez de una serie de variables, entre las que debemos considerar las de orden práctico, (tales como acceso a recursos con formación en el tema, o los recursos económicos de la familia para involucrarse en múltiples espacios terapéuticos), hasta variables individuales (reticencia de la familia a involucrarse en más de un espacio terapéutico, sobrevaloración del terapeuta del niño como única fuente confiable para ser escuchados y contenidos, temor a ser juzgados, etc.).

El temor a ser juzgados suele estar presente muchas veces en los padres adoptivos. La parentalidad en general es vista en el imaginario social como el ejercicio de un rol en el que los padres no deberían fallar y siempre deberían saber qué hacer y cómo hacerlo. Los padres adoptivos son un ejemplo claro para reflejar la expectativa de ese imaginario social. Muchos cuentan cómo fueron juzgados o recibieron respuestas negativas de amigos, familiares o incluso de otros profesionales, cuando empezaron a enfrentarse a los problemas de sus hijos sin saber muy bien qué hacer o habiendo intentado múltiples estrategias. Algunos padres reportan haber recibido comentarios tales como "lo tendrían que haber pensado antes de adoptar", "no sé en qué estaban pensando cuando se metieron en esto", "si ustedes se metieron en esto de adoptar ahora no nos vengan a buscar para que los ayudemos con el problema". Estos comentarios muchas veces contribuyen a reforzar la mirada negativa sobre el niño, a la vez que fomentan en los padres una sensación de profunda soledad y potencian creencias negativas sobre su parentalidad.

Así, la búsqueda de ayuda se restringe, porque la expectativa es recibir respuestas y juicios de valores similares que aportan poco y nada a la solución que estos padres necesitan. Todo esto favorece que los padres vengan a la nueva terapia del hijo con poco deseo de involucrarse, fuertemente defensivos ante cualquier sugerencia que el terapeuta haga, o incluso evitando o rechazando cualquier gesto de empatía de nuestra parte.

*

En nuestro trabajo clínico es importante alentar a los padres a hablar de su propia experiencia; a veces ayuda que les acerquemos comentarios tan simples como "Nadie nos enseña de antemano cómo es ser padres", o que les ayudemos a normalizar la experiencia de frustración y confusión que ellos nos transmiten, diciendo por ejemplo "Es lógico sentirse abrumados cuando nuestros hijos están mal y nosotros intentamos hacer muchas cosas, pero sentimos que se nos agotan las ideas o que nada alcanza o nada sirve"… Es sorprendente cómo algunos padres responden con alivio a este tipo de comentarios; en una oportunidad una madre me dijo: "¿De verdad es lógico sentirse así? Yo estaba segura de que éramos nosotros los del problema…"

De la misma manera que les mostramos que podemos resonar con la dificultad, no dejamos de repetirles que la única vía es seguir intentando enfrentarla y resolverla. Por ejemplo, es muy habitual escuchar este tipo de argumentos: "Yo entiendo que todo lo que vivió fue terrible y que hay que tenerle paciencia, pero la paciencia se agota en un momento ¿no? Y cuando la paciencia se agota uno solo quiere tirar la toalla"[29]. Frente a esto, los terapeutas podemos responder algo así: "Por supuesto… puedo entender lo difícil que debe ser para ustedes esa situación… pero tengo una curiosidad ¿se imagina usted 'tirando la toalla'? ¿Cómo lo haría? ¿Puede imaginarse una situación? ¿Y puede imaginarse qué haría su hijo en esa situación?" Muchas veces esas intervenciones tienen por objetivo alentar en el padre la reflexión sobre la reacción que se imagina teniendo: "No… bueno… es un decir… Es mi hijo y yo decidí adoptarlo… No lo abandonaría por nada del mundo… Es solo que a veces es muy agotador…" Desde allí podemos entonces trabajar en ver con este padre qué alternativas ha probado o podría probar en esas situaciones en las que "abandonaría la pelea".

Pero esas intervenciones también nos pueden abrir la puerta a otro tipo de respuestas, como la que sigue: "Sí, me lo imaginé muchas veces… Lo devolvería, pero sé que eso no está bien visto… Lo mandaría a un colegio como pupilo… o pediría un traslado en mi trabajo a otra ciudad y viajaría a ver a la familia los fines de semana". Este tipo de respuestas nos hablan de un vínculo que no se formó, o bien de un vínculo que está tan desgastado y quebrado, que nuestras intervenciones se deberán parecer a una delicada neurocirugía.

Aquí la sugerencia es que los padres reciban terapia para ellos mismos, y que haya una comunicación permanente entre el terapeuta que trabaja con los padres y quien trabaja con el niño. La terapia del progenitor debe estar centrada específicamente en las dificultades que éste experimenta para conectar con su hijo, en el origen de estas dificultades, y en la viabilidad de modificarlas.

---

[29] "Tirar la toalla" es una expresión coloquial que se usa en Argentina como sinónimo de "abandonar la pelea".

## 8.4. Paso 2: favorecer la mentalización.

Estoy segura de que cualquier persona que lea este libro ha pasado en algún momento de su vida por la experiencia de sentirse no comprendida. De sentir que está diciendo algo que es malinterpretado y no lograr explicarse mejor, o de tratar de compartir cómo se siente en una determinada situación sin que del otro lado haya una real comprensión de esa vivencia. Se siente frustrante y a veces incluso desesperante ¿no es verdad? Es posible que en algún momento hasta se hayan preguntado ¿hay algo malo en mí que no sé explicarme? ¿Hay algo malo en mí que estoy sintiendo algo que no debería sentir?

Bien, ahora traten de trasladar esa misma experiencia a niños que no han tenido la oportunidad de desarrollar el conjunto de recursos y habilidades que les permitan reconocer lo que sienten, nombrarlo, o expresarlo sin asustar, alejar o enojar al otro; niños que han aprendido que lo que sienten no está bien, o que no debieran sentirlo, o que lo sienten por algo que ellos mismos y nadie más ha hecho.

Niños que han aprendido que a veces lo más adaptativo para sobrevivir en este mundo, es asumir que lo que el otro dice es tal cual lo está diciendo, aunque él no lo entienda. Estos niños intentan hacerse escuchar de múltiples formas, pero ninguna de ellas es aceptable a los ojos externos: reaccionan violentamente ante estímulos menores, rechazan a quienes les dicen que los quieren ayudar, se comportan de maneras social y moralmente inaceptables, no manejan sus cuerpos, ni sus impulsos ni sus necesidades, y la lista sigue.

Los padres que adoptan a estos niños no reciben ni un instructivo ni un glosario, y esto es así porque -todavía- muchas de las personas que trabajan en áreas relacionadas con la protección infantil, el acogimiento y la adopción, tampoco saben exactamente por qué el niño se comporta de la manera que lo hace.

En el film *Martian Child*[30], Dennis, su pequeño protagonista, resuelve la ecuación de lo incomprensible que vivió, y de lo imposible de narrarlo, de una manera simple y conmovedora. Él asevera haber nacido en Marte, y esa es la razón por la cual sus innumerables y extrañas "adaptaciones" a la Tierra pueden ser explicadas de una manera más fácil para él (aunque no para quienes lo rodean): todo tiene que ver con su origen marciano. Si nosotros tuviéramos que permanecer un día entero viviendo en el mundo en el que viven estos niños antes de ser adoptados, también concluiríamos que ese universo es extraterrestre: no tiene

---

[30] De acuerdo con el país o región puede haber sido traducida como *Un niño de otro planeta, Un niño de otro mundo, El niño de Marte*. El film es del año 2008.

nada que ver con lo que entendemos por cuidar, amar o proteger, en consecuencia, no puede ser el mismo mundo en el que vivimos todos.

Ahora bien, volvamos por un instante a nosotros mismos. Si reconocemos haber pasado por esa experiencia de no ser entendidos, ¿cómo recordamos la experiencia contraria? ¿Cómo recordamos la experiencia de encontrarnos con alguien que entiende lo que nos sucede, o que al menos hace el intento activo por entender? ¿Cómo recordamos la experiencia de encontrarnos con alguien que resuena con lo que estamos sintiendo, o que tan siquiera está dispuesto a acompañarnos? Se siente alivio ¿no es verdad? Se siente que no hay que seguir esforzándose, que ahí hay alguien, y que ese alguien, aunque no pueda resolver nada de lo que nos sucede, está, y su presencia ya es bastante.

Sentir que el otro nos comprende, o hace el esfuerzo por comprendernos, sentir que el otro escucha nuestro malestar, lo acoge, y no lo expulsa lejos de sí como si fuera tóxico, colabora en el desarrollo y en la potenciación de una experiencia de seguridad interna: no somos extraterrestres, somos semejantes al que nos escucha. Somos alguien para otro.

Si recordamos que los cuidadores son los primeros garantes de la experiencia de seguridad de un niño, entonces todo lo que hagamos que colabore en fortalecer en ellos su cualidad de ser y estar para el niño, será también trabajar por y para ese niño que es nuestro paciente. Midgley y colaboradores lo ponen en palabras sencillas: "Reforzar los esfuerzos de los padres por entender a su hijo (…) les ayuda a sentirse cómodos y comprendidos, favoreciendo al mismo tiempo una atmósfera de colaboración y exploración mutuas." (Midgley et al., op.cit. pg. 251). Desde el modelo de terapia basada en la mentalización para niños, estos autores plantean entre los diversos objetivos de trabajo con los padres, el de ayudarles a ver al niño más allá de su conducta, y ayudarles a tomar conciencia de sus propios estados afectivos y conductuales, en especial en momentos de desregulación. Es decir, en resumen, ayudarles a ver la propia mente y la mente del niño.

En base a lo propuesto por este modelo de terapia y a mi propia experiencia de trabajo con estos padres, una secuencia posible para trabajar con ellos desde el principio del tratamiento del niño podría ser la siguiente:

**I) Tomar la situación o conducta que preocupa a los padres, preferentemente la última (que seguramente tendrán más fresca), y pedirles que nos hagan un relato pormenorizado de la misma.**

Muchas veces los padres hacen un resumen muy escueto que se focaliza en el momento inmediato en el que sucedió la desregulación afectiva o conductual que los preocupa, por ejemplo: "De la nada se levantó de la mesa y estrelló la taza contra el suelo". Entonces puede ser importante que nosotros les ayudemos con preguntas que nos permitan imaginar el contexto: ¿qué estaba haciendo el niño? ¿Quiénes más estaban? ¿Era de día, de noche, antes de ir a dormir, cuando se levantó? ¿Había cambiado algo en la rutina habitual? ¿Estaban hablando de algo? Veamos con un ejemplo a dónde nos pueden llevar estas preguntas:

"Él me estaba contando algo que sucedió en la escuela, y justo en ese momento entró una llamada de mi esposo. Yo le dije dos veces que esperara, que iba a atender a su papá, pero era como si no me escuchara… al revés, cada vez iba levantando más la voz, como si quisiera tapar la mía… Y cuando finalmente no le hice más caso y atendí al padre, ahí es donde se levantó de la silla y revoleó la taza al suelo."

**II) Les preguntamos: ¿Qué creen ustedes que pudo gatillar la reacción o conducta preocupante?**

La gran mayoría de las veces los padres suelen darnos respuestas muy generales, del tipo "No sabemos, puede ser cualquier cosa" o "No sabemos, es de la nada que reacciona así", o demasiado abarcativas, como por ejemplo "Cada vez que se le dice que no a algo". Por eso, ya desde el inicio del trabajo con los padres es importante explicarles qué es un disparador, y de qué manera estímulos que para nosotros pueden ser imperceptibles o irrelevantes, funcionan como la mecha que enciende el fuego. Incluso a veces es posible delimitar en qué situaciones puntuales en que se le dice que no, suele haber un estallido, como el caso de una púber cuyos accesos de rabia se daban cada vez que ella quería imitar a su hermana menor llevando algo a su escuela y sus padres le decían que no.

**III) Les preguntamos: ¿Qué creen ustedes que estaba sintiendo su hijo/a cuando reaccionó así/cuando se comportó de esa manera?**

A veces, la combustión emocional que envuelve a toda la familia en medio de esos episodios, hace que los padres no puedan pensar o siquiera imaginarse que lo que a su hijo le sucede es algo más que un "capricho" o una "manipulación". En el caso de la púber que mencioné en el ítem anterior, los padres mencionaron que su hija debía estar sintiendo celos y frustración. La siguiente pregunta fue "¿Por qué creen ustedes que ella estaba sintiendo celos?" Los padres se quedaron callados un instante, pensando. La madre recordó que cuando habían llevado a las niñas de la casa hogar a su propia casa, esta hija les había dicho que allí ella no tenía nada propio, y que cuando recibía regalos por su cumpleaños los escondía con el envoltorio sin abrir, por miedo a que alguien se los quitara. El papá agregó que ellos no la dejaban llevar cosas propias a la escuela porque era muy descuidada, en cambio la menor de las hijas era el extremo opuesto. Reflexionó en voz alta que tal vez la hija mayor estaba tratando de lograr entre su grupo la misma popularidad que la hermana menor tenía en el propio, y que debía creer que eso sucedería si llevaba objetos personales y los prestaba o regalaba, como ya había sucedido en otras oportunidades.

No siempre los padres lograrán un nivel de reflexión tan rápidamente, por eso es importante que el terapeuta no olvide que con esta pregunta lo importante es lograr que los padres puedan, aunque más no sea efímeramente, ponerse en el lugar de su hijo e *imaginarse* cómo podrían haberse sentido, más allá de la interpretación que ellos hagan de la conducta del niño.


**IV) La siguiente pregunta está muy emparentada con la anterior: ¿Qué creen ustedes que estaba tratando de decirles/comunicarles su hijo?**

A veces se puede hacer esta pregunta en lugar de la que figura en el ítem 3), sobre todo si vemos que para los padres es muy complejo ponerse en el lugar del niño y tratar de sentir lo que pudo haber sentido él. Otras veces podemos hacerla a continuación de la pregunta anterior, para profundizar la mentalización. Podemos, en cualquiera de ambos casos, decirles algo así como "Imaginen que cada cosa que hacemos o cada reacción que tenemos es una especie de mensaje encriptado… por ejemplo, si empujo a alguien puedo querer decir *¡no invadas mi espacio!*, si lloro desconsoladamente puedo querer decir *siento que no me quieres lo suficiente*. Imaginen ahora que para saber qué hacer con esa conducta o con esa reacción, es necesario descifrar ese mensaje. ¿Qué mensaje creen ustedes que estaba tratando de dar su hijo con esa conducta, o con esa reacción que tuvo?" En el caso del niño que estrelló su taza en el suelo, presentado en el punto 1), el papá dijo: "Yo a veces creo que él debe sentir que si uno no lo mira es como si dejara de existir, como si desapareciera… No sé si suena muy loco… pero creo que a lo mejor lo que trata de decirnos es eso: 'No dejes de prestarme atención porque me vas a abandonar'… Porque eso debe sentir alguien abandonado ¿no? Que dejó de existir…"


**V) Les preguntamos ¿Cómo se sintieron ustedes cuando su hijo hizo… /reaccionó…?**

La experiencia relacional va por una doble vía: si el adulto es capaz de mirar, sentir, comprender, imaginar lo que hay en la mente de su hijo, se da una resonancia. Pero ese adulto también es un ser humano, y su capacidad de sintonizar y resonar con el niño no es perfecta; como decíamos anteriormente, la capacidad mentalizadora está expuesta a fallar. Por eso es importante que, además de ayudar a los padres a *ver* a su hijo, volvamos luego a ellos y les ayudemos a *verse a sí mismos* en esa situación. Esa es la finalidad de esta pregunta.

Aquí es muy importante escucharlos atentamente, ofreciendo una instancia no juzgadora. Los padres pueden dar respuestas que nos suenen muy perturbadoras, como, por ejemplo: "Hubiera querido volver el tiempo atrás y no adoptarlo". Si queremos lograr una instancia de trabajo genuino con estos padres, que les permita convertirse en los pilares de seguridad que su hijo necesita, es fundamental prestar atención a nuestros propios juicios de valores (que los tenemos, sin lugar a duda) y preguntarnos por un solo segundo: "Si yo estuviera en el lugar de este padre/madre ¿qué haría?"

Si deseamos que estos padres puedan *ver* a sus hijos, una parte importante de nuestro trabajo será poder *verlos* nosotros a ellos como los padres de este niño (Wieland, 2017, op.cit.), con sus temores, sus luchas internas, sus luces y sus sombras. Pero eso sí: si notamos a lo largo de este trabajo que la actitud parental es inmodificable, que surge de manera muy clara un rechazo visceral hacia el niño, que la manera de verlo está teñida de agresividad y violencia, deberemos evaluar cuánto del trabajo con estos padres es posible, y si el niño podría estar mejor lejos de ellos.

### VI) Les preguntamos: ¿Cómo reaccionó usted cuando su hijo…?

Muchas veces los padres nos cuentan espontáneamente cómo reaccionaron en la situación que estamos trabajando, pero cuando esto no es así, lo preguntamos nosotros. La razón de hacer esta pregunta luego de indagar por cómo se sintieron y no antes, es simple: las reacciones parentales pueden ser también desajustadas, y hacer foco inicialmente en ellas puede hacer que los padres se sientan juzgados por el terapeuta.

Si ya pudieron hablarnos de su propia experiencia afectiva en la situación ("me sentí impotente", "me sentí dolida", "sentí una rabia intensa"), podemos ayudarles a unir esa experiencia afectiva con su propia reacción, de modo tal que les ayudemos a ver que esta no es solo la consecuencia de lo que el niño hizo, sino también de cómo repercutió en el adulto, y de cómo el adulto suele gestionar sus emociones.

Por ejemplo, un padre, cuando le pregunté cómo se había sentido ante algo que su hijo había hecho, respondió: "Quedaría mejor si le dijera que me enojé... pero eso no es verdad... sentí furia, mucha furia". Ante esta respuesta la siguiente pregunta, referida a la reacción de este papá, fue formulada de la siguiente forma: "¿Y de qué manera dejó salir usted toda esa furia que sentía por lo que su hijo había hecho?" El padre respondió de una manera muy franca: "Bueno, creo que él ya le contó: lo molí a golpes".[31] Inmediatamente este padre agregó: "No crea que es algo que yo aprendí en mi casa, es más, yo nunca hice algo así (esto fue confirmado por la madre del chico que se mostró sorprendida por la reacción del ex esposo con el hijo de ambos, ya que se lo conocía por ser extremadamente pasivo y conciliador) pero es que me dio rabia que cuando le empecé a gritar él se reía, entonces pensé que me estaba tomando el pelo... por eso le empecé a pegar, pero él más se reía..."

**VII) Finalmente nuestra siguiente pregunta es ¿Cómo le hubiera gustado reaccionar? o bien ¿Si hubiera podido reaccionar de una manera diferente ¿cómo le hubiera gustado hacerlo?**

En el caso descrito en el ítem anterior, el padre lo dijo con total claridad: "No me hubiera gustado hacer lo que hice... tal vez... no sé... solo gritarle... o no sé... Dígame usted cómo tendría que reaccionar." Esta puede no ser una respuesta muy común, pero es completamente válida: cuando los padres están cansados, frustrados y desesperanzados, esperan que seamos nosotros quienes los iluminemos respecto de qué hacer. De hecho, este padre me dijo "Si usted a mí me dice que no le tengo que pegar porque con eso no consigo nada, yo no lo hago." Y sonaba creíble.

También podemos ayudarles a notar que, en los momentos de mayor temperatura emocional, estrategias de cambio del foco atencional pueden ayudarles a no alimentar aún más esa temperatura.

Hace muchos años, en los inicios de mi carrera, coordinaba un grupo de padres y madres que ejercían maltrato físico hacia sus hijos. Una vez que lográbamos que los adultos fueran capaces de identificar las situaciones en las que sentían el impulso de pegar a sus hijos, el siguiente paso era que pudieran "salirse físicamente de la escena". Una madre, por ejemplo, contaba cómo cuando su hija no hacía la tarea y se distraía (situación que disparaba en ella mucha furia y desencadenaba los golpes hacia la niña), ella había aprendido a salir al patio de la casa para calmarse, y allí trapeaba, ponía ropa a lavar o la tendía a secarse: había

---

[31] "Moler a golpes" es una expresión que se usa en Argentina para referirse a una fuerte golpiza.

notado que cualquier cosa que le permitiera un movimiento enérgico le servía para calmar el impulso de responder con una agresión física. El siguiente objetivo fue que pudiera aprender nuevas estrategias de respuesta con la niña, de modo tal que no se violentara, pero tampoco abandonara la escena, dejando la situación "inconclusa".

A veces, los padres ni siquiera se imaginan que podrían reaccionar de maneras diferentes: creen que si no muestran su autoridad y jerarquía a los gritos -o incluso a los golpes- sus hijos les "van a pasar por encima", los van a ver como débiles o van a redoblar la apuesta.

Lo importante es que estos padres puedan comprender que ese tipo de reacciones repite en la mente de sus hijos el guion de un modelo relacional que ellos ya conocen, y que, lejos de modificarlo, lo refuerza y consolida. Les podemos preguntar si estarían dispuestos a hacer el esfuerzo de probar durante un tiempo una forma distinta de responder, como si fuera un experimento científico, y entonces, luego de haber probado, podemos decidir juntos cuál de todas las formas de reacción intentadas hasta el momento ha sido la más eficaz. Muchas veces, cuando los padres se comprometen a hacer este esfuerzo, nos reportan, asombrados, que *no reaccionar de la manera en la que lo hacían habitualmente,* terminó siendo más efectivo de lo que esperaban. Cuando lo logran, nuestro siguiente paso será apoyarlos en seguir repitiendo la nueva forma de responder, recordándoles que puede costar, que los viejos hábitos se niegan a abandonarnos, pero que la decisión de volver a intentarlo es el mejor camino para instalar un nuevo hábito.

### 8.5. Paso 3: algunas intervenciones posibles.

Tal como veíamos en este mismo capítulo, el impacto en los padres adoptivos de las historias de vida previas de sus hijos adquiere muchas veces dimensiones traumáticas.

A veces, esto se da porque la experiencia traumática del niño es similar a experiencias vividas por alguno de los progenitores en su propia infancia, que no fueron debidamente procesadas. En el ejemplo que sigue a continuación, veremos cómo una madre puede encontrar puntos de contacto entre su propia experiencia y la de una de sus hijas, pero no puede hacer lo mismo con la otra, aun cuando las tres -madre y las dos hijas- comparten el haber sido víctimas de experiencias similares:

Las dos niñas que adoptaron Adela y su esposo pasaron tres años en una casa hogar luego de haber sido desvinculadas de su familia biológica. Al poco tiempo de la adopción, los padres toman conocimiento de que una persona que trabajaba regularmente en dicha casa hogar, había abusado sexualmente de varias niñas, una de ellas, la hija menor que este matrimonio había adoptado. La niña contó las situaciones que vivió y reveló que su hermana mayor también había sido abusada por la misma persona. Sin embargo, la hermana mayor negó siempre de manera enfática estos hechos. Aun así, los padres creían que era altamente probable que ella también hubiera sido abusada, a raíz de una serie de comportamientos que parecían encajar con lo que la menor de las hermanas había relatado.

Al entrar la mayor de las hermanas en la pubertad, su pediatra indicó una consulta ginecológica. La reacción de la chica fue negarse a dicha consulta con un ataque de nervios que debió ser controlado por varias personas. En una entrevista, Adela refirió que podía entender la negativa de su hija, y reveló que ella también había sido víctima de abuso sexual en su infancia: "Yo la entiendo porque yo tampoco puedo ir a la ginecóloga, me genera mucho rechazo y miedo. Para ir tengo que hacerlo acompañada. Y siento que no voy a poder acompañarla a ella porque voy a sentir exactamente lo mismo, y voy a tener que pedirle a alguien que la acompañe".

Con su hija mayor, Adela pudo encontrar el punto de contacto entre su propia historia y la de su hija a través de un elemento en común: la negativa a concurrir a una consulta ginecológica. Esto le permitió buscar ayuda para aquello que sentía que, como madre, no podría enfrentar sola -acompañar a su hija- de la misma manera que solía buscar ayuda para sí misma cuando no podía ir sola a una consulta propia. Sin embargo, veamos qué sucedió con su hija menor:

La hija menor de Adela tenía severos problemas de higiene personal. Escondía su ropa interior sucia y le mentía a su madre acerca de haberse bañado o higienizado sus partes íntimas. Adela se quejaba de haberle explicado a su hija de múltiples formas los riesgos de no higienizarse correctamente, y reconocía que la persistencia del problema y las mentiras que su hija inventaba sobre el tema, la hacían perder la paciencia y decirle cosas ofensivas. Cuando se le preguntó a Adela si ella tenía alguna idea acerca de por qué su hija presentaba tantas dificultades con su higiene personal, y en especial con higienizar sus partes íntimas, respondió de inmediato: "Seguro que tiene que ver con lo del abuso sexual, pero no entiendo por qué… *A mí* no me pasó eso."

Así como Adela pudo rápidamente conectar con la experiencia de su hija mayor porque *se parecía* a lo que a ella le sucedía, el hecho de no encontrar *ningún parecido* específico con la vivencia de su hija menor, en este caso, la alejaba de la niña. Vemos que ya no se trata solo del hecho de haber vivido idéntica situación, sino de una limitación en la capacidad mentalizadora: Adela no entiende lo que le sucede a su hija porque a ella no le había sucedido lo mismo que a la niña.

Claramente la experiencia de abuso vivida por Adela no ha sido elaborada y ella misma refiere no haberlo contado en las terapias que tuvo. El correcto procesamiento de su propia experiencia sería un requisito fundamental para que Adela pueda aumentar su capacidad mentalizadora, pero en ese momento para ella es demasiado prematuro aún confiar en un terapeuta para embarcarse en un proceso personal, e incluso el relato de esta experiencia en la terapia de sus hijas es distante.

¿De qué manera podemos entonces acercar a esta madre a la vivencia de su hija menor, para ayudarla a comprender lo complejo y doloroso que es para ella tocar su cuerpo para cuidarlo, cuando otros lo tocaron para dañarlo? ¿Y cómo ayudar a esta mamá para que acompañe a su hija de una manera que no potencie su vergüenza?

Veamos:

En su relato sobre su propia experiencia de abuso que duró desde los 10 años hasta poco antes de cumplir la mayoría de edad, Adela contó que lo que más le seguía impactando al día de hoy, era que nadie se hubiera dado cuenta: "¿Nadie veía? ¿A nadie le resultaba raro que mi tío me llevara a dormir la siesta por horas? ¿A nadie se le ocurría entrar y ver por qué dormía tanto? ¿No les parecía raro que una chica de 16 años fuera a dormir la siesta durante tantas horas con un hombre?"

La experiencia de "no haber sido vista" suele ser muy común especialmente en las víctimas de abuso sexual que no develan lo sufrido hasta la edad adulta, y tal como relataba Adela, suele ser un componente traumático más de la experiencia: ya no solo se trata del abuso sexual, sino de la negligencia y el abandono de otros adultos significativos frente al abuso. Usando entonces esto que Adela trajo como lo que a ella le seguía impactando con más fuerza, se dio la siguiente intervención en relación con la hija menor:

T: Recuerdo que cuando me contó su experiencia de abuso me dijo que lo que más le seguía impactando era que nadie se hubiera dado cuenta, que nadie hubiera visto nada…

A: Sí, es incomprensible…

T: Así es… Y pensaba que en cierto sentido se parece a lo que vivió su hija en la casa hogar… recuerdo que usted me contó que ella le había dicho que este hombre la iba a buscar a la sala donde todos miraban televisión, y que la llevaba a las duchas, y que también sucedía de día, y la vieron más de una vez salir del baño con él… como si nadie viera que una niña estaba saliendo del baño con un hombre…

La expresión de Adela se fue transformando conforme iba escuchando ese relato que ella ya conocía, pero que en esta oportunidad volvía a escuchar en la voz de la terapeuta de su hija, que le mostraba el punto de contacto entre la experiencia de su hija y la suya propia:

A: ¡Es verdad!

T: Es decir que usted -al igual que ella- sabe lo que es no ser vista cuando alguien debiera haberse dado cuenta y debiera haber hecho algo para que no sucediera lo que estaba sucediendo... (Adela asiente, apesadumbrada) … Con lo cual, aunque usted no entienda por qué su hija no quiere higienizarse, sí entiende lo que ha sido para ella la experiencia de no ser vista y cuidada… y eso es lo que usted puede darle a ella hoy: la puede "ver" en su sufrimiento, y la puede cuidar.

Esta intervención que podemos llamar de "búsqueda de puntos de contacto" entre la experiencia traumática del adulto y la experiencia traumática del niño, no reemplaza la elaboración de la vivencia del adulto, pero puede, en principio, ayudar a reducir sustancialmente la desconexión y la falla mentalizadora del adulto. Así sucedió con Adela, que después de esa intervención cambió sustancialmente su manera de vincularse con su hija en relación con el problema de la higiene personal. Asumió una actitud más tolerante y buscó maneras creativas de ayudarla a superar la situación, mientras seguíamos trabajándola en terapia: por ejemplo, creando un ritual de cuidado amoroso alrededor del momento del baño que le pudiera dar a su hija una verdadera experiencia de intimidad respetada.

*

Los terapeutas formados en EMDR contamos con un modelo de abordaje de primera línea para el tratamiento de las condiciones postraumáticas.[32] Como veíamos en párrafos previos, distintos estudios señalan que para los padres adoptivos el encuentro con la historia previa de sus hijos puede ser traumático. También lo es el enfrentamiento diario con las conductas desajustadas, la desregulación afectiva y el rechazo activo que estos niños pueden desplegar hacia uno o ambos padres adoptivos.

En base a todo ello, aconsejar a estos padres una terapia desde el modelo EMDR, es una opción altamente recomendable para que puedan procesar un impacto emocional que puede interferir en la cualidad de la relación que establezcan con sus hijos. Una intervención en díadas terapéuticas que atiendan por un lado al niño, y por otro lado a los padres, haciendo énfasis en identificar y procesar los eventos traumáticos asociados a la adopción del niño, podría además ayudar a potenciar la conexión y la seguridad relacional. Con este tipo de abordaje se "limpiarían" los vestigios traumáticos de ese primer encuentro entre padres e hijos, o del impacto suscitado por la historia preadoptiva del niño, vestigios que interfieren en una vinculación que debe darse de cero entre ambas partes.

Aparte del impacto de la historia previa de sus hijos, y de la suya propia, en mi experiencia con estas familias, algo que aparece frecuentemente es el fuerte impacto que generan en los padres las conductas disruptivas y la desregulación afectiva de los hijos. En sus narrativas estos padres suelen hablar de *estar en alerta, de estar preparados para que suceda lo mismo en cualquier momento, de estar preparados para que sucedan cosas peores, de sentir miedo de estar a solas con los hijos*, y muchas veces presagian futuros negros y desoladores para cuando sus hijos alcancen la edad adulta, imaginando en especial, un futuro de delincuencia.

Estos temores y predicciones, en coincidencia con lo planteado por Cairns, que mencionaba en párrafos anteriores, pueden encuadrarse dentro de lo que Jarero y Artigas (2018) denominan *estrés traumático continuado*. Basados en su amplia experiencia en la atención de víctimas de catástrofes naturales en Latinoamérica y el Caribe, Jarero y Artigas prestaron atención a la particularidad de las experiencias sufridas por estas personas, para quienes el "evento" parecía no tener un final, y en cambio terminaba por encadenarse a otra serie de eventos estresantes asociados que se iban dando a lo largo del tiempo. Por ejemplo, al

---

[32] Para mayor información sobre el modelo, terapeutas certificados y formaciones específicas en el mismo, se puede consultar a las organizaciones nacionales de habla hispana, entre ellas EMDR Iberoamérica Argentina, Asociación Peruana EMDR, EMDR Chile, EMDR México, Asociación EMDR España, entre otras.

terremoto podía seguir la pérdida de las pocas pertenencias que les quedaban debido a saqueos, y a esto le seguía la falta de respuesta adecuada de los gobiernos para la asistencia, por ejemplo, en forma de subsidios que se prometían, pero no se recibían.

Los autores plantearon que "la experiencia de un continuo de eventos estresantes con emociones y sensaciones físicas similares, no le da a la memoria traumática dependiente del estado (…) tiempo suficiente para consolidarse en un todo integrado. En consecuencia, la red de memoria permanece en un estado excitatorio permanente, expandiéndose con cada evento subsiguiente en este continuo." (Jarero et al., 2011, pg.85).

Esta descripción parece adecuada para traducir en términos del modelo EMDR lo que les sucede a estos padres, en especial, cuando llevan mucho tiempo lidiando con la desregulación conductual y afectiva de sus hijos, y esperan que estas situaciones se sigan repitiendo e incluso agravando.

Para trabajar con el estrés traumático continuado, Jarero y Artigas desarrollaron el protocolo PRECI para el tratamiento de incidentes críticos recientes y estrés traumático continuado. Distintos trabajos de investigación han probado la aplicabilidad y eficacia de este protocolo no solo en situaciones de catástrofes naturales, sino también en situaciones tan diversas como la atención de socorristas y forenses involucrados en la recuperación de cuerpos a posteriori de una masacre, y con pacientes oncológicas.[33]

Cuando en la comunidad del terapeuta no hay profesionales formados en el modelo EMDR, la disponibilidad de estos es escasa, o los padres se muestran reticentes ya sea a cambiar de terapeuta como a iniciar un proceso terapéutico propio si es que no lo están llevando a cabo, yo suelo sugerir que el terapeuta del niño formado en el modelo realice "micro intervenciones" con los padres desde el modelo EMDR.

Estas micro intervenciones se limitan a no más de tres sesiones con los padres, y tienen por objetivo procesar el impacto del afecto negativo ligado a la historia del niño o a su desregulación. Las denomino "micro intervenciones"

---

[33] Para información sobre el entrenamiento en dicho protocolo se sugiere a los profesionales que hayan completado el entrenamiento básico ponerse en contacto con EMDR México.

porque no tienen por objetivo armar un plan de tratamiento completo con los padres, sino intervenir de manera acotada y circunscripta en situaciones puntuales que el terapeuta percibe están en el foco de la relación entre padres e hijo, causando disrupciones que atentan contra la creación y/o el fortalecimiento de una experiencia de seguridad en el niño.

Estas micro intervenciones se pueden utilizar en tres tipos de situaciones:

**A) Desensibilización de eventos recientes de desregulación afectiva y conductual del niño.**

Esto puede ser de utilidad cuando los padres temen que tales episodios se vuelvan a repetir, se sienten paralizados respecto de cómo actuar y necesitan que su temperatura emocional baje para incorporar información concreta respecto de cómo manejar a su hijo, como en el siguiente ejemplo:

La madre de Federico relata con mucha angustia un episodio en el que su hijo rompió una puerta en un ataque de furia. Dice no sentirse segura si está a solas con él en la casa, y que lo único que puede hacer es encerrarse en su cuarto. Pero al mismo tiempo teme que al dejarlo solo él "haga lo que se le da la gana y yo termine quedando prisionera en mi propia casa". Desensibilizar este episodio ayudó a esta madre a que pudiera ver con más claridad qué había sucedido antes de ese desborde, pudiendo así anticipar qué situaciones puntuales podían disparar esta desregulación. Poder reconocer estos eventuales disparadores le dio una mayor sensación de "control". En sus propias palabras: "Entiendo que tengo que estar atenta y alerta, y es incómodo, pero es mucho peor sentir miedo de estar con mi propio hijo".

**B) Reprocesamiento de situaciones en las que se despliega una conducta disruptiva del niño.**

Muchas de las conductas disruptivas por las que estos niños llegan a nosotros, no son nuevas. Los padres vienen enfrentándose a su presencia constante o intermitente incluso desde antes que el niño comenzara tratamiento con nosotros. El hecho de que la conducta no se modifique con el paso del tiempo, genera desesperanza, impotencia y frustración en los padres, y se convierte en un factor de fuerte interferencia a nivel relacional. En este caso el terapeuta EMDR puede decidir tomar como blanco/diana la primera vez que esa conducta se presentó, la última o la que los padres consideren más grave:

Franco ha presentado comportamientos de robo de dinero y objetos desde poco tiempo después de ser adoptado. Terapias previas que intentaron focalizar en el control conductual fueron infructuosas: Franco dejaba de robar solo por algunas semanas. El padre de Franco dice que le da mucha vergüenza y rabia tener que responder por su hijo y llevarlo a que devuelva lo que no es propio. Manifiesta cansancio y la fantasía de que cuando se haga mayor de edad "la ley se encargue de hacerlo entender". Este padre accedió a trabajar un par de sesiones con estos sentimientos profundos que se le activaban con cada robo de su hijo. Tomamos como blanco/diana el último episodio en el que su hijo insistía en no haber robado nada, a pesar de que en su mochila llevaba una cantidad de dinero que no era suya.

En el reprocesamiento, el padre recordó la primera vez que esto había sucedido, y cómo él había tratado de minimizar el asunto pensando que era algo que el niño hacía porque lo había aprendido con su familia de origen, pero que con el paso del tiempo y estando con su nueva familia, iba a desaparecer. Esto a su vez dio pie a procesar los sentimientos de tristeza y frustración que sintió al pensar que tal vez se había equivocado adoptando a este niño, sentimientos que no había compartido ni siquiera con su esposa.

## C) Reprocesamiento de temores futuros asociados a la conducta actual.

En algunos casos la mayor preocupación de los padres está focalizada en el futuro del niño o adolescente en caso de persistir la conducta desregulada. Esto hace que a veces no puedan tomar en cuenta los pequeños avances que se están haciendo en el trabajo con su hijo. Cuando los comportamientos más graves de estos niños comienzan a ceder, es posible que los padres sigan estando en estado de alerta ante la más mínima disrupción. El niño va mejorando, pero los adultos no confían suficientemente en ese cambio, como veremos en el ejemplo a continuación:

Algunos meses después de haber quedado internada por una sobre ingesta de pastillas, Valentina estaba haciendo progresos en la adquisición de estrategias de regulación. Un día, luego de una pelea con una amiga sobre la que le contó a su madre, terminó en el baño cortajeándose un brazo. La madre reconoce que desde ese episodio siente un temor incontrolable de que su hija quede internada nuevamente en cualquier momento.

Con esta madre y utilizando el procedimiento *Flashforward*[34] (Logie & De Jongh, 2014) se tomó como blanco/diana el peor escenario posible a futuro que ella

---

[34] El procedimiento Flashforward -según sus creadores- se puede utilizar cuando una

se imaginaba para su hija: "Que se vuelva loca como la madre biológica". Partiendo de aquí la madre de Valentina llegó rápidamente a una escena de cuando leyó el legajo con la historia de su hija. "Recuerdo haber pensado que tal vez no la iba a tener mucho tiempo conmigo". Este pensamiento funcionó como un obstáculo en el vínculo con su hija, ya que la madre oscilaba entre estar todo el tiempo controlando el estado anímico de la niña, por un lado, y despegarse y desentenderse de ella por el otro.

Con mucho sufrimiento, la madre de Valentina pudo tomar conciencia de que esa dinámica de pegoteo/distanciamiento podía ser tan impredecible y enloquecedora como tener una madre desquiciada.

Desde aquí fue posible trabajar en formas más armónicas de estar presente y disponible para su hija, sin manejarse en los extremos del "todo presencia" o "todo ausencia".[35]

*

Previo a diseñar estas micro intervenciones el terapeuta tiene que asegurarse de que se cumplen determinados criterios:

a. Una sólida alianza terapéutica con los padres, así como un mínimo conocimiento sobre su historia de vida y eventuales experiencias traumáticas vividas en su infancia.

---

situación temida a futuro es tan disruptiva e intrusiva en la vida cotidiana de la persona, que el procesamiento de los eventos pasados que dan origen a este temor, no resulta posible.

[35] En un caso como el presentado mi decisión de utilizar este procedimiento está basada en el hecho de que yo no soy la terapeuta de los padres, por lo cual no he trazado un plan de tratamiento con ellos que me permita un reprocesamiento "tradicional" desde el modelo EMDR (pasado-presente-futuro). Partiendo de la premisa que la expectativa a futuro para esta madre es tan catastrófica que bloquea la mirada actual de su hija y limita su capacidad de ser un recurso de seguridad relacional para ella, el uso de este procedimiento permitió rastrear el origen del temor que esta madre sentía, permitiendo así el procesamiento de aquello que había tenido un impacto traumático para ella (la lectura del legajo que contenía la historia preadoptiva de la hija).

b.  Los padres con buenas capacidades de autorregulación y de mentalización están en mejores condiciones de trabajar puntualmente en estas intervenciones y de beneficiarse de ellas.

c.  Trabajar con padres que *deseen efectivamente* mejorar la vinculación con sus hijos, ya que este tipo de intervención no suele ser efectiva (e incluso la desaconsejaría) con progenitores que muestran actitudes sostenidas de rechazo, o que demuestran poca motivación para ver a sus hijos desde una perspectiva distinta a la que ya tienen incorporada. En este tipo de situaciones, tal como dijera anteriormente, es necesario considerar si es aconsejable la permanencia del niño con estos padres, o si se requiere alguna otra intervención protectora.

d.  Proponer a los padres este trabajo como una *posibilidad*, sin forzarlos, y explicarles que *no es una terapia personal para ellos*, sino una intervención puntual para intentar aliviar el impacto negativo de la situación que están viviendo en ese momento.

e.  Alentarles desde el principio a buscar su propio espacio terapéutico si no lo tienen, o sugerirles un cambio de terapeuta si ellos determinan que el que tienen no les resulta de utilidad, ayudándoles activamente en la medida de lo posible a contactarse con un terapeuta con una mirada sensible al trauma.

f.  Circunscribir la intervención al impacto puntual de la desregulación afectiva o conductual de sus hijos, cuidando de no abrir canales de reprocesamiento de memorias traumáticas propias de la historia de vida del progenitor.

En relación con este último punto, sabemos que no siempre es posible anticipar qué redes de memoria se van a activar cuando comenzamos un reprocesamiento, por lo cual es importante que el terapeuta esté preparado para utilizar estrategias de contención del eventual material traumático de la propia historia personal del padre, tal como surge del siguiente ejemplo:

La madre de Anahí está trabajando el temor que tiene de que su hija vuelva a tener un intento de suicidio. Ha tenido pensamientos intrusivos que la obligan a llamar a su hija varias veces en el día, y cortó una relación sentimental que había iniciado antes de la internación de su hija, porque, plantea, "no puedo ocuparme de algo tan irrelevante como una relación sentimental en este momento". En un determinado momento del trabajo surge lo siguiente:

MA: Me siento responsable por ella. Tengo que cuidarla. No puedo ser como mi mamá que jamás me cuidó (comienza a llorar mientras sigue hablando) Si mi mamá me hubiera cuidado nunca me hubiera casado con un abusador…

T: Es muy doloroso tomar contacto con estos sentimientos… (la madre de Anahí asiente)… le propongo una cosa… vamos a tratar de focalizarnos ahora en otras formas en las que usted cuida a Anahí, en su forma de ser mamá de Anahí y estar para ella… mientras tanto le sugiero que imaginemos que esos recuerdos que le vinieron de cuando usted era pequeña, los podamos guardar en un álbum de fotos… cerrarlo… y ubicarlo en un lugar de la biblioteca donde usted pueda luego encontrarlo con facilidad y llevarlo a su espacio personal de terapia…

*

Estas micro intervenciones no reemplazan una terapia personal del progenitor, ni implican que el terapeuta del niño pueda ya dejar de lado la psicoeducación, el monitoreo de la autorregulación del adulto, el fomento de la mentalización o el trabajo vincular.

Mi propuesta es pensarlas más como una manera de despejar algunas piedras del camino vincular entre estos padres y sus hijos, que nos permitan trabajar mejor no solo con los adultos, sino en especial con nuestros pequeños pacientes, que son quienes verdaderamente necesitan transitar nuevas experiencias relacionales, sólidas y confiables.

### 8.6. Adoptar a unos nuevos padres.

Cuando vemos a la adopción desde el punto de vista del niño, la perspectiva debe ampliarse: ya no se trata de ver al niño como un ser pasivo que es acogido en el seno de una nueva familia. Ese niño debe también llevar adelante un proceso activo en el que deberá adoptar a sus nuevos padres. Pero ¿cómo lo hace? Y lo más crucial ¿qué hace con los otros padres, los que dieron origen a su vida?

En el estudio de Steele y colaboradores, al que hice referencia anteriormente en este capítulo (Steele et al., 2003, op.cit), se menciona que los niños adoptados tardíamente suelen desplegar sentimientos de rabia y odio hacia las figuras de apego, tanto las del pasado como las del presente. Pero también es probable que tengan una imagen idealizada de su familia de origen, incluso si no la recuerdan o si no han conocido, por ejemplo, al padre. Las familias adoptivas de estos niños suelen ser consideradas, en palabras de los autores, como "pobres sustitutos" o incluso como obstáculos para la idealización de los progenitores biológicos.

En algunos casos el amor y el odio se cargan de manera separada sobre las figuras de apego originales: así, el progenitor más violento y abusivo es el depositario de todo el odio y la rabia, y el menos violento, el depositario de todo el amor y de la idealización, aun cuando su accionar haya sido fuertemente negligente y haya colocado al niño en un peligro semejante al de la violencia ejercida por su par.

Cuando el niño se vincula con su familia adoptiva se da una situación peculiar: si el niño fue abusado físicamente por su padre biológico, verá en su padre adoptivo a alguien que puede replicar esa misma violencia, y probablemente lo ataque para defenderse de un potencial, imaginario ataque. Si la madre biológica ha sido abusiva o abandónica, sucederá con la madre adoptiva algo similar. El nuevo vínculo no se puede formar porque en él subyace la sombra del abuso: *no me voy a acercar a alguien que me puede hacer daño.*

Pero, por otro lado, si la madre biológica de este niño, aun siendo negligente, es quien ha sido idealizada, el niño no trasladará esa misma idealización a su madre adoptiva. Por el contrario, la verá como una enemiga porque no es la mamá amorosa que el niño idealiza (y compartimentaliza, ya que no puede integrar el aspecto negligente a la imagen adorada que conserva de su mamá), porque pretende ocupar un lugar que no le corresponde… y porque sus acciones de cuidado amoroso amenazan con derribar, por comparación, el castillo de naipes en el que el niño ha colocado a su mamá biológica como una frágil princesa, víctima, igual que él, de las circunstancias.

En las situaciones en las que, de la díada parental originaria, uno de los progenitores es demonizado y el otro es idealizado, yo sugiero empezar a trabajar los recuerdos asociados al progenitor demonizado. Muchas veces trabajando estos recuerdos empieza a hacerse evidente la ausencia de la otra figura de cuidado, permitiendo que la débil pátina dorada con la que el niño la ha cubierto para idealizarla y protegerla, comience a resquebrajarse de a poco. Para estos niños los recuerdos de cosas agradables que pasaron con sus padres biológicos arrastran inevitablemente el recuerdo de situaciones penosas o atemorizantes que vivieron con ellos. Para que ese circuito no se active, necesitan mantener cada vez más separada la imagen idealizada de la imagen negligente o maltratante de ese progenitor.

Por mucho que para los adultos -terapeutas incluidos- sea difícil e incomprensible que estos niños quieran conservar o aferrarse a recuerdos agradables de situaciones vividas con personas que los dañaron, la única forma en la que vamos a poder verdaderamente elaborar el dolor sufrido, es si les acompañamos a transitar el difícil camino que se teje entre unas imágenes positivas, y otras brutalmente dolorosas asociadas a la misma persona.

Una posibilidad es trabajar con "burbujas de recuerdos", en las que cada burbuja va encerrando lo que el niño va trayendo, así sea solamente un pequeño pedacito agradable de un recuerdo más grande que incluye acciones maltratantes. Veamos un ejemplo:

Andrea tiene 8 años y quiere jugar todo el tiempo a ser más grande y tener muchos novios, por lo que le pide a su mamá adoptiva que la deje vestirse y peinarse de una determinada manera. A la mamá le preocupa esta insistencia, ya que la primera vez que accedió a este juego, vio en su hija unas actitudes sexualizadas que la preocuparon. En su historia, Andrea fue criada por una madre que ejercía la prostitución en la casa donde ambas vivían. En el contexto de estas situaciones, Andrea fue abusada sexualmente, no se sabe por cuántas personas, y no se sabe si a sabiendas de su madre biológica o no. Por esto Andrea fue desvinculada de ella.

Andrea no tiene recuerdos de los abusos sufridos ni de la presencia de hombres extraños en su casa. Solo recuerda que cuando su mamá se vestía y se arreglaba delante del espejo, la dejaba usar ropa suya para jugar a ser una chica más grande.

Visto de manera completamente aislada, que su mamá la dejara "disfrazarse" con su ropa no es en sí mismo algo malo. Solo que nos está faltando la pieza que une a este "juego" con lo que sucedía después; las conductas sexualizadas que la madre adoptiva vio en su hija nos permiten hipotetizar que, tal vez, Andrea estuviera expuesta en el pasado a algo más que un simple juego de ponerse "ropa de grande".

Andrea todavía está lejos de poder recordar los abusos, entonces ubicamos el recuerdo de cuando su mamá biológica le permitía vestirse "de grande" en una burbuja. Ese recuerdo, que parece desconectado del contexto en el que esto sucedía y que llevaba a que Andrea estuviera expuesta a situaciones de riesgo, permite a esta niña conservar una imagen positiva (e idealizada) de su madre biológica.

En nuestro trabajo unimos este recuerdo que aparece, con la conducta o situación actual ligada al mismo.

En la figura que sigue a continuación podemos ver la secuencia:

En la medida en que Andrea va recuperando más información sobre lo que vivió con su madre, podemos seguir agregando elementos a la burbuja de recuerdos y ayudar a Andrea a que pueda ir viendo de manera progresiva la figura completa, y a mostrarle cómo esta secuencia se relaciona con los comportamientos actuales.

Muchas veces la nueva información va apareciendo de manera desarticulada e inconexa, sin que el niño pueda reconocer cómo se unen los distintos pedacitos de recuerdo que hemos ido rescatando, por ejemplo, así:

En la medida en que esta nueva información va surgiendo, nos da la oportunidad de ordenar la secuencia y poner en evidencia su conexión con las conductas actuales:

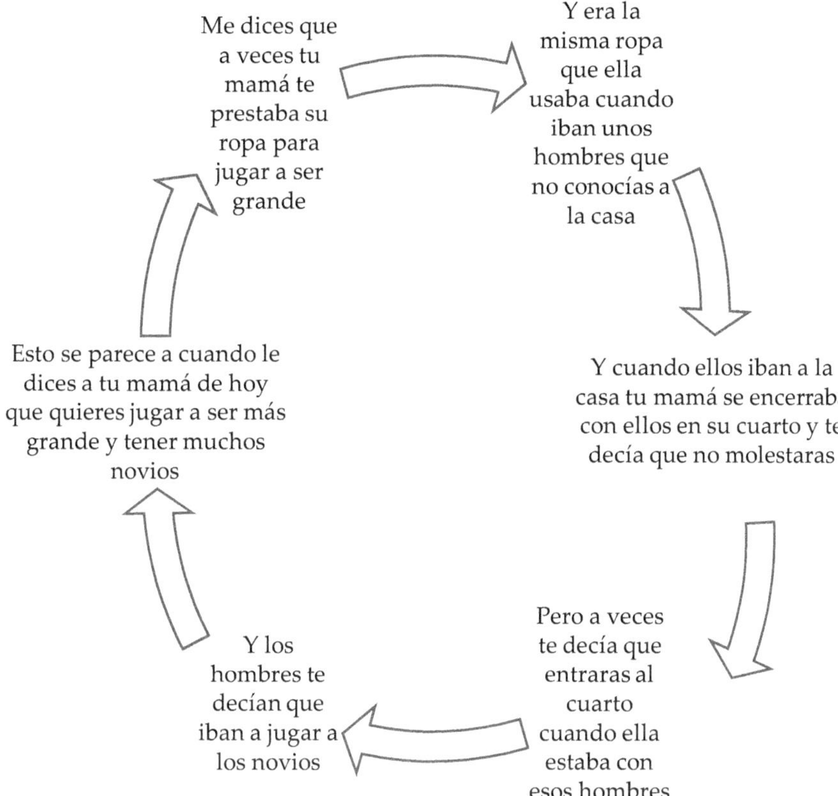


En la medida en que estos hechos del pasado van viendo la luz, es importante que podamos vincularlos también a las emociones ligadas a ellos, emociones que seguramente van a ser intensas y contradictorias.

En el esquema que sigue a continuación lo veremos ejemplificado:

La reconstrucción de esa secuencia de recuerdos no solo nos dará material para procesar, sino que además permitirá ir conectando la huella de esa historia con su deseo actual de "vestirse de grande y jugar a los novios", lo cual, cuando lo vemos en el contexto que le dio origen en el pasado, puede ser entendido como una reexperimentación traumática en el contexto del juego.

*

En el polo opuesto está la demonización del cuidador biológico abusivo o negligente, y la manera en la que -inadvertidamente- los niños trasladan los sentimientos de hostilidad hacia sus padres adoptivos. En estos casos también es necesario ayudarles a diferenciar entre el pasado y el presente, entre un cuidador y otro.

Un ejercicio que se puede hacer es el de pedirle al niño que dibuje a su madre o padre biológicos, prestando atención a si lo dibuja con atributos positivos cuando estamos trabajando los aspectos rechazados o temidos de ese progenitor.

Por ejemplo, si el niño está hablando de que su papá se enojaba muy seguido y eso a él le daba miedo, pero lo dibuja con una sonrisa, podemos llevar su atención a esa diferencia: *Cuando tu papá se enojaba ¿estaba con una sonrisa?* Si notamos que para el niño es difícil hacer el dibujo podemos sugerirle que lo encierre en una burbuja de recuerdo que tenga un dispositivo especial por el cual no se escape, y luego seguir avanzando.

Si el niño se niega a dibujar a su progenitor biológico, podemos hacerlo nosotros reflejando en el dibujo el enojo de ese papá. En una hoja de papel de calco le pedimos que dibuje a su papá adoptivo y luego empezamos a describir las diferencias entre cada uno de ellos. Cuando este segundo dibujo está listo lo colocamos sobre el primero, que se verá a través del papel de calco. Podemos usar esta superposición para mostrarle de qué manera a veces, su cerebro le juega una mala pasada, y le hace "ver" a su padre actual, como si algo de él se pareciera a su padre biológico. Y desde ahí podemos continuar con la descripción de las similitudes y diferencias.

*

A nivel de las relaciones familiares, algo que se observa con mucha frecuencia cuando grupos de hermanos han sido adoptados por los mismos padres, es la competencia por el cuidado y el control de los hermanos más chicos que se da entre el hermano mayor y los padres adoptivos.

Cuando los hermanos mayores han funcionado como cuidadores y protectores de sus hermanos más chicos, no solo en la familia de origen, sino también en las institucionalizaciones (y esto muchas veces ha sido así sin importar la edad que tuvieran, y aun cuando la diferencia de edad con el hermano que les sigue es ínfima), los padres adoptivos refieren que éstos siguen pretendiendo mantener el mismo rol cuando ya están con su nueva familia. De alguna manera ese rol les ha conferido cierta identidad, a la vez que les ha obligado a sobre desarrollar habilidades de cuidado para las que no estaban madurativamente preparados, en detrimento de su propia autoprotección.

Para estos niños y adolescentes la experiencia de ser cuidados por otro es completamente extraña, pero, además, es temida, porque provienen de familias en las que prevalecieron el descuido y el maltrato, y en consecuencia han aprendido que es mejor protegerse de los adultos que aceptar ser protegidos por éstos. Por ello se han acostumbrado a autovalerse, entonces exigen a su familia adoptiva que les dejen tener la misma autonomía anormal que tenían cuando vivían con sus familias de origen. Temen que si dejan de ser un punto de referencia para sus hermanos menores, ya no sean importantes ni valiosos, y si descubren que sus hermanos se vinculan amorosamente con los padres adoptivos, es posible que busquen interferir en esa vinculación de distintas formas: armando alianzas secretas con los hermanos, desautorizando frente a estos a los padres, o compitiendo abiertamente con la madre o el padre mostrándoles sus fallas por lo que ellos no saben.

Por ejemplo, una adolescente me contó que en una pelea con su madre le dijo: "Nunca los vas a conocer mejor que yo (a los hermanos) porque yo los vi nacer y los conozco desde bebés. Yo sé lo que necesitan, siempre lo supe".

Algunos han desarrollado una desconfianza visceral hacia todos los adultos, entonces temen que los padres adoptivos puedan dañar a sus hermanos; por ello asumen roles de defensa (aunque no haya un peligro del cual defenderlos), buscando impedir que se forme o se consolide un vínculo con los padres adoptivos.

En otros casos, es posible que el vínculo positivo que los hermanos más pequeños logran armar con los padres adoptivos, dispare en los mayores actitudes hostiles masivas, tanto hacia sus padres como hacia sus hermanos, quedando ellos completamente aislados de todo el grupo familiar. Esta situación a su vez termina por crear un círculo vicioso: no quieren que nadie arme lazos afectivos con los padres adoptivos, pero cuando los hermanos menores lo hacen, se sienten rechazados ¡por los mismos padres adoptivos que ellos empezaron rechazando! Esta dinámica se asemeja a lo que en la teoría de la disociación estructural se denomina *fobia al apego y a la pérdida del apego.*

Cuando el conflicto escala y no se ha trabajado desde el inicio, estos niños, ya convertidos en adolescentes, puede que decidan irse de la familia apenas cumplen la mayoría de edad, y en algunos casos pueden llegar incluso a cortar todo tipo de lazo no solo con los padres adoptivos sino también con los hermanos. Aquí vale hacer un llamado de atención a quienes toman decisiones relacionadas con la protección de estos niños y adolescentes: las intervenciones, cuanto más tardías se hacen, menos efectivas resultan.

Cuando los padres adoptivos se sienten amenazados en su rol, suelen enfrentarse a los hermanos mayores entrando en una lucha de poder: "¡Ahora el padre/la madre soy yo!". Ese enfrentamiento la mayoría de las veces solo produce una escalada que aleja cada vez más la posibilidad de armar un vínculo parento-filial.

En estas situaciones es importante tratar de buscar el delicadísimo punto de equilibrio entre permitir al hermano mayor que siga siendo "cuidador" de los menores, y una incipiente invitación implícita a convertirse en un hijo y un hermano en el verdadero sentido de la palabra. ¿Cómo? Por ejemplo, negociando, reconociéndoles lo importante y valioso que ha sido para los hermanos menores tener a un hermano/a mayor que los cuidara, reconociendo y agradeciendo toda la información que el mayor pueda dar sobre los menores ("¿Me contarías qué le puede gustar para comer? ¿Me contarías cómo dormía tu hermanita cuando estaban en el Hogar? Eso me puede ayudar a ver cómo ayudarla a dormir aquí por las noches cuando tiene pesadillas").

En lugar de competir, tratamos de buscar su colaboración. Puede sonar absurdo: ¿No estaremos haciendo más profunda la parentalización si empezamos por potenciar una actitud colaborativa?

En la terapia de los pacientes adultos con traumatización compleja y disociación, se recomienda precisamente que el terapeuta evite colocarse en una postura de cuidador del paciente, ya que podría llevar a una activación del sistema de apego y empujarle precisamente a esa dinámica acercamiento-alejamiento que caracterizó sus relaciones primarias (Boon et al., 2018, op.cit.; Liotti & Farina, 2011, op.cit.). Frente a la posición de cuidador, fomentar una actitud colaborativa en el inicio de la terapia, tiene el efecto de generar un espacio de mayor seguridad para que el paciente pueda explorar sus heridas junto con el terapeuta, heridas que fueron causadas precisamente por una relación con otro ser humano. Estamos trabajando así desde un sistema neurobiológico diferente, el de colaboración social, que no se presupone tan dañado como el sistema de apego, y permite por tanto una vía de trabajo menos arriesgada.

En las relaciones familiares de estos niños con sus padres adoptivos, estos últimos pueden caer fácilmente en una espiral que retroalimentará la dinámica traumática del acercamiento-alejamiento: la sobreinvolucración parental (el repetir reiteradamente "Soy tu padre y estoy para cuidarte", "Soy tu madre y de estas cosas ahora me encargo yo") termina virando hacia una desinvolucración cuando los padres sienten que han perdido la batalla y ya no tienen ganas de pelear ("Que haga lo que quiera, ya lo intentamos todo"). Por muy loco que parezca, esa alternancia que nosotros vemos con claridad ("Si me acerco me ladra, y si me alejo llora", decía una madre), estos niños **no la ven.**

Por eso el enorme desafío para estos padres es lograr un funcionamiento consistente y coherente en el tiempo: no alcanza solo con decir "Yo voy a estar aquí aunque te enojes, te voy a querer aunque me escupas, no te voy a abandonar aunque me digas cosas horribles." Es necesario actuarlo en conductas concretas: si le digo al niño que no lo voy a abandonar aunque me diga cosas horribles, no puedo reaccionar a sus rabietas yéndome. Esto no significa no poner límites, ni aceptar que el niño les arroje objetos por la cabeza: los límites son necesarios incluso para cuidarlo a él de sus arrebatos de furia, y éste es un mensaje que en el fragor de la batalla o cuando ésta concluye, pocas veces se recuerda.

La coherencia y la capacidad reflexiva del cuidador son las cualidades que fomentan el desarrollo de un apego seguro en los niños. Entonces, una parte importante de nuestras intervenciones de cara a lograr para estos niños y adolescentes la seguridad relacional que tanto necesitan, será precisamente ayudar a sus cuidadores a desarrollar y/o potenciar tales cualidades.

Cooperar en las relaciones familiares implica aceptar que cada uno puede dar algo que es valioso: los niños pueden mostrarles a sus padres cómo han aprendido a sobrevivir en situaciones extremas, mientras los padres les muestran con sus acciones por qué es cierto que estando con ellos ya no tienen nada que temer.

Quienes acompañan a las familias adoptantes deben saber que no hay un instructivo que se les dé a los padres para que ellos aprendan y apliquen. Muchos padres han compartido conmigo cómo se sintieron solos o incomprendidos en sus dificultades, y si las dificultades de los padres adoptivos no son atendidas con la misma dedicación y relevancia que les damos a las dificultades de los niños que adoptan, el lado B de esa adopción corre el riesgo de empezar a sonar como un viejo disco de vinilo rayado, trabándose siempre en la misma canción.

### 8.7. Un espacio para preguntar.

Estimado lector, le invito a pensar esta pregunta: ¿cómo sería su vida si a su historia le faltara un tiempo del que no hay fotos, ni relatos, ni personas a quienes preguntarles? ¿Si usted no supiera si fue un bebé tranquilo o llorón, si era curioso, intrépido, simpático, regordete o cachetón? ¿Si no supiera cuál fue la primera palabra que dijo, o cuándo caminó? ¿Cómo sería su vida si solo pudiera recordarla con nitidez o con evidencias a partir de sus 3, 5 u 8 años, y no tuviera nada que documente lo anterior, ni fotos, ni relatos, ni anécdotas? ¿Cómo haría usted para renunciar a saber qué había antes de eso?

Muchas de las preguntas que se hacen estos niños, niñas y adolescentes son absolutamente lógicas y, sin embargo, pocas veces las enuncian en voz alta, en parte porque temen "dañar" a sus padres adoptivos, y en parte porque no se les habilita el espacio para hacerlas, como si hablar de estos "fantasmas del pasado" los hiciera peligrosamente reales, y como si dejarlos entrar al espacio de las nuevas relaciones fuera una amenaza certera para éstas.

¿Quién era mi papá? ¿Sabrá que yo nací? ¿Por qué mi mamá no me pudo cuidar? ¿Se acordarán de mí? ¿Tendré hermanos, abuelos, tíos, primos? ¿Seguirá existiendo la casa en la que vivía? ¿Y si mi mamá se arrepintió de haberme abandonado? Estas son apenas algunas de las preguntas que me ha tocado escuchar.

Los sentimientos de estos niños hacia su familia de origen pueden ser múltiples y variados, y más de una vez, solo pueden expresar uno, aunque sientan muchos.

Pueden sentir temor de ser encontrados, sobre todo si los padres biológicos eran maltratantes y abusivos.

Pueden asumir una postura de "pseudomadurez", comprendiendo y perdonando las fallas de sus padres biológicos, sin haber siquiera procesado las experiencias vividas con ellos.

Pueden demostrar desprecio, enojo, rabia, ya sea por lo que les hicieron, ya sea porque los abandonaron.

Pueden mostrarse neutrales ("Ni me importan ni no me importan" me dijo una vez una adolescente), tomando una distancia que, a la vista del observador, puede ser muy tranquilizadora, pero que para ese niño es, antes que nada, protectora.

Pueden idealizarlos, conservando la ilusión de volver a reencontrarse con ellos en una vida también idealizada ("Cuando mi papá deje de tomar, mi mamá va a volver y vamos a volver a vivir todos juntos en una casa más linda y más grande", decía una niña de 7 años, cuya madre la había abandonado junto a sus hermanos, y dejado al cuidado de un padre alcohólico y abusivo.)

Pueden negar la parte de historia previa a su adopción, como si ésta hubiera sido el punto de partida de su vida: "Yo nunca fui bebé, nací con 3 años", "Yo nací cuando ya sabía caminar solita", son algunas de las verbalizaciones que podemos escuchar en niños y niñas, y que más allá de parecernos ocurrentes, muchas veces adquieren sentido cuando las observamos en el contexto de las experiencias de malos tratos y abandonos que sufrieron a manos de sus familias biológicas.

Dice Judith Solomon: "Desde muy temprana edad (…) los niños pueden generar su propia interpretación de los eventos en la que ellos son los villanos. Esta parece ser una consecuencia frecuente de la separación de figuras de apego centrales, particularmente cuando el niño no puede comprender la razón de la separación. Hasta tanto no haya un cuidador que pueda reparar, la vergüenza auto generada es irresoluble." (Solomon, 2022, pg.15)

El niño acarrea así una creencia nuclear de no ser merecedor de amor ni de cuidados, pero no lo atribuye a una falla del cuidador o del entorno, sino a una propia. Y arrastra consigo esa creencia nuclear que, tal como dice Solomon, *sin reparación externa*, se manifestará en comportamientos tan disímiles como mostrarse absolutamente solícito, amoroso y necesitado con los nuevos cuidadores, o rechazarlos y despreciarlos profundamente.

Si no se da un espacio en el que se pueda narrar la historia, y permitirle al niño ser acogido en la nueva relación con todo lo que esa historia conlleva, ese núcleo de vergüenza auto generada permanecerá activo e inmodificable. Si el niño recibe mensajes que refuerzan la cualidad negativa de su historia pre-adoptiva ("No entiendo cómo quieres irte de aquí y volver con unos padres que no te querían", "No eres capaz de reconocer/agradecer todo lo que te hemos dado, ¿Dónde podrías estar mejor que aquí?", "Si no te hubiéramos adoptado quién sabe dónde estarías hoy", etc.) lejos de poder "reconocer" las diferencias entre el ayer y el hoy, que es lo que muchas veces los padres adoptivos dicen querer mostrarles, solo van a sentir potenciada la imagen de sí mismos como seres que no merecen nada bueno.

Cuando un niño adoptado siente que debe "cuidar" a sus padres adoptivos no expresando sentimientos de nostalgia hacia su familia de origen para que éstos no se sientan menos queridos, o que no tiene espacio para hablar de su pasado, o que no puede siquiera decir que extraña algo de su vieja casa, el cableado de conexión a su nueva familia no se termina de desarrollar, y el niño queda atrapado en un limbo: ya no es parte de su familia de origen, pero tampoco termina de sentirse parte de su familia adoptiva. En ninguna de las dos familias ha habido espacio para que se forje la seguridad relacional.

Nuestro trabajo en tales situaciones será crear las condiciones que permitan tender un puente entre esas dos historias: la vieja, que, aunque cargada de dolor, también le pertenece al niño, y la nueva, donde nuevos padres están dispuestos a escuchar y calmar el dolor de esas heridas del pasado, además de crear nuevas experiencias de cuidado y buenos tratos.

Pero crear y reforzar conexiones relacionales seguras para los niños, niñas y adolescentes que han sufrido heridas tan dolorosas a nivel de sus vínculos primarios, no es solo una tarea que le compete a la familia que los cría. A los padres adoptivos les cabe la responsabilidad principal, el lugar esencial del acogimiento.

Pero el resto de la sociedad, empezando por los mismos organismos que siguieron la vida de estos niños, que tomaron decisiones sobre sus destinos, que eligieron a las familias adoptantes, siguiendo por los profesionales de la salud, continuando por la educación y llegando a todos los ámbitos de socialización - clubes, iglesias, templos, etc.- también tiene una responsabilidad y un lugar en el proceso de ayudar a sanar esas heridas.

La seguridad relacional es el punto de inicio de la matriz que nos permite sentirnos genuinamente parte de un tejido, familiar primero, comunitario después. Esa matriz nos permite sentir y creer que somos valiosos, dignos de ser cuidados, respetados, tenidos en cuenta. Para los niños, niñas y adolescentes que pasaron por las páginas de este libro, ese punto de inicio comenzó tardíamente, en el momento en que el daño fue detectado y se pusieron en marcha acciones concretas para evitar su continuidad y para sanarlo. Pero para poder ofrecerles la posibilidad de desarrollar esa seguridad relacional tan necesaria, es necesario que participemos todos. Y una manera de participar, es comprometernos a aprender el porqué de las maneras disfuncionales e incomprensibles en las que manifiestan su dolor. Y con ello aprender formas diferentes de responder.

Porque se necesita una aldea para criar un niño, según reza un proverbio africano. Y cada uno de nosotros, es parte de esa aldea.

# Capítulo 9

## La seguridad y la conexión caben en una mirada.

*No sabemos cómo, pero algunos  
llegan a adultos con la joya intacta.  
Han tenido la suerte de tener cerca a  
alguien que les ha permitido ser quienes son.  
Alguien que les ha visto, escuchado,  
aceptado y amado tal como eran.*

*Anna Llenas*[36]

El violín tiene un sonido dulce y envolvente. Sus notas transmiten una luz de tonos ámbar y el calor de la madera con la que está hecho.

Siempre me gustó el sonido del violín y esa intimidad entre el que toca y su instrumento, apenas apoyado rozando la piel del rostro, como si la melodía quisiera asegurarse de estar cerca de la respiración del violinista.

*Estrellita ¿dónde estás? Quiero verte titilar…*

Este es un concierto muy especial, porque tiene el sabor del triunfo sobre la adversidad. Y ese sabor recibe además el condimento de una mirada amorosa y llena de orgullo, porque ahí, frente a una manera de simbolizar a esa adversidad jugando (¡sí, jugando!), se para sobre sus dos pies, erguida, una niña que, como todos los niños, como cualquiera de ellos, jamás debería haber conocido esa adversidad.

La tragedia en su vida no vino de la mano de vientos huracanados, sino del absurdo y del sinsentido: allí donde debiera haber sido cuidada, protegida y amada, fue maltratada de múltiples formas. Y cuando ese maltrato fue descubierto, los funcionarios encargados de su protección transitoria siguieron violentándola, asustándola, quitándole su derecho a todo, incluso a tener hambre fuera de hora.

---

[36] Llenas, A. (2021). La joya interior. Barcelona, Penguin Random House.

Los laberintos de la mente guardan múltiples escenas de esos horrores, y por eso es necesario ir desarmándolas de a poco, chequeando la temperatura emocional de los recuerdos, porque por extraño que pueda parecer, dentro del universo de lo intolerable, algunos de estos recuerdos son más tolerables que otros. Por eso empezamos por el escenario de la última desprotección, esa en la que los distintos adultos que la cuidaban mientras ella esperaba unos papás nuevos, tal vez creían que ser tiernos, amables y empáticos con los niños que debían cuidar como parte de su trabajo, los hacía menos eficientes a ellos o más débiles a los niños. Y como si esos seres humanos en miniatura no hubiesen sentido ya suficiente temor indebido, estos adultos que trabajaban de cuidarlos, les inoculaban más miedo.

Cuando a esta niña le llegó el momento de conocer a una familia que no la iba a maltratar, el choque de emociones no se hizo esperar: la alegría comenzó a convivir con el temor, y en el tironeo entre ambas, la rabia y la tristeza también hicieron lo suyo. ¿Cómo aprender a creer que se es valioso a estos nuevos ojos, si todos los que conoció hasta ahora le devolvieron exactamente lo contrario? ¿Cómo aprender que el peligro ya pasó cuando cualquier acción cotidiana propia de cualquier otra niña de su edad, en ella puede despertar el terror del pasado? ¿Cómo convencerse de que las palabras de estos adultos son dichas de verdad, desde el corazón, si hasta no hace mucho le hicieron creer que no podía, no sabía, no quería, no importaba y no merecía?

Por eso hoy preparamos un concierto de violín, para desandar un tramo de ese camino sembrado de lo que no debió haber.


En una silla, sentada, está la representación dibujada de una "vieja loca", la persona que debía cuidarla en la casa hogar donde vivía (porque sus padres biológicos la habían maltratado de múltiples formas), y que sin embargo la asustaba. A su lado está sentada la nueva mamá, la que le enseñó a tocar y amar el violín, legándole su propia pasión.

La pequeña violinista se prepara, prueba las escalas del do y del re, elige qué melodía va a tocar. Su mamá la va a filmar para que su papá también pueda verla. Y yo me convierto en maestra de ceremonias y en testigo privilegiado de ese encuentro.

Erguida, de pie, solemne y segura, la pequeña violinista empieza a tocar la melodía. Mira a la "vieja loca" sentada delante suyo a la distancia elegida por ella misma, y avanza con las notas. Me mira de soslayo y luego, de frente, al horizonte que se abre en la ventana que tiene delante.

La melodía termina y aplaudimos. Pero pareciera que está faltando algo. No alcanza conque la "vieja loca" haya visto lo que esta niña ha sido capaz de aprender cuando pudo empezar a dejar atrás el miedo real.

La pequeña violinista quiere mandarle una serie de mensajes a la "vieja loca", que la mira desde el dibujo que ella misma hizo. La "vieja loca" no conoce nuestro idioma, pero por suerte la tecnología nos ayuda y cada cosa que le queremos decir, mi teléfono la traduce al idioma adecuado.

*Mi familia es la mejor del mundo*, le dice la niña, *y nunca más vas a poder hacerme nada malo.*

No importa que la verdadera "vieja loca" esté en verdad atravesando la mitad del mundo. Las tres -la pequeña violinista, su mamá y yo- sabemos que, aunque la verdadera no nos escuche, aunque la verdadera no haya sido testigo de lo que esta niña ha podido hacer a pesar del daño que recibió, hay una "vieja loca" que sí escuchó. Es la que anida en el recuerdo guardado en la mente de la pequeña violinista, esa que persiste para que no olvide el miedo.

Pero hoy, aquí, a miles de kilómetros de distancia y bajo la mirada amorosa de una mamá que cuida sin dañar, esta "vieja loca" empezó a perder su poder de atemorizar.

Porque fue derrotada por la suave y dulce melodía de un violín.

*

Si hemos recorrido este libro, tanto quien lo escribió como quienes lo leyeron, habremos pasado por conceptos teóricos que se enlazan con momentos y experiencias vividas en la terapia y también fuera de ella. Pero en el fondo, a través de los árboles, hay un elemento más nuclear, más vital en nuestro trabajo, y en general, en la vida misma: la mirada.

El relato con el que elegí empezar el epílogo de esta primera parte se resume en la mirada de esa mamá hacia su hija, mientras la ve enfrentar el recuerdo de su adversidad en su presencia. Una mirada cargada de emoción, de orgullo y de sostén.

Una parte importante de este libro ha sido escrita durante el tiempo en que nos acostumbramos a tapar la mitad de nuestra cara con una mascarilla para protegernos de un virus que nos hermanó a todos, sin distinción de hemisferios, lenguas ni fronteras. Durante estos años de mascarillas obligatorias, en el breve instante de intercambio con otros, lo único que nos ha alejado de Marte y nos ha acercado a lo humano de la Tierra, ha sido expresarnos con la mirada.

Hemos aprendido que podemos sonreír, emocionarnos, sorprendernos, y mostrar todo eso tan solo con una mirada. La mirada nos permitió sostener la conexión con los otros.

Pero hubo otros momentos -mucho antes de esta pandemia- en que la experiencia me enseñó que la mirada tiene un poder de conexión inconmensurable.

Una vez, en un retiro de silencio, sentada a la mesa a punto de cenar con el resto de las personas que participaban del mismo, yo mantenía mi cabeza baja para no "tentarme" y hablar con gestos. Pero en un momento dado, algo me empujó a levantar la vista, y entonces mi mirada se cruzó con la de la persona que tenía enfrente. Una mirada puede decir tantas cosas que a veces es difícil estar seguro de si la hemos interpretado adecuadamente. Supongo que lo mismo que me empujó a levantar la vista fue lo que me empujó a tomar la jarra de agua y -en silencio- servirle un vaso a mi compañera, aunque ella no me lo hubiera pedido. Fue entonces que de su mirada creí ver que salía una combinación de alivio y agradecimiento.

Ninguna dijo una sola palabra.

Cuando finalmente pudimos salir del silencio, esta persona hizo hincapié en cuánto la había salvado del vacío encontrarse con una mirada humana. Y yo solo le había servido un vaso de agua.

¿O quizá no era solo eso?

Tal vez mi mirada le había ofrecido conexión.

Otra vez, llevando a mi hija mayor a su ortodoncista, ésta, una señora grande y con modos un tanto hoscos para tratar con sus pacientitos, le dio una instrucción brusca para que mantuviera la boca abierta. Yo pude ver la cara de Mora: parecía aterrorizada. Algo hizo que en ese momento ella cruzara su mirada con la mía. Yo la miré y le sonreí, y en ese preciso instante vi cómo su cuerpito se relajaba.

Ninguna de las dos dijo una sola palabra.

Mi mirada le había ofrecido seguridad.

Mi hija menor, Maia, me enseñó que la mirada es también un vehículo potente para transmitir el enojo. En su más tierna infancia era terriblemente traviesa, y su entretenimiento favorito era desafiar nuestros límites. En una oportunidad, me acompañó a la casa de mi amiga y colega, Paula Moreno, porque juntas teníamos que terminar un trabajo. A Maia le fascinaba jugar en el consultorio de Paula, y aunque siempre prometía mesura y ordenar lo que usaba, a veces el apasionamiento la traicionaba. Ese día fue una de esas veces, y yo no tuve más remedio que amordazar su pasión invitándola muy seriamente a que se sentara a mi lado y durante un rato dibujara en silencio. Así lo hizo: yo podía sentir el fervor de los rayones del lápiz en la hoja. A mí me había enojado que no hiciera caso y a ella la había enojado que le cortara la diversión.

El producto de ese enojo conjunto fue su obra célebre "El club de las chicas furiosas", un dibujo en el que solo están nuestras caras, la suya y la mía, con los ojos grandes y desorbitados y los pelos volados.

Una vez que terminó de explicarme que ese era el retrato de ella enojada conmigo porque yo estaba enojada con ella, me preguntó con total tranquilidad "¿Ahora puedo seguir con lo que estaba haciendo?" No tuve más remedio que decirle que sí: había logrado expresar artísticamente nuestro mutuo enojo de una manera tan vívida (y simpática por su actitud), que ya no se sentía tan fuerte. La mirada no solo puede transmitir enojo: también puede decir "puedo tolerar que me cuentes de tu rabia por no dejarte jugar." Porque la seguridad también es necesaria para aprender a transitar las desconexiones.

Nuestros pacientes de todas las edades también han aprendido que la mirada es un vehículo potente, pero uno que transporta cosas de las que es preferible esconderse. Esas otras miradas los fuerzan a construir autorretratos deformes que no quieren mostrar, pero que sienten que por mucho que intenten tapar, el resto del mundo, más tarde o más temprano, descubrirá. La mirada es esencial, pero dependiendo desde dónde nos mira el otro, incluso una mirada amable puede ser terrible y abrir abismos, en lugar de tender puentes. Hemos de graduar las miradas y plantearnos cuándo, cómo, dónde, y hasta qué punto, mirar.

Entre tantas cosas, la mirada es también una aliada de la curiosidad, y la curiosidad es el oxígeno de toda terapia. Sin ella no hay autoobservación ni en los pacientes ni en nosotros, y cuando nuestros pacientes no pueden aprender a mirarse con otros ojos, persiste su desconexión con ellos mismos.

Cuando los padres no pueden mirar con curiosidad lo que sucede en el mundo interior de sus hijos, que se expresa a puro ruido en el exterior, se produce una distorsión con la que los niños siguen dando nuevas pinceladas al viejo autorretrato. Y esa distorsión se acompaña rápidamente de más desconexión.

Cuando los terapeutas estamos más preocupados por recordar lo que aprendimos, que por observar con curiosidad lo que sucede delante nuestro, también nos desconectamos. Pero también es fundamental poder mirarnos por dentro, observar cómo nos sienta el modo en el que somos mirados, con qué miradas (o ausencia de ellas) nos conecta.

¿Y saben qué? La nuestra termina siendo una desconexión masiva: porque nos desconectamos del niño, de sus padres, y también de nosotros mismos.

Cuando nos desconectamos del niño, nuestro espacio tiene una seguridad efímera y relativa.

Cuando nos desconectamos de los padres, reforzamos sin querer la creencia ancestral de que la parentalidad debe ser perfecta… o no ser nada.

Y cuando nos desconectamos de nosotros mismos olvidamos que al traje de terapeuta lo habita un ser humano. Y que como seres humanos la realidad también nos puede doler, pinchar, quemar, aplastar.

De tanto en tanto los milagros suceden (o tal vez ni siquiera sean milagros y nosotros los sintamos así porque estamos cansados). Es cuando somos testigos privilegiados de un momento único en la existencia de estos pequeños seres humanos que se han cruzado en nuestro camino: cuando ya no tienen miedo, cuando descubren que son valiosos, cuando enfrentan monstruos internos, cuando nos cuentan con sus propias palabras todo lo que hicieron para sobrevivir y cómo sienten que ya no lo necesitan. Pareciera ser que la seguridad que tanto les fue esquiva, finalmente ha encontrado el camino para afianzarse dentro de ellos.

Ese día terminamos la consulta y queremos salir a celebrar.

Lo cierto es que solo si practicamos a diario el complejo arte de conectar, es que podremos ser a la vez facilitadores y testigos de estos logros. Anestesiados, distanciados y desconectados, no podremos nunca sentir la efervescencia que produce darnos cuenta de que nuestro paso por la vida de otro ser humano, ha dejado una huella importante.

La elección es nuestra.

Nuestra mirada puede aumentar su enorme potencia cuando somos capaces de mirarnos a nosotros mismos con la misma curiosidad que ponemos para mirar a los niños que atendemos. Un terapeuta que se mira con curiosidad no puede ser nunca un mal terapeuta: tal vez no lo sepa, pero de sí mismo está extrayendo información infinitamente más valiosa que la que encontrará en todos los libros que tiene en su biblioteca.

Porque es allí donde podrá reconocer las señales de su propia desconexión, y encontrar su propio camino para conectar genuinamente consigo mismo y con el otro.

Es de ahí de donde nace y desde donde se puede hacer crecer una verdadera experiencia interna de seguridad.

# Acerca de la imagen que ilustra la tapa de este libro.

Después de *"Eso NO me pasa a mí. Un viaje por un laberinto muy especial"* era lógico elegir a la persona que ilustraría la tapa de este libro. La idea inicial era otra, pero como siempre me pasa, hubo un momento en que cambió, y fue un cambio sin retorno. Cuando le propuse a Carlos la idea de dibujar un faro, él, conociéndome como me conoce, entendió de inmediato el sentido de haber elegido esa imagen para este libro.

Amo los faros. No sé muy bien desde cuándo y tampoco podría explicar bien por qué. No es solo lo imponente de su figura alzándose a orillas del mar. Es la luz que gira e ilumina la oscuridad, llegando a lugares que desde tierra es imposible divisar.

Para el navegante, el faro es un guía. Su luz, la garantía de que navegará sabiendo por dónde evitar el peligro de la costa rocosa y escarpada. Esa luz se enciende siempre que la noche se empieza a insinuar. Se enciende con o sin estrellas en el firmamento, con luna llena o luna nueva, en la serenidad y en la peor de las tormentas. Es una constante.

¿Podría haber una mejor metáfora de la seguridad?

Tal vez usted estimado lector tenga la suya. Si no es así, le presto la mía sin dudar. Úsela cuando la necesite. En la soledad de nuestro trabajo, siempre viene bien ver esa luz titilar a lo lejos para guiarnos en cada una de las travesías que emprendemos a diario.

# Referencias bibliográficas


Ainsworth, M. D. (1977). Infant development and mother-infant interaction among Ganda and American families. En Leiderman, P.H., Tulkin, S.R.,& Rosenfeld, A.H. (eds). Culture and infancy. New York, Academic Press (pgs. 119-150).

Ainsworth, M.D., Blehar, M.C., Waters, E. & Wall, S. (1978) Patterns of attachment: A psychological study of the strange situation. Hillsdale, NJ: Erlbaum.

Artigas, L. (2011). Escenas detrás de las Alas del Abrazo de la Mariposa. *Revista Iberoamericana de Psicotraumatología y Disociación. Vol. 2 N.1 ISSN 2007-8544* www.revibapst.com

Baita, S. (2014): Masterclass "Challenging the Roads of Trauma. Creativity as a Pathway towards the child's internal experience", La Haya, Holanda.

Baita, S. (2018) Apego y trauma interpersonal temprano: desafíos para EMDR en el tratamiento de niños y padres/cuidadores. Formación para la Asociación EMDR España. Madrid, España.

Balenzano, C., Coppola, G., Cassibba, R., Mora, G. (2018). Pre-adoption adversities and adoptees'outcomes: the protective role of post-adoption variables in an Italian experience of domestic open adoption. *Children Youth Services Review.* 85: 307-18 doi: 10.1016/j.childyouth.2018.01.012

Berne, E. (1964). Games People Play. New York, Grove Press.

Bowlby, J. (1998). El Apego y la Pérdida. Volumen I. El Apego. Barcelona, Paidós.

Bowlby, J. (2009). El apego y la pérdida. La separación. Buenos Aires, Paidós.

Burgess, R.C. (2005). A Model for Enhancing Individual and Organisational Learning of 'Emotional Intelligence': The Drama and Winner's Triangle. *Social Work Education. Vol, 24, No. 1, pp. 97-112.*

Cairns, K., (2008) Enabling effective support: secondary traumatic stress and adoptive families. En Hindle, D., Shulman, G. (eds). The emotional experience of adoption: A psychoanalytical perspective. New York, Routledge. (pgs. 90-8)

Cassidy, J. (2016). The Nature of the Child's Ties. En Cassidy, J. & Shvaer, P.R. (eds.) Handbook of Attachment. Theory, Research and Clinical Applications. New York, The Guilford Press. (pgs.3-24)

Choy, A. (1990). The Winner's Triangle. *Transactional Analysis Journal. Vol. 20 Pgs. 40-46*

Courtois, Ch.A., & Ford, J. D. (2013): Treatment of Complex Trauma. A Sequenced, Relationship-based Approach. New York, The Guilford Press.

Dana, D. (2018): The Polyvagal Theory in Therapy. Engaging the Rhythm of Regulation. NewYork, W.W. Norton & Co. Hay traducción al español: La teoría polivagal en terapia. Cómo unirse al ritmo de la regulación. Editado en 2019 por Editorial Eleftheria, Barcelona.

Dworkin, M. (2005) EMDR and the relational imperative. The Therapeutic Relationship in EMDR Treatment. New York, Routledge.

Feeney, B.C. & Woodhouse, S.S. (2016). Caregiving. En Cassidy, J., & Shaver, P.R. (eds.) Handbook of Attachment. Theory, Research, and Clinical Applications. Third Edition. New York, The Guilford Press, pgs. 827-851.

Fraiberg, S., Adelson, E. & Shapiro, V. (1975). Ghosts in the Nursery: A Psychoanalytic Approach to the Problems of Impaired Infant-Mother Relationships. *Journal of the American Academy of Child Psychiatry, Vol. 14, 13 (387- 421).*

Gagnon-Oosterwaal, N., Cossette, L., Smolla, N., Pomerlean, A., Malcuit, G., Chicoin, JF, et al. (2012). Pre-adoption adversity, maternal stress and behavior problems at school-age in international adoptees. *Journal of Applied Developmental Psychology.* 33(5): 236-42 doi: 10.1016/j.appdev.2012.04.002

George, C., Kaplan, N., Main, M. (1996). Adult Attachment Interview. Unpublished manuscript. Department of Psychology, University of California, Berkeley.

George, C. & Solomon, J. (2008). The Caregiving System: A Behavioral Systems Approach to Parenting. En Cassidy, J. & Shaver. P.R. (eds) Handbook of Attachment. Theory, Research, and Clinical Applications. Second Edition. New York, The Guilford Press, pgs. 833-856.

Gonzalez, J.E. (1997) El triángulo del ganador. Traducción, resumen y comentarios. *Revista de Análisis Transaccional y Psicología Humanista. Número 38, pgs. 244-248.*

Grossmann, K.E., Grossmann, K., & Keppler, A. (2005). Universal and culture-specific aspects of human behavior: The case of attachment. En Friedlmeier, W., Chakkarath, P. & Schwarz, B. (eds). Culture and human development: The importance of cross-cultural research for the social sciences. New York, Psychology Press.

Guivarch, J., Krouch, T., Lecamus, S., Vedie, C. (2017) Adoptive filiations faced with trauma. *Annales Medico-Psychologiques.* 175 (8): 705-9 doi: 10.1016/j.amp.2017.02.013

Gunnar, M.R. (2001). Effects of early deprivation: findings from orphanage-reared infants and children. En Nelson, C.A. & Luciana, M. (eds) Handbook of Developmental Cognitive Neuroscience. Cambridge, MA: MIT Press, pgs. 617-629.

Harf, A., Skandrani, S., Radjack, R., Sibloni, S., Moro, MR., Revah-Levy, A. (2013). First Parent-Child Meetings in International Adoptions: A Qualitative Study. *PlosOne*, 8 (9) e 75300

Herman, J. (2004). Trauma y recuperación. Cómo superar las consecuencias de la violencia. Madrid, Editorial Espasa-Calpe.

Hillman, S. (2011). The Standardisation and Validation of the Story Stem Assessment Profile (SSAP): a clinical narrative-based assessment for children. Unpublished Dissertation, University College, London.

Hillman, S., Hodges, J., Steele, M., Cirasola, A., Asquith, K., Kaniuk, J. (2020). Assessing changes in the internal worlds of early and late-adopted children using the Story Stem Assessment Profile (SSAP). *Adoption & Fostering*. Vol. 44 (4) 377-396

Jarero, I. (2011). Triángulo rescatador- víctima – persecutor. *Revista Iberoamericana de Psicotraumatología y Disociación. Vol. 2 Num.1, 2011. ISSN: 2007-8544*

Jarero, I., Artigas, L. & Luber, M. (2011). The EMDR Protocol for Recent Critical Incidents: Application in a Disaster Mental Health Continuum of Care Context. *Journal of EMDR Practice and Research, Vol. 5, N. 3 (82-94)*

Jarero, I. & Artigas, L. (2018) Conceptualización Teórica sobre el Trauma Agudo y el Estrés Traumático Continuado Basada en el Modelo del SPIA. En *Iberoamerican Journal of Psychotraumatology and Dissociation. Vol. 10 (1).* SSN: 2007-8544 http://revibapst.com Actualizado al 10 de abril de 2020. Recuperado el 26/1/2021

Julian, M.M. (2013). Age at adoption from institutional care as a window into the lasting effects of early experiences. *Clinical Child &Adolescent Psychological Review*, 16(2):101-145 doi:10.1007/s10567-013-0130-6

Kabat-Zinn, J. (2013). Mindfulness para principiantes. Barcelona, Editorial Kairós.

Kabat-Zinn, J. (2016). Vivir con plenitud las crisis. Cómo utilizar la sabiduría del cuerpo y de la mente para enfrentarnos al estrés, el dolor y la enfermedad. Edición revisada. Barcelona, Editorial Kairós.

Karpman, S.B. (1968). Script Drama Analysis. *Transactional Analysis Bulletin, 7, 26:* 39-43

Kobak, R., Zajac, K., Madsen, S.D. (2016). Attachment Disruptions, Reparative Processes and Psychopathology. Theoretical and Clinical Implications. En Cassidy, J., & Shaver, P.R. (eds.) <u>Handbook of Attachment. Theory, Research, and Clinical Applications. Third Edition.</u> New York, The Guilford Press, pgs. 25-39.

Lionetti, F. (2014). What promotes secure attachment in early adoption? The protective roles of infants' temperament and adoptive parents' attachment. *Attach. Hum. Dev.* 16, 573–589. doi: 10.1080/14616734.2014.95 9028

Liotti, G. (2009). Attachment and Dissociation. En Dell, P. F. & O'Neill, J.A. (eds) <u>Dissociation and the Dissociative Disorders. DSM-V and Beyond</u>. New York, Routledge. (pgs. 53-65)

Liotti, G. & Farina, B. (2011). Sviluppi traumatici. Eziopatogenesi, clInica e terapia della dimensione dissociativa. Milán, Raffaello Cortina Editore.

Logie, R.D.J., & De Jongh, A. (2014). The "Flashforward Procedure": Confronting the Catastrophe. *Journal of EMDR Practice and Research,* Vol. 8, N.1 (pgs.25-32)

Main, M. & Hesse, E. (1990). Parents´unresolved traumatic experiences are related to infant disorganized attachment status: Is frightened/frightening parental behavior the linking mechanism? En Greenberg, M., Cicchetti, D., Cummings, M. (eds) <u>Attachment in the Preschool Years</u>. Chicago, University of Chicago Press (pp.121.160)

Midgley, N., Ensink, K., Lindqvist, K., Malberg, N., Muller, N. (2019) Tratamiento basado en la mentalización para niños. Un abordaje de tiempo limitado. Bilbao, Desclée de Brouwer.

Moreno, P.M. (2019) Un mono a prueba de tormentas. Con ilustraciones de Viviana Brass. ISBN 978-987-86-1936-1 Buenos Aires, Argentina.

Nalavani, B., Ryan, S., Howard, J., Smith, S. (2008). Preadoptive child sexual abuse as a predictor of moves in care, adoption disruptions, and inconsistent adoptive parent commitment. *Child Abuse and Neglect.* 32 (12): 1084-8 doi: 10.1016/j.chiabu.2008.07.001

Ogden, P. Minton, K. & Pain, C. (2009) El Trauma y el Cuerpo. Un modelo sensoriomotriz de psicoterapia. Bilbao, Desclée de Brouwer.

Ordway, M.R., Webb, D., Sadler, L.S., Slade, A. (2015). Parental Reflective Functioning: An approach to enhancing parent-child relationships in pediatric primary care. *Journal of Pediatric Health Care* 29(4): 325-334. doi: 10.1016/j.pedhc.2014.12.002

Pace, C.S., Di Folco, S., Guerriero, V., Santona, A., Terrone, G. (2015). Adoptive Parenting and Attachment: Association of the internal working models between adoptive mothers and their late-adopted children during adolescence. *Frontiers in Psychology,* Vol. 6, Art. 1433.

Perry, B.D. & Szalavitz, M. (2016): El chico a quien criaron como perro. España, Capitán Swing Ediciones.

Porges, S.W. (2011). The Polyvagal Theory: Neurophysiological Foundations of Emotions, Attachment, Communication and Self Regulation. New York, W.W. Norton and Co.

Porges, S.W. (2017). The Pocket Guide to the Polyvagal Theory. The transformative power of feeling safe. New York, W. W. Norton and Co.

Porges, S.W. (2018). Why Polyvagal Theory Was Welcomed by Therapists. En Porges, S.W. & Dana, D. (eds.) <u>Clinical Applications of the Polyvagal Theory. The Emergence of Polyvagal-Informed Therapies.</u> New York, W.W. Norton & Co. (Prefacio pgs. xix-xxv)

Siegel, D.J. (2003): An Interpersonal Neurobiology of Psychotherapy: the Developing Mind and the Resolution of Trauma. En Solomon, M.F. & Siegel, D.J. (eds) <u>Healing Trauma. Attachment, mind, body and brain</u>. New York, W.W. Norton & Co. (pp.1-56)

Silberg, J. (2022). The Child Survivor. Healing Developmental Trauma and Dissociation. Second Edition. New York, Routledge.

Skandrani, S., Harf, A., El Husseini, M. (2019). The Impact of Children´s Pre-adopting Traumatic Experiences on Parents. *Frontiers in Psychiatry.* Vol.10 Art.866 doi: 103389/fpsyt.2019.00866

Solomon, J. & George, C. (2011). The Disorganized Attachment-Caregiving System. Dysregulation of Adaptive Processes at Multiple Levels. En Solomon, J., & George, C. (eds). <u>Disorganized Attachment and Caregiving.</u> New York, The Guilford Press. (pgs. 3-24)

Solomon, J. (2022). Shame as a behavioral system. Its links to attachment, defense and dysregulation. En Badouk Epstein, O. (ed) <u>Shame matters. Attachment and Relational Perspectives for Psychotherapists.</u> Routledge, Abingdon, UK. (pgs.6-20)

Steele, M., Hodges, J., Kaniuk, J., Hillman, S., Henderson, K. (2003). Attachment representations and adoption: associations between maternal states of mind and emotion narratives in previously maltreated children. *Journal of Child Psychotherapy,* 29, 187-205. doi: 10.180/0075417031000 138442

Steele, M., Hodges, J., Kaniuk, J., Hillman, S., Henderson, K. (2003b) Attachment representations in newly adopted maltreated children and their adoptive parents: implications for placement and support. *Journal of Child Psychotherapy.* 29_187-205. doi: 10.1080/0075417031000138442

Steele, M., Henderson, K., Hodges, J., Kaniuk, J., Hillman, S., Steele, H. (2007). In the best interests of the late-placed child: a report from the attachment representations and adoption outcome study. En Mayes, L.C., Fonagy, P., Target, M. (eds). <u>Developmental Science and Psychoanalysis: Integration and Innovation.</u> Londres, Karnac Books, 159-182.

Steele, M., Hodges, J., Kaniuk, J., Steele, H. (2010). Mental representation and change. Developing Attachment Relationships in an Adoption Context. *Psychoanalytic Inquiry*, 30:25-40

Steiner, C.M. (1990). Scripts People Live. Transactional Analysis of Life Scripts. (2nd. Edition). New York, Grove Press.

Teicher, M. H. & Samson, J. A. (2016). Annual Research Review: Enduring neurobiological effects of childhood abuse and neglect. *Journal of Child Psychology and Psychiatry*. 57(3): 241-266. doi:10.1111/jcpp.12507.

Tronick, E.Z. (1989). Emotions and Emotional Communication in Infants. *American Psychologist. Vol. 44, No. 2, 112-119.*

Tucci, J., Weller, A. & Mitchell, J. (2018): Realizing "Deep" Safety for Children who have experienced abuse: Application of Polyvagal Theory in Therapeutic Work with Traumatized Children and Young People. En Porges, S.W.& Dana, D.(eds.) <u>Clinical Applications of the Polyvagal Theory. The Emergence of Polyvagal-informed Therapies</u>. New York, W.W.Norton & Co. (pgs. 89-105).

Van den Dries, L., Ju!er, F., van IJzendoorn, M. H., and Bakermans- Kranenburg, M. J. (2009). Fostering security? A meta-analysis of attachment in adopted children. *Child. Youth Serv. Rev.* 31, 410–421. doi: 10.1016/j.childyouth.2008.09.008

Van der Hart, O., Nijenhuis, E., & Steele, K. (2008) El yo atormentado. La disociación estructural y el tratamiento de la traumatización crónica. Bilbao, Descleé de Brouwer.

Wieland, S. (en colaboración con Baita, S.) (2017): Parents are our other client. Ideas for Therapists, Social Workers, Support Workers, and Teachers. New York, Routledge.

Yehuda, N. (2016). Communicating Trauma: Clinical Presentations and Interventions with Traumatized Children. New York, Routledge.

Zeanah, Ch.H., Nelson, Ch.A., Fox, N.A. , Smyke, A.T., Marshall, P., Parker, S.W., Koga, S. (2003). Designing research to study the effects of institutionalization on brain and behavioral development: The Bucharest Early Intervention Project. *Development and Psychopathology.* 15, 885-907 doi: 10.1017.S0954579403000452

Zeanah, Ch.H. & Gleason, M.M. (2015): Annual Research Review: Attachment disorders in early childhood – clinical presentation, causes, correlates and treatment. *Journal of Child Psychology and Psychiatry*. 56 (3): 207-222. doi:10.1111/jcpp.12347

Zeanah, Ch.H, Humphreys, K.L., Fox, N.A., Nelson, Ch.A. (2017). Alternatives for abandoned children: Insights from the Bucharest Early Intervention Project. *Current Opinion in Psychology*, 15:182-188. doi: 10.1016/j.copsyc.2017.02.024